教育部人文社会科学重点研究基地
云南大学西南边疆少数民族研究中心项目
云南大学“211 工程”民族学重点学科建设项目资助
云南省哲学社会科学创新团队建设项目资助
云南省优秀重点学科群建设项目
云南大学实施中西部高校提升综合实力工程民族学学科建设项目

东南亚民族志丛书　　何明◎主编

民族的渴望

缅北"怒人"的族群重构

The Thirst of A People:

Reconstruction of the Nung as an Ethnic Group in Northern Myanmar

何　林　著

中国社会科学出版社

图书在版编目（CIP）数据

民族的渴望：缅北“怒人”的族群重构／何林著．—北京：中国社会科学出版社，2013.8

ISBN 978－7－5161－3272－2

Ⅰ.①民…　Ⅱ.①何…　Ⅲ.①怒族—研究—缅甸　Ⅳ.①K337.8

中国版本图书馆CIP数据核字(2013)第224078号

出版人　赵剑英
责任编辑　郭　鹏
责任校对　邓晓春
责任印制　戴　宽

出　　版　中国社会科学出版社
社　　址　北京鼓楼西大街甲158号（邮编100720）
网　　址　http://www.csspw.cn
　　　　　中文域名:中国社科网　　010－64070619
发 行 部　010－84083685
门 市 部　010－84029450
经　　销　新华书店及其他书店

印刷装订　三河市君旺印装厂
版　　次　2013年8月第1版
印　　次　2013年8月第1次印刷

开　　本　710×1000　1/16
印　　张　19
插　　页　2
字　　数　293千字
定　　价　49.00元

凡购买中国社会科学出版社图书,如有质量问题请与本社联系调换
电话:010－64009791

总　序

迈向异国田野，解读他者文化

2007 年下半年，我制订了开展东南亚民族志研究的计划。两年多来，先后到泰国、缅甸、越南等国进行实地考察与洽谈合作，多次向高丙中、王铭铭、麻国庆、袁同凯等专家讨教，与云南大学西南边疆少数民族研究中心有志于此项工作的诸位同人反复讨论，还于 2008 年与日本国立民族学博物馆塚田诚之教授在云南昆明合作召开了“中国边境民族的跨境流动与文化动态”研讨会，2009 年 11 月赴日本与塚田诚之、长谷川清、松本真澄、片岗树等日本学者研讨大湄公河次区域国家民族研究问题。经过校内外 30 多位师生的共同努力，《东南亚民族志丛书》今天终于面世了。

在此，我把组织与推进东南亚研究的基本构想和实施体会做粗略介绍。

一　实践与学术：国外民族志研究的价值

许多学科都参与了国外研究，如归属于经济学的世界经济和国际贸易，归属于政治学的国际政治和国际关系，归属于史学的世界史和国别史，归属于文学的外国文学和西方文学理论等。这些学科都运用其学科的理论方法对特殊领域或问题开展国外研究，换言之，研究国外的学科、方法及其学术文本和路径是多种多样的。

人类学/民族学如何开展国外研究呢？当然方法和文本也是多样的，可以采用大部分人文社会科学通常的文献研究方法研究世界民族问题和国外人类学民族学理论，但作为以田野调查为基本手段和以民族志作为学术核心产品的学科，人类学/民族学的国外研究必不可少需要到国外做田野调查并撰写民族志。

民族志是以田野调查为基础研究社会文化的方法和学术文本。作为研究方法，研究者必须到国外去，对其研究对象进行参与观察，以切身体验与理解其社会文化、获取第一手的研究资料；作为学术文本，民族志既不是对国外社会文化进行概括性的宏观评介和抽象性的理论分析，也不是非学术性的国外民俗风情的表层描述和感性评议，而以特定群体或区域为边界对其社会文化进行深入系统的描述与分析，进而呈现与解释特定群体或区域的社会文化的运行逻辑和特征。

因而，民族志的国外研究，无论是研究方法、学术文本还是研究内容，与其他学科和方法的国外研究具有明显的差异，也不能为其他学科和方法的研究所取代。其间的差异大体有这么几个方面：一是直接与间接的区别。民族志研究需要研究者“到国外去”与其研究对象直接接触并深入到其社会生活之中，切身感受、体验其社会文化过程，通过与研究对象的互动获取主要的研究资料；其他学科和方法则可以主要通过文献资料开展研究，研究者与研究对象之间具有间接性。二是微观与宏观的区别。民族志研究常规方法是“大处着眼，小处着手”，选择小型社区或特殊群体作为研究焦点，也就是说，要设定出研究对象的空间边界和社会边界；其他学科和方法的研究则可以不进行空间边界或社会边界的明确界定，对一个国家或一个大区域开展整体性研究。三是具体与抽象的区别。民族志文本大都包含了有关研究对象的大量事件、人物和细节及其过程的叙事，有的民族志甚至选择了小说式的叙事模式，研究性的分析与解释融会于或结合于具体的社会文化运作过程之中；其他学科和方法的研究成果则主要采取“论证”或“论述”的模式，极少对研究对象进行详尽的叙事，呈现给读者的主要是研究者的分析论述过程，而不是研究对象的社会文化过程。四是主位与客位的区别。民族志研究特别强调从研究对象出发的“主位”视角，力求阐释研究对象如何体验、思考与评价；其他学科和方法并不特别强调研究对象的视角，更多的是从研究者的“客位”角度进行分析论证，占主导的是作者的“我认为”而不是研究对象的“他（们）认为”。此外，民族志研究还具有关注“底层”或“平凡”、研究对象社会文化的整体性等特征。

由此，我们可以说，在国外或世界研究中，民族志是不可或缺的，它与其他学科和方法的研究形成相互补充的作用。

然而，在中国的人文社会科学研究中，人类学/民族学的国外研究是最薄弱的。其他学科都有国际政治、国际经济、国际贸易、西方哲学、世界史、欧美文学等专门研究国外的分支学科，反而以“异文化”研究为特色、因研究“异文化”而创建学科的人类学/民族学，在中国学界却极少对国外进行民族志研究。中国人类学/民族学创建之时正值国家处于积贫积弱、内忧外患交织的时期，救亡图存是国人最迫切的使命，“师夷长技以制夷”成为研究国外特别是欧美最根本的目的，借助西方的思想、模式、方法以及学科解决中国自己的问题无疑是那个时期的“主旋律”，人们无暇也无力关注与解决本国问题并无直接补益的国外社会文化。费孝通和林耀华两位被奉为楷模的大师在国外求学时没有沿着西方人类学/民族学的常规路径调查研究“异文化”，而选择了研究“本文化”，以家乡民族志作为博士学位论文并成为中国人类学/民族学的经典。他们的这一选择，既迎合了其导师研究“异文化”特别是研究历史悠久的中国的学术志趣，也满足了作为那一代学者的社会理想。“榜样的力量是无穷的”，他们所奠定的学术传统对中国大陆人类学/民族学产生了深远的影响，“家乡民族志”成为国内诸多学者的选择和中国人类学/民族学的特色，“异文化”或“异国文化”研究失去的引路人。20 世纪 50 年代至 70 年代的“闭关锁国”制度选择扼杀了国人向外看和到国外去的欲求与实践。80 年代以后的改革开放激活了与国家制度转型和社会实践直接相关学科的国外研究，而那些不能“立竿见影”地直接解决制度创新、经济增长、技术改进等问题的研究领域则只能“画地为牢”地做国内研究，需要“到国外去”做田野调查的经费支持和制度支持的民族志研究则几乎成为“天方夜谭”而无人染指。

进入 21 世纪，经过改革开放 30 年的发展，中国经济总量已跃居世界前列从而成为全球最大经济体之一，越来越深地融入全球性经济、社会、政治体系之中并占据越来越重要的地位，鸦片战争之后一百多年来中国人的“大国崛起”梦想逐渐变成了现实。同时，各个行业、各个领域都经历了“迈出国门、走向世界”的努力，中国与世界各国的互动比历史上的任何时期都更为频繁、更为密切、更为深入，激发出中国人了解世界的强烈诉求，而且这一诉求呈现出从有什么向为什么、从表层（如国外旅游）到深层、由鸟瞰到细察的演进。国外民族志研究便是应当下中国之运而生的学术探索与实践，其所生产的知识满足的就是中国了解世界新阶段的需求。

从人类学/民族学本身来看，“异文化”或“异国”研究是学科的重要构成部分，也是促进国内研究和整个学科的建设发展不可或缺的基本条件。放眼世界，凡人类学/民族学学科强国（如欧美和邻国日本），无不重视与开展国外民族志研究，无不积累了丰富且高水平的民族志成果。

无论从国家发展战略和社会需求来看，还是从学科建设和学术发展来看，国外民族志研究都是非常必要且迫切的。

二　以跨国流动为主线的东南亚民族志研究的依据与意义

“东南亚”指亚洲的东南部地区，包括越南、老挝、缅甸、柬埔寨、泰国、马来西亚、新加坡、印度尼西亚、文莱、菲律宾等10个国家。20世纪40年代之前，中国人以“南洋”、“东西洋”或“南海”称之，西方则用“远印度”、“外印度”或“印度群岛”指称。第二次世界大战期间，同盟国军队设立了“东南亚最高统帅部”以指挥这一区域的战争，“东南亚”一词逐渐被广泛接受，成为指称这一区域的通用称谓。

对东南亚进行以跨国流动为主线的民族志研究，既有自然的基础也有社会的基础，既有历史事实的依据又有社会现实的依据，既有学术探讨的目的也有实践应用的目的。

从地理角度来看，东南亚东临太平洋，南与澳大利亚隔海相望，西濒印度洋，南、北分别与“南亚次大陆”（印度和孟加拉国）、中国接壤，是亚洲、非洲、大洋洲三大洲的交汇地区和太平洋、印度洋两大洋的交通枢纽。特殊的地理位置使亚洲和澳洲两个次大陆的人种、族群、文化以及动植物在这一地区交汇融合，形成了独特的社会文化格局和自然生态景观。东南亚与中国毗邻，其中越南、缅甸、老挝3国与中国接壤。山水相连的地缘关系把中国与东南亚天然地连为一体，为历史与现实的频繁交往提供了自然条件的便利。

从历史角度来看，作为地处亚洲、非洲、大洋洲三大洲交汇位置和通往太平洋、印度洋两大洋的枢纽，东南亚成为历史上中国走向世界的“第一站”和必经通道，先辈们通过“over land”和“over sea”两种方式来到东南亚，或驻足于此创业发展、繁衍子孙，或途经此地后继续前行。在东南亚，无数中华儿女“下南洋”、闯世界的足迹举目即是，著名的“郑和下西洋”事件途经东南亚多个国家并在所经之地产生的深远的影响至今犹存。他们把中华文化和技术传播到东南亚，又把东南亚人民的思想智慧带回中国，促进人类文明的共同进步发展，定居于东南亚各国的2000多万华人成为东南亚各国经济社会发展的重要力量。

从族群关系来看，东南亚半岛与中国西南为族群迁徙与互动的走廊，形成了许多跨国民族和亲缘民族。在历史上，诸多族群沿着澜沧江—湄公河、怒江—萨尔温江、红河等河流从中国南下定居在东南亚，如从中国湖南、贵州、云南迁入东南亚的“蒙”（苗族）、从中国西双版纳迁入东南亚的泰族支系“泰勒”等等，也有东南亚半岛族群北上定居在中国西南边境一带“老缅人”等。泰族、越族、佬族、掸族、岱（岱依）族、芒族等东南亚民族与中国的壮族、傣族、布依族等同属“百越”后裔，母瑟族、倮族、傈僳族、克钦族、阿佧族、拉瓦族等东南亚民族与中国的彝族、哈尼族、傈僳族、纳西族、拉祜族等民族的共同渊源于古代的“氐羌”。在语言上，东南亚半岛国家民族语言主要包括藏缅语族、苗瑶语族（划分有争议）、孟—高棉语族、印度尼西亚语族、马六甲语族五大语族，其中，东南亚的倮、傈僳、阿佧、母瑟、拉瓦、拉祜等与中国的彝、傈僳、哈尼、拉祜、纳西、基诺等民族的语言同属藏缅语族彝族支，东南亚的缅族与中国的阿昌族的语言归属于藏缅语族缅语支，东南亚的泰、掸等民族与中国的壮、傣、侗等民族的语言同属于侗台语族（又称壮侗语族），东南亚的蒙、瑶等民族与中国的苗、瑶等民族的语言共同归属苗瑶语族，东南亚的越、崩龙、阿佤等民族与中国的佤、德昂、布朗等民族的语言同属于南亚语系孟—高棉语族。在现代国家建立之前，东南亚与中国西南为族群流动、迁徙与融合提供了广阔的舞台；在现代国家形成之后，尽管受到国家的阻止和国界的限制，族群的跨国流动仍然以不同的方式频繁发生着，如跨国通婚和迁徙等人口流动，物质交换和经济流动，互访等文化流动，等等。总之，东南亚与中国之间错综复杂的族群关系和多重交织的交流互动及其所形成的动人心魄的文化动态为人类学/民族学的研究提出了魅力无穷和数不胜数的研究论题，也为许多民族历史、文化认同、文化传播、社会变迁、民族或族群与国家关系等学术悬案和理论难题的解决或重新解释提供了丰富有力的资源。

从社会经济发展的现实来看，中国与东南亚国家经济合作与社会文化交流的不断密切提出了开展东南亚国家民族志研究的需要。20世纪90年代以来，随着中国改革开放进程的推进和经济的迅猛发展，中国与东南亚国家之间的经济贸易呈现迅速上升趋势。近年来，在东南亚的对外贸易中，中国排第四位；在中国的对外贸易中，东南亚处于第五位。东南亚已成为中国吸引外资的重要来源地，也是中国企业“走出去”的首选地之一。2002年11月，中国与由东南亚十国组成的在政治、经济和安全问题上协调合作的区域性组织“东南亚国家联盟”签署了《中国—东盟全面经济合作框架协议》，中国—东盟自由贸易区（China and ASEAN Free Trade Area，缩写为CAFTA）即“10+1”正式形成，这是继欧盟（European Union）和北美自由贸易区（NAFTA）之后建立的世界上第三大区域性经济合作区。2010年1月1日，中国—东盟自由贸易区协议正式生效，标志着中国与东盟国家在相互开放市场、建立密切关系、扩大相互之间的贸易和投资合作的自由贸易区建设全面启动，各国通过相互取消绝大多数产品的关税和非关税措施，开放货物贸易、服务贸易市场和投资市场，实现贸易、投资的自由化等措施推动区域合作与联系登上新台阶。经济活动的主体是人。中国与东盟国家区域经济的一体化，必将进一步推动中国与东盟国家社会互动与文化接触的频繁与深化。在这一背景下，运用民族志方法对东盟国家的研究，无疑对于消除文化误解、增进互相理解、推动和谐交往具有积极而重要的作用。

三　东南亚民族志研究的困境

在东南亚民族志研究的试验与推进过程中，我越来越强烈地认识到开展东南亚民族志研究的重要学术价值和重大现实意义，但同时我也切身体味到其难度和困境。

困境之一来自政治体制和社会模式等客观方面的制约。东南亚国家之间的政治体制差异巨大，其中一些国家对于外国人在其国内的活动实施程度不等的管制、限制和监控。作为以参与观察和深度访谈作为最基本调查方法的民族志研究，进入东南亚国家的基层社会做田野调查面临着难以想象的诸多困难。

困境之二来自研究者队伍学术准备不足的主观方面的制约。中国的许多东南亚研究依靠的是英文等文献，而不是东南亚各国的官方语言，其所提供的信息大都比较笼统，对于深入小型社区开展田野调查来说远远不够。东南亚各国的语言在中国都纳入“小语种”的范围，普及面非常有限，掌握者寥寥无几，况且对于从事民族志研究的学者来说，不仅要掌握研究对象的语言，而且还需要掌握研究对象所在国的官方语言，在目前情况下两者兼备者几乎无处寻觅。

为此，我必须坦诚地告知读者，《东南亚民族志丛书》是在上述条件下完成的，必定存在诸多缺陷甚至谬误，因受各方面条件的制约而导致田野调查不够深入细致、文化解释不够准确透彻则是本套丛书普遍存在的问题。但我信奉的做事原则是：有胜于无，先有后好，敲门需砖。因为包括东南亚民族志研究在内的“海外民族志”研究尚处于起步阶段。我相信，随着中国—东盟自由贸易区的全面启动，东南亚国家的整体开放程度将不断扩大，而随着东南亚民族志研究的推进，一批具备从事东南亚民族志研究的学术队伍也将逐渐成长起来。到那时，堪称为“玉”的东南亚民族志研究作品就会涌现出来，本套书的使命也就完成了。

我真诚希望，有更多的学者特别是青年学者加入到东南亚及其他区域、其他国家的“海外民族志”研究队伍中来，因为这是一片有待开垦的处女地，也是一个极具魅力和挑战的研究领域！

何 明

2012 年 3 月

目　录

引　论　一个民族的渴望 …………………………………………………… (1)

第一章　缅北怒人与基督教 ……………………………………………… (26)

第一节　缅甸"怒人"的定义 ……………………………………… (28)

第二节　缅甸怒人的来源及分布 ………………………………… (34)

第三节　多样的生计方式 ………………………………………… (57)

第四节　缅北与滇西基督教的传播及关系 ……………………… (70)

第五节　怒人基督教徒 …………………………………………… (91)

第二章　"怒人"是谁:源流与建构 ……………………………… (107)

第一节　文化视野中的"怒人" ………………………………… (109)

第二节　"怒人"的族源及流变 ………………………………… (116)

第三节　汉语文献中的"怒人" ………………………………… (125)

第四节　怒族的中国国家建构 ………………………………… (129)

第五节　缅甸"怒人"的建构 …………………………………… (132)

第六节　结论 …………………………………………………… (137)

第三章　族群的"想象"与族群身份 ……………………………… (139)

第一节　家族与氏族 …………………………………………… (139)

第二节　"怒人"的族群想象 …………………………………… (155)

第三节　族群身份:认同及重构 …………………………………………（167）

第四章　怒文与怒语神学 …………………………………………（180）
第一节　没有文字的怒人 …………………………………………（182）
第二节　基督教与各族文字 …………………………………………（191）
第三节　怒语书写系统 …………………………………………（203）
第四节　怒语神学 …………………………………………（244）

第五章　文化传统的重塑 …………………………………………（269）
第一节　为何要重塑? …………………………………………（269）
第二节　文化传统的重塑 …………………………………………（277）

参考文献 …………………………………………（284）

后　　记 …………………………………………（289）

引 论

一个民族的渴望

2005年9月，旅居泰国的美籍阿侬[①]人阿此牧师首次造访其先祖之地，怒族阿侬人聚居的中国云南省怒江傈僳族自治州福贡县上帕镇木古甲、古泉两村。阿此的祖父1932年从古泉村[②]向西翻越高黎贡山迁居缅甸。在木古甲村委会所辖的木古甲、木楞、阿尼岔三个自然村与当地阿侬教会（教堂）负责人交流的过程中，阿此三次失声痛哭……

木古甲一位阿侬马扒[③]说，他能感受到阿此的内心十分痛苦，因为这里的阿侬人大多已不会讲阿侬语了。[④] 阿此精通包括傈僳语在内的九种语言，但他只用阿侬语而不是地方通用语傈僳语与当地阿侬人进行交流，在随后的数次访问中也如此。对于阿此的要求，木古甲的阿侬人也感到非常吃惊，因为阿侬人大多数情况下都使用傈僳语。2010年11月笔者在泰国清迈与阿此会面时阿此也表达了对阿侬人语言及文化传统丧失的担忧。但他的担忧远不止于此，更多地在于对缅甸阿侬人作为一个

---

① “阿侬”为中国怒族四个主要组成部分之一，也是汉语文献中被统称为“怒人”的一部分。

② “古泉”为阿侬地名的傈僳语称谓，指今古泉村一带，阿侬语称 Khopang（孔旁），缅甸北部葡萄县有祖籍古泉村阿侬人建立的 Khinphang（肯旁）村，迁自古泉一带的缅甸阿侬人现均以 Khopang（孔旁）或 Khinphang（肯旁）作为姓氏。

③ 傈僳语称，意指老师，在以傈僳语为主要神学语言的基督教会系统内专指传道员或传道人。

④ 福贡县的怒族阿侬人约6000人，但据木古甲村民开来布估算，目前仅有居住在木古甲、古泉村等高山村落的约四百余人会讲阿侬语。与此同时傈僳语已完全成为该地区的通用语和基督教神学语言。

族群的前途和命运。此前笔者在缅甸北部的考察中发现，这一问题首先可最终归结为一个人群（阿侬人）对本身归属感的热切渴望。族群是其成员们归属和认同的范畴[①]，而对于当代缅甸阿侬人来说，他们正面临一个残酷的现实，即已经失去了作为一个国家民族的身份，而其归属实体本身也正在快速丧失。缅甸阿侬人人口数甚至超过他们在中国境内的同胞，语言保存相对完好，即阿侬语在绝大部分自称 Anung（阿侬）、Khopang（孔旁）或 Khinphang（肯旁）的家族中仍享有母语的地位，但从使用频率和适用性来说已沦为傈僳语或（和）日旺语之后的第二或第三语言。与居住在中国怒江流域的同胞一样，缅甸阿侬人的文化传统，如服饰、歌舞、饮食、生活习俗以及村落社会制度早已消失，与其傈僳或日旺邻居无异。更为重要的是，缅甸阿侬在当代国家族群建构过程中现已失去了作为该国一个单独的法定民族身份。其族称 Anung 或 Nung[②]（阿侬或侬）曾经是克钦邦北部地区一个重要的族群统称，但最终没有出现在该国人口普查民族表中，也未被列为克钦民族六个“支系”之一，而自称 Anung（阿侬）的人群其民族身份体现在身份证件上也多被标注为 Lisu（傈僳）或 Rawang（日旺）等，可用于区别于傈僳、日旺等族的符号或事物，除族群或家族自称 Anung（阿侬）、Nung（侬或怒）、Nu（怒）、Khopang（孔旁）或 Khinphang（肯旁）之外，仅剩下地位摇摇欲坠的母语，以及日渐模糊的家族（氏族）迁徙历史等。“我们到底是谁?”虽然其自称、语言、近代族群迁徙史以及近代以来形成的缅北族群称谓格局足以让阿侬人认同为一个完全的族群，但他们时常会遇到这样的困扰。现居密支那的阿侬牧师王朋（Wann Phone 或 Phone Khinphang）说：“由于我们的祖先缺乏教育，对我们自己的历史也无记录，有人说我们是傈僳，不是日旺，但我们与他们一起居住，经常搞不清，有些混杂了……我们现在没有自己的服饰、歌舞、礼仪，全都与傈僳一样，有的地方与日旺一样，日旺人称我们是他们的‘小兄弟’，傈僳也说我们和他们是一个族的，我们真成了被丢失的民

① 弗里德里克·巴斯著，高崇译:《族群与边界》（序言），载于《广西民族学院学报》（哲学社会科学版）1999 年第 1 期。

② 缅甸阿侬人使用 Anung 或 Nung 作为其英文族称的书写方式。

族。”由此而来的后果可能是：阿侬最终被傈僳、日旺等曾与之平行或族称上为其所包含的族群同化而成为其下一个“分支”，甚至完全地“被融入”这些族群，Nung（侬或怒）这一族称距离最终的消失也就不远了。这也是缅甸阿侬精英们最为担忧的结果。而在高黎贡山东侧作为中国怒族之一部分的阿侬人，他们与自称阿怒、怒苏、若若的人群共享作为国家法定民族身份及族称“怒族”，虽其语言、文化传统也经历或正面临同样的问题，但已完全获得了作为一个族别政治标识的民族名称，族群身份得以保全，因此他们对其族群实质上被同化的境况并未感受到强烈的情感冲击。境外的阿侬同胞曾对其先祖之地抱有很高的期望，王鹏说，他们希望从历史资料和中国阿侬村寨的实地考察中有所收获，以帮助恢复缅甸阿侬人的文化传统，如服饰、歌舞、民间传说等。但上述现实也使得他们在木古甲、古泉两村的考察中十分失望，从而加剧了丧失族群身份的痛苦。与阿侬命运相同的还有较晚迁入缅甸的在中国同为怒族或“怒人”之一部的怒苏人和更早的移民勒墨（巴尼）人①，怒苏及与之杂居的勒墨人在正式的族群身份上无一例外地被标注为“傈僳”。用缅甸阿侬自嘲的话说，他们已是一些“失落的”人。

不论是在缅甸，还是中国，有关“怒人”② 的描述几乎都来自于其“被建构”的过程，如汉语文献记载、中国民族识别、缅甸其他各族的“他称”、西方人的定义以及缅甸国家的人口普查等，而“怒人”的自我表达一向失语。笔者以为，“怒人”的“失落”以及族群重构的动因，在于他们对于自我族群的“想象”及与“被建构”过程的互动。根据安德森的观点，民族是“一种想象的政治共同体”，民族的“想象”，即“形成任何群体认同所不可或缺的认知过程（cognitive process）”能在人们心中召唤出一种强烈的历史宿命感。③ 这些情感是否被唤起，渴望是否被表达，则取决于外因，即一个族群“被建构”

① 勒墨（巴尼）人在中国被识别为白族，而在缅甸由于文化上已完全傈僳化而被划属傈僳（族）。鉴于本书主题及篇幅所限，有关勒墨人的情况将不在此展开讨论。

② 本书沿用汉语文献关于“怒人”的范畴，即包括贡山阿怒、福贡阿侬、（原）碧江怒苏（今属福贡县）、兰坪若若，缅甸“怒人”主要涉及阿侬、怒苏两个人群。

③ ［美］本尼迪克特·安德森著，吴叡人译：《想象的共同体：民族主义的起源与散布》，上海人民出版社2003年1月版，导读第9、13页。

的结果：如果与其族群想象的族际边界或边界形成与维持的规律大致相符，或与其需求和选择相符，那么“建构”对族群的影响将是正面的，可产生积极作用的，反之则可能出现负面的影响。例如，1964 年日旺人的诉求得到接纳而成为缅甸国家的一个“法定”民族之后，克钦邦北部操玛旺语及相近语言的组织松散的氏族、家族组织得到进一步整合，逐渐发展成为一个形式、结构完整的民族实体——日旺族，且在语言、文化传统、日旺语基督教神学系统等方面都得到进一步保持和完善。与之形成鲜明对比的是，同一时期失去了以 Nung 为标识的族群身份而被傈僳、日旺等族“收编”之后，阿侬人在语言、文化传统等方面被同化的进程被加快，阿侬这一民族实体走在了消失的边缘，于是在其内部激发了强烈的民族情感并开始了族群重构运动。“怒人”的自我族群“想象”并不依赖文字或阅读来实现，与其他族群一样，是以语言、族源历史、传说、文化习俗、居住位置等为参考或自我暗示所形成的一个“有限的社会心理学上的社会事实[①]，其关键在于，以其古老的族群自称（阿侬或怒苏等）为标志性“界碑”构成其族群边界——一个与其他族群（如傈僳、景颇等）进行区别的最简便且最有效的标识。作为一个人口较少的族群，“怒人”各部在迁徙、定居过程中一直要维持这一族群边界。这是一个富有弹性的边界，维持边界的文化特征可以改变，成员的文化特征同样可以转换，实际上，甚至群体的组织形式也可以改变。[②] Nung（侬或怒）的族群边界是一个单向的半开放系统，首先具有很强的包容能力，可以容纳和吸收其他人，如日旺、达鲁等语言文化关系较近但原本不被阿侬视为同族的人群来共享 Nung 的族称，成为 Nung 之一部分，但不会愿意被一个在其认知系统中与其平行或层次更低的其他族群所包含。这一现象在傈僳、景颇、日旺等族群中同样普遍存在。汉语文献中将生活在怒江流域分别自称阿怒、阿侬、怒苏和澜沧江流域的若若等历史文化存在异同的人群统称为“怒人”，这

---

① ［美］本尼迪克特·安德森著，吴叡人译：《想象的共同体：民族主义的起源与散布》，上海人民出版社 2003 年 1 月版，导读第 9、13 页。

② 弗里德里克·巴斯著，高崇译：《族群与边界》（序言），载于《广西民族学院学报》（哲学社会科学版）1999 年第 1 期。

一文献建构方式与其族群“想象”事实上并未相交，因为这些汉文文献并不为“怒人”熟知。中国民族识别延续并合法化了这一划分方法和结果，“怒人”成为了“怒族”，四个不同自称的人群共享“怒族”族称，拥有统一的族名政治名称和身份，在完好保持了各部原有的族群边界的同时拥有了一个经建构而扩大了族群边界，“怒人”精英及民众基本接受了这一方式。在缅甸，来自景颇人的“他称”、西方人的定义均以“Nung”（侬或怒）作为缅甸阿侬、日旺、怒江流域的“怒人”（自然包括怒苏等人群）的总称，这一建构方式得到了阿侬人的默认但遭到了日旺这样人口较多氏族的反对。20 世纪 60 年代日旺人的努力促成了 1964 年缅甸联邦宣布日旺为全缅 135 个民族之一。这一结果使得 Nung（侬或怒）这一族称的处境极其尴尬。与此前人们习惯了的族群范围的事实相比，Nung 在国家民族结构中完全“丧失”了作为一个民族或族群的名称和身份而“退化”为日旺族下的一个氏族称号，而且由于与日旺、傈僳等族杂居并受其在宗教、文化上的强势影响，阿侬人事实上处于一种被分化并吸纳入日旺、傈僳等族的趋势，阿侬的族群边界，不论是广义的 Nungish Peoples（怒系族群）还是狭义的 Anung（阿侬），其存在及形式的维持均受到了极大的威胁，因而阿侬精英们的紧张和担忧也就不难理解了。当边界受到压力的时候，保持明显的边界形式变得重要。① 这一“负面”的“建构”使阿侬精英们备感“失落”，并由此而激发了极其强烈的情感，即恢复并维持其原有族群边界的渴望和动力。现居密支那的阿侬精英们并不指望或再度恢复广义的 Nung 或 Nungish Peoples 的族群边界，但认为维持狭义的 Nung（侬或怒）的形式，即争取使阿侬人成为一个克钦支系民族或全缅 135 个民族之又一个民族是可能的，也是能够获得日旺、傈僳“弟兄姐妹”乃至政府的认可和支持的。因此阿侬人 20 世纪 70 年代以后主要朝这一方向努力并取得了一些进展。2007 年与怒苏人的接触加速了这一进程。主要分布在克钦邦北部葡萄等地区的阿侬人和密支那周边的怒苏人在缅甸原本没有正式的交往，一次偶然的接触促成了双方的合作。出于相同的境遇及对

① T. H. 埃里克森著，王亚文译：《族群性与民族主义：人类学透视》，敦煌文艺出版社 2002 年 12 月版。

族群身份的欲求，分属不同的差会（指西方基督教教派组织）但共同的基督教信仰，近似的族称发音，中国汉语文献的“怒人”的建构以及中国当代怒族的建构模式，使得阿侬与怒苏拥有了“完美”的理由和充分的基础走到一起。经过接触，双方开始了合作并愿意参照中国的民族建构模式重构缅甸“怒人”或“怒族”，并在中国怒族同胞的支持下实现这一理想：一个族称相同（发音及英文书写为“Nung”，汉语写作“怒”、“怒人”或“怒族”），包括阿侬、怒苏、阿怒、若若等人群（目前在缅甸事实上仅包括阿侬、怒苏两个部分），语言、历史、文化特征存在差异的族群共同体。缅甸“怒人”或“怒族”这一族群共同体（Nung）的建构将建立在基督教信仰的根基上：①族源历史以《圣经》内容和口传族群迁徙史为基础进行重塑；②文化传统（如服饰、歌舞、礼仪等）按基督教信仰实践和现行的习俗模式进行规范，同时参照现存的一些与信仰无冲突的习俗内容进行改造；③双方合作为两种不同的语言（阿侬语、怒苏语）创制一套以英文字母为基础的书写系统，用于分别表示阿侬语和怒苏语；④以文字或书写系统为基础形成怒语神学系统（神学经典、教会系统、神学培训机构等），包括阿侬和怒苏两个“分支”系统；⑤完成建构一个与当前克钦民族各“支系”民族在文化、社会、语言文字、神学上同等地位的缅甸怒族（Nung），最终获得国家的承认而拥有作为一个完全的民族共同体的身份。

一 “怒人”的族群“想象”

对于“怒人”这样一些人口较少的族群，他们关于族群的“想象”，不论是在文献记载，还是国家族群建构过程中，总是被忽视，有限的资料甚至是从周边其他较大的或与汉族交往较多的族群中获得，即以这些族群的记载或描述代替了“怒人”自身的表达。“怒人”传统上未曾有过“民族（nation）”或“国家民族（Nation State）”这样雄心勃勃的族群“想象”，甚至在大多数的文献中表现为“沉默”。但这些较小族群事实上有着非常丰富的关于自身的族群想象。人类学民族学方法能够更“方便”地发现这些事实。中国民族识别、缅甸人口普查等国家族群建构过程，虽然对“怒人”所产生的影响和结果不同，但最终都使得他们走上前台，在有限的空间范围内进行自我表达。福贡阿侬、贡山阿怒、（原）碧江怒苏（今属福贡县）以及独龙族等对于族群和族别的认知可以从几个层面来看：首先，在自我认知方面最初主要以氏族或家族为单位，以家族或氏族名称、族源历史和迁徙传说为内容构成最基本的群体范围，但民间一般缺乏作为一个现代族群的概念；其次，以同一区域内语言、族源历史、风俗习惯等文化特征相同的家族、氏族集团构成一个近似“族群”的“社会心理学上的社会事实”雏形；再次是以作为一种“社会事实”的族群自称为“界碑”划定族群边界——地理边界和社会边界，以此简单而有效地区分自己和其他族类（如阿侬与俅、傈僳、勒墨等）。但中国境内的“怒人”关于现代族群或民族的概念和认识，主要是在中国20世纪50年代开始的国家民族识别后逐渐形成，而缅甸“怒人”则是在西方人对缅甸族群的定义和国家族群建构过程中实现了他们从以氏族或家族为核心的认知到现代族群意识再到自我族群重构的。

（一）作为“界碑”的族群自称

从传统的关于族群或族群性的定义来看，构成族群的各项文化因素，包语言、历史、宗教信仰、文化心理素质等都必不可少，但对族群考察的焦点应该集中在族群组织，尤其是族群边界和界限的维持上，而不是进行有关族群组织基本特征此类的文化分析，因为，族群差异不是缺少流动、联系和信息的结果，而是包括排斥和接纳的社会过程；族群单位的持续性本质取决于边界的维持。边界维持的文化特征可以改变，成员的文化特征同样可以转换，实际上，甚至群体的组织形式也可以改变……[①]目前，缅甸北部“怒人”（阿侬、怒苏）可以用于区别于其他族群的因素主要有族群自称、语言、近代迁徙史等为数不多的几个指标，而其他文化特征，如族源传说、亲属称谓制度、家庭组织形式及婚姻模式（交表婚）等仅能作为参照。从文化比较来看，阿侬在语言上与俅（日旺或独龙）属同一语言的不同方言，共享“创世纪”等族源

---

① 参见弗里德里克·巴斯著，高崇译《族群与边界》（序言），载于《广西民族学院学报》（哲学社会科学版）1999年第1期。

传说，基本亲属称谓制度与婚姻模式相同，族群迁徙历史与俅有相互交错的地方，甚至某些阶段完全重合，阿侬和俅历史上交往频繁，完全了解相互间的历史文化关系，但在族群属性上从未认同对方，同时认同并遵循了藏、傈僳等族的称谓以及汉语文献中的定义，即“侬”是“侬”，“俅”是“俅”，前者包含于高黎贡山以东的怒江流域的“怒人”之中，而后者则指高黎贡山以西伊洛瓦底江流域的诸多族群。例如，傈僳语中甚至将包含景颇在内的克钦民族统称为“Ɔo”，发音与“俅”同，克钦邦称为“Ɔo mʊ”即“俅国”之意。族群自称是一个无法逾越的界限。阿侬迁居缅甸与俅杂居，虽然交往频繁，关系也十分密切但仍然维持这一状态。因此，“怒人”与俅的族群边界并不是完全以文化特性为依据的。历史考察发现，被称为“俅”的人群应与贡山一带的阿怒、福贡阿侬具有较近的同源关系，他们在不同的历史时期（从公元7世纪或更早至公元15世纪不等）翻越高黎贡山进入伊洛瓦底江上游的恩梅开江或迈立开江流域后仍然以大小不一的家族或氏族为单位生活，拥有相应的自称（包含一些自称“侬”、“怒”的家族），没有形成一个族群意义上的共同体，他们被傈僳族群、藏族群统称为“俅”（汉语史料中也称“俅”），阿侬、阿怒和怒苏等也称他们为“俅”。至15世纪前后仍然居住在怒江的自称“侬”、“怒”的人群，一方面拥有家族、氏族的自称，但同时拥有具有一定族群特征和范围的自称，如“阿侬”、“阿怒”、“怒苏”等。根据阿怒、阿侬、怒苏的传说，曾有“怒”翻过高黎贡山去了独龙江和缅甸，“变成”了“俅”（独龙族）的：贡山阿怒有丙中洛（乡）甲生村人，由于承受不了喇嘛寺的捐税而移居独龙江四村（甲贡）成为俅人的[①]；怒苏原来碧江一区九村（今福贡县匹河乡托坪村）“斗霍”氏族的一部分人多次向西越过高黎贡山迁往恩梅开江定居……已转化加入了另一民族集团——俅族（即独龙族，自称“巴屋”），他们仍然保留怒苏语言及社会文化特点，

① 洪俊：《独龙族族源与传说》，《民族学》1992年第2期。另据调查，独龙江地区也流传此传说。

与九村亲戚保持密切关系，相互视为亲人。[①] 木古甲阿侬也有“三兄弟”之老二向西迁往缅甸“变成” “俅”的传说。[②] 在缅甸被称为“俅”的族群事实上包括了上述家族或氏族，但仍然被其居于怒江或后来才移居缅甸的“近亲”称为“俅”。他们将来是否会回归原本族属，很大程度上取决于缅甸怒人是否能够获得国家承认的民族身份和具有足够的影响力。明代、清代及民国时期进入缅甸的阿侬人，一方面保持了其家族名（如古泉、木古甲、阿尼岔、木楞等），同时拥有 Nung（侬）的族称，也有其他一些更早期自称 Nung（侬）的人群在英国统治时期认同并回归了“侬”的范畴。阿侬在区别了自己与“俅”的同时也区别了位于北部贡山阿怒、南部的怒苏等人群，直到 20 世纪 50 年代中国国家民族识别后其精英们又据此进行了新的认知或自我建构。族群自称的形成原因不尽相同，怒人的族群自称多为地名，地名往往取自历史事件、风物地貌等，一旦形成即集中体现为一个族群的稳固的象征性的标识，族群边界也以此为基点在该人群的“想象”中形成，并在历史进程中不断得到强化和维持。

（二）创世传说：“怒人”及其“兄弟姐妹”

云南许多少数民族，包括福贡阿侬、贡山阿怒、原碧江怒苏及独龙族都有“创世传说”。从这些情节相似的古老传说或经过当代修饰的传说中不难发现阿侬、阿怒、怒苏等人群的变化：①明确区分了一片较特定区域内的“我族”与“他族”，并在观念层次上形成了较清晰的族际边界；②对世界的认知其空间范围主要局限在金沙江、澜沧江、怒江、伊洛瓦底江上游一带；③确定了自己与其他“不同”人群的关系：人类同源，具有“兄弟姐妹”的亲缘关系，但否认同族。在区域族群关系中，观念中所谓的“亲缘性”事实上是不存在的或被族群间的差异性所遮蔽。怒苏人一方面承认与迁居俅江最终成为俅人（独龙族）的

① 《民族问题五种丛书》云南省编辑委员会编：《怒族社会历史调查》，云南人民出版社 1981 年 10 月版，第 37 页。

② 杨将领、李金明：《中缅跨界独龙族：自称与他称释义》，载于《世界民族》2010 年第 4 期。

"麃子"氏族的关联性，另一方面并未在族群身份上认同对方，怒苏仍然是怒苏，俅人仍然是俅人。木古甲一带的阿侬与高黎贡山以西的俅人（独龙族）虽然拥有共同的"创世传说"、语言和习俗，但事实上这两个人群仍以族称区别彼此：侬或俅。而从"距今三百八十年前"怒人（阿侬）成为俅人的主人"俅官"，俅人向阿侬缴纳"俅贡"的历史事实来看，此二者不仅是两个不同的族群，而且曾存在着从属关系：俅从属于侬。而在怒江上游贡山一带的阿怒与高黎贡山西边的俅人，虽然承认其较近的同源关系，互称兄弟（姐妹），交往密切[①]，但以自称为标志区分彼此，相互视为两个不同的族群。[②] 上一章提到，虽然中国汉语文献中关于"怒人"的建构在明代以后逐渐形成并不断强化，但事实上对"被包括"的人群，不论是阿侬，阿怒还是怒苏，在其民间并不认同甚至缺乏"怒人"概念，对族群的认知也仅限于自己及邻近的几个族群，如傈僳、藏、俅等。由此看来，20世纪50年代中国进行民族识别时全国申报的民族数400多个，云南260多个也就不难理解了。在近代，特别是基督教的传入使得怒江地区的家族、氏族社会结构逐渐走向瓦解，这一方面为这些人群的族群观的形成创造了条件，另一方面其族群自称、语言、族源历史、风俗习惯等文化特点成为区别族群以及族群身份认同的最为重要的标识。20世纪50年代以后在中国大陆"民族"的概念逐渐深入人心，"怒族"覆盖或取代了各部的自称，这些自称事实上成了区分"怒族"各部特征的辅助称呼，具有临时性地区别其他"怒族"的功能。

二　族群建构中的"怒人"

"怒人"本身不是一个历史、文化意义上的单一的民族共同体，其含义及范围首先在明代以来的有关汉语文献中"被建构"，后在国家民族识别过程中被定型及合法化，包括族称发音及表音汉字书写相近的四

① 参见洪俊《独龙族传说与族源》，载于《民族学》1992年第2期。

② 何林：《多元统一的民族观与民族关系——一个丙中洛阿怒人的实例》，载于《西南边疆少数民族研究》第5辑，云南大学出版社2007年8月版，第311页。

个民族群体，他们分属两个语支及或两个历史文化范畴。中国“怒人”或“怒族”主要包括自称阿怒、阿依、怒苏、若若的四个组成人群，人口共三万余人，分布于高黎贡山东侧的怒江、澜沧江流域，以坡地种植为生。他们从族源历史、语言、社会文化来看分属两个语支或族系（阿怒、阿依属于景颇语支/族系，怒苏、若若属彝语支/族系）。缅甸怒人现主要包括自称阿依、怒苏的人群，人口尚无权威统计数字，但据缅甸阿依、怒苏协会统计约20000人，主要分布在缅甸克钦邦以葡萄、密支那为中心的广大地区，以种植等多种方式为生。缅甸怒人均自中国境内迁徙而来，阿依进入缅甸的时间较早，最早可追溯至公元7世纪以前，但较为集中的据称是15世纪、民国（如1932年）、1950年前夕、1958年、1966年、20世纪90年代等几个重要时期，怒苏20世纪50年代以前进入缅甸的较少，已无明确的口传或记载，但1958年、1966年、20世纪90年代等几个阶段由于政治、生计、宗教信仰、计划生育政策等原因进入缅甸的比较突出。

（一）中国民族建构中的“怒人”

明代以前关于“怒人”的记载极少见，至明、清两代，《百夷传》、《滇志》、《南诏野史》、《维西见闻录》、《皇清职贡图》、《丽江府志略》、《云南通志》等文献对怒江流域除傈僳、藏、“俅”以外的主体居民已经有了明确而笼统的称呼，如“怒人”、“弩人”等，大致包括若若、怒苏、阿依、阿怒等族称发音或所用记音汉字书写相近的人群。这些文献的描述表现为对怒苏、阿依、阿怒、若若先民之间历史文化异同性的忽视。尽管与怒人相关族群的族源及关系问题上仍然存在诸多的争议，但可以肯定，怒人各组成人群并不属于同一个民族的平行分支，而是一个在文献中被无意或故意建构的民族共同体。值得注意的是，汉语文献中关于“怒”的描述可能很大程度上来源于藏、傈僳等民族，因为傈僳族对怒江流中上游除了“甘珠”（藏）以外的人群，不论是贡山的阿怒、福贡的阿依还是原碧江的怒苏通通称为“怒”、“怒帕”，藏人将居住在伊洛瓦底江上游的人都称为“俅”或“撬”，傈僳也承袭了这一称呼，甚至将高黎贡山以西的人群统称为“ɔo”（俅）。

在20世纪50年代中国开始的民族识别过程中，有学者提出了怒人中贡山阿怒、福贡阿侬与原碧江怒苏、兰坪若若的差异，前二者与俅（今独龙族）的“近亲”关系以及与景颇（族）的较近的关系，后二者与一些彝族支系较近的同源关系，以及“将独龙族和怒族合并，把独龙族和日旺族看作同一社区的一个共同体”的主张[①][②]，但最终均未被采纳。怒苏、若若与阿怒、阿侬的族源关系较远但仍被视为怒人，俅（今独龙族）与之亲近却被划为他族，这在近现代文献中似乎早已形成了一种模式，一种族属划分不完全依赖文化、历史事实的模式。20 世纪 50 年代后中国的民族识别从结果来看仍然承袭了这一传统。用 Stevan Harrell 的话说，就是“综合考虑可以看到，民族识别的标准似乎只是将解放前分类中已经出现的区分合法化并加以确认”。[③] 根据有关资料，中国民族识别中民族的界定基本上遵循了斯大林对于民族的定义，在怒族的识别和确认过程中也展开了广泛的历史文化调查，但研究结果最终并不是唯一的识别依据。鉴于怒人各部在族源、历史、语言、社会文化上的差异，“怒族”被识别的依据之一是“异源同流”，即这些“不止一个来源”的人群在长期的历史发展中……已经逐步形成为一个共同族体。[④] 不论从历史演进还是文化变迁来看，笔者都不认为“怒人”各部存在“异源同流”的情况。法国学者施帝恩认为，这主要基于中国政府族名政治需要。[⑤] Harrell 认为，从 20 世纪 50 年代到 80 年代早期的“民族识别”是对中国族群地图的一次政治建构，这次识别是中国政府在新中国成立后推行的第一场族群构造运动，它正式识别出了 56 个族群类别……而中国政府作为分类者，长期以来试图成为界定各个“民族”

---

① 参见国家民委民族问题五种丛书编辑委员会云南省编辑组《云南少数民族社会历史调查资料汇编》（第三辑），云南人民出版社 1987 年 4 月第 1 版，第 12、48 页。

② 施帝恩·格罗斯著，周云水译：《族名政治：云南西北部独龙族的识别》，载于《世界民族》2010 年第 4 期。

③ Stevan Harrell, “The History of the History of the Yi”, in Stevan Harrell (ed.), Cultural Encounters on China's Ethnic Frontiers, Studies on Ethnic Groups in China Series, Seattle and London: University of Washington Press, 1995, p. 82. 见于施帝恩·格罗斯著，周云水译《族名政治：云南西北部独龙族的识别》，载于《世界民族》2010 年第 4 期。

④ 《怒族简史》（修订版），民族出版社 2008 年 4 月版，第 11、12 页。

⑤ 参见施帝恩·格罗斯著，周云水译《族名政治：云南西北部独龙族的识别》，载于《世界民族》2010 年第 4 期。

的“特有文化”的主体，并从20世纪80年代以来期待着最终将所有这些族群认同整合起来，成为一个单一的范畴（中华民族），从而消弭不同族群之间的差别……与正式承认了中国境内的文化差别的第一次努力（民族识别）不同，第二次努力想要建立一个关于中国民族—国家的民族认同，从而超越国内的文化差异。[①] 我国民族识别和民族确认的影响是巨大的，不仅实现了我国族名政治的需要，同时对学术研究领域以及“怒族”内部的自我建构起着关键的作用。

如果从怒人族群认知的角度来看，明代以后有关文献的“怒人”建构对怒人各部本身的影响事实是很小的。由于他们之间缺乏交往，且受汉文教育的程度极低，因此并不了解有关文献的内容。至民国时期，除有关文献作者外，仅部分政府官员在官方行文中使用这些称呼，如夏瑚等。而在民间，这些被称为“怒人”的人群其族群边界仍仅限于各自的自称范围，因而并无统一的“怒人”的概念。20世纪50年代以后，随着国家权力的深入以及民族识别和民族确认，“怒族”的概念深入民间。首先，来自怒族各部精英的国家干部、民间上层人士认可了此种“异源同流”的“历史发展中的普遍现象”及怒族的国家建构模式，民间也逐渐接受了“怒族”这一正式的族称。但在田野考察中发现，“怒族”一词多在汉语语境中使用。当怒族各部群众被问及其民族成分时，汉语回答均为“怒族”，而用本族语的回答无一例外地使用自称，即在本族语语境中唯一与“怒族”对应的词汇。在问及“怒族”与各部自称之间关系时，怒苏人说，“怒族”就是“怒苏”，“怒苏”就是“怒族”；而贡山阿怒则说“怒族”就是“阿怒”，“阿怒”就是“怒族”，其他各部也按此方式回答。这意味着“怒族”这一正式统称对于不同部分的怒族人来说均分别指代他们自己，同时缺乏与其他怒族组成人群的认同，即由于文化等原因，还未接受“怒族作为一个民族共同体”的概念。这也说明，“怒人”在文献中的“被建构”及“怒族”的国家建构与基于语言、历史、文化的族群自然建构是两条平行线，即

① F. K. 莱曼，张文义：《利奇克钦模式的得与失》（代译序），见［英］埃德蒙·R. 利奇著，杨春宇、周韵红译《缅甸高地诸政治体系——对克钦社会结构的一项研究》，商务印书馆2010年6月版。

人们对族名政治中“怒族”和各部语言、文化差异的自称的双重承认，二者在不同的语境和范畴中起作用，但并不相交。

与此同时，以怒族各部精英为核心力量的“怒族”自我建构或重构一直在进行，并呈现出如下特点：①重构在国家建构的框架内进行，为国家民族建构在民间的延伸和强化过程，目标是使怒族成为一个完全的共同体；②这些精英包括任职于国家政府机关、企事业单位的公职人员（含离退休）及部分民间人士；③从组织上看，2003 年 12 月成立的云南民族学会怒族学专业委员会（简称怒族学会），其各分会以县级行政区划而非怒族各部自称为单位，体现了行政区划及地理位置的特点，事实上淡化了各部的自称及文化特点，如福贡怒族学会（2006 年 4 月成立）、贡山独龙族怒族自治县怒族学会（2006 年 10 月成立），根据怒族学会，泸水、兰坪两地分会也将以县为单位，各县学会负责人也多在政府机关、企事业单位担任或曾担任领导职务；④从当代地方文献看，上述怒族精英们的有关著述中均使用“怒族”这一统称涵盖所有各部的称呼，或使用“贡山怒族”、“碧江怒族”、“福贡怒族”、“兰坪怒族”等以区分各部的地理位置或代替其自称，相比之下，对怒族各部自称的使用要少得多，其目的也主要是为了交代目标族群的背景，写作方式及内容上但仍然以“怒族共同体”为指导思想。这一模式随着精英们的交往而传至境外，最终为渴望获得民族重构的缅甸“怒人”同胞所接受并在其民族建构或重构中起着重要作用。

（二）缅甸族群建构中的“怒人”

缅甸怒人建构模式较为复杂。最初，Nung 为景颇人用于指代缅北 Daru（达鲁）、Rawang（日旺）等与中国独龙族在族源历史、社会文化上大致相当的族群（事实上也包含了来自怒江的福贡阿侬——笔者注）。19 世纪末英国人将此称呼的范围扩大，涵盖了汉语文献中的“俅”和“怒”（“怒”主要指“阿怒”和“阿侬”）和缅北日旺各部，写作 Nung 或 Nung－Rawang①，所括族群均为景颇语支族群，未含怒

① 参见施帝恩·格罗斯著，周云水译《族名政治：云南西北部独龙族的识别》，载于《世界民族》2010 年第 4 期。

苏、若若等族群——一种基于语言、历史、文化的建构。事实上，Nung - Rawang 在缅甸北部并不是一个完整的民族共同体或统一的部落，而是一些组织松散的氏族或家庭组织，他们按居住地、祖先原居村落名称来命名，各部存在方言的差别，但语言、社会文化上大致相同。人口较多（约 100000 人，具体数目因不同统计方法有异）的日旺人（Rawang）反对“英国殖民者不正确的命名”，以其历史、文化依据为基础进行了“恢复”日旺民族身份和地位的努力，并在 1964 年 2 月 12 日获缅甸革命委员会主席宣布为全缅 135 个民族之一。① 至此，日旺（Rawang）不仅脱离了 Nung，而且作为一个法定族群反过来又包含了部分 Nung（侬或怒）。根据 1983 年缅甸进行人口调查时划定的民族表，缅甸境内所划分的 8 个族系，135 个民族中并无 Nung（侬或怒），克钦族（系）含 6 支（最初为 12 支，后归并为 6 支），包括景颇语支族群景颇（Jinghpaw）或克钦（Kachin）、日旺（Rawang），缅语支族群载瓦（Zaiwa）、喇期（Lachit）、浪峨（Lhaovo），彝语支族群傈僳（Lisu）②，其中也无 Nung 的位置，而自称 Nung（侬或怒）的人群则按与傈僳、日旺的杂居状况，参加傈僳语或日旺语为神学语言的教会等因素分别被划为傈僳或日旺，自称 Nusu（怒苏）的人群则被划为傈僳。

在上缅甸的克钦邦，上述族群，包括景颇（大山）、载瓦（小山）、喇期（茶山）、浪峨（浪宋）、傈僳、日旺等，虽然历史文化、语言不相同，但均被归为克钦民族“支系”，这些“支系”一方面分属缅甸 135 个民族之一，同时属于克钦民族（族系）的分支族群（tribes）。克钦民族每一个“支系”均现在均拥有属于自己的书写文字系统，由于这些民族的主体宗教信仰是基督教（新教），不论属于何种教派③，每个族群都有自己的基督教神学系统，包括本族语文的神学经典（圣经文本、赞美诗歌、学习材料等）、各级教会系统、神学院或圣经培训中

① 参见 Rawang Literature and Cultural Central Committee：*The Definition of Word Rawang*, Putao, Kachin State, Myanmar, December 7, 2002.

② 参见贺圣达、李晨阳《缅甸民族的种类和各民族现有人口》，载于《广西民族大学学报》（哲学社会科学版）2007 年第 1 期。

③ 克钦邦主要的基督教教会组织主要有浸信会、基督会、神召会、海外基督教使团或中华内地会等。

心。景颇作为克钦族系最大的族群，其文化特征具有了“领头”作用。“木脑”已经不再只是景颇族的标志性节日，事实上已经成为克钦民族系的共同的符号（节日和标志），也是克钦民族团结的标志。与基督教传入前的传统不同，克钦的“木脑”柱首先去除了不符合基督教精神的图案，如龙、蛇等，保留了鸟、锣等图案，其次六个柱子分别代表克钦民族的六个支系，节日期间，六个主要的克钦“支系”族群是参加活动的主要组成人群，以景颇的，基督教的方式庆祝节日，当然居住在克钦邦的其他族群，如掸族等族群也组队参加活动。因此，克钦邦族群建构的结果，是一个以景颇为主导的多族群的共同体。

在缅甸阿侬精英那里，关于 Nung 的概念已多次发生改变：其一指克钦民族系统之下的 Nungish Peoples（怒系民族），包括阿侬（Anung 或 Nung）、独龙（Delong）、玛旺（Matwang）等族源历史、语言文化相近的日旺（Rawang）各部族群，近似于来自景颇“他称”的范围，如果将中国怒江流域的“怒人”也考虑进去，则与英国人的定义大体相当；其二仅指阿侬（Anung 或 Nung），这一族称首先只在阿侬各家族集团中使用，单指自称 Nung（侬）的家族群体，1964 年 12 月日旺“恢复”成为一个单独的克钦“支系”族群后不再包含日旺、达鲁等人群；其三指与中国怒族范围相同的民族群体，在缅甸主要包括阿侬（Anung）、怒苏（Nusu），在汉语语境中也包含贡山阿怒和兰坪若若等族群，这是经阿侬（Anung）和怒苏（Nusu）在 2007 年达成一致意见的结果，统一使用“怒族”（汉语）、Nung（英语）作为未来申报“缅甸怒族”或“克钦怒族”的统一族称。当前，“怒人”在缅甸包括阿侬和怒苏两个部分，他们也分别自称为 Anung - Nung（怒族阿侬“支系”）、Nusu - Nung（怒族怒苏“支系”）。阿侬承认与日旺在语言、文化上的同源性和相似性，但一方面拒绝承认自己是日旺人，另一方面又愿意接受日旺是 Nung 分支的说法。因为在阿侬人的族群概念中，①Nung 作为一个文化意义上的统称，已代表了一个克钦北部广为接受的族群范围（Nung 及日旺、达鲁各部）；②阿侬各氏族群体非常具体而清晰的“自木古甲、古泉（Khopang）至葡萄”的迁徙史明确界定了阿侬与达鲁和日旺人的族际边界；③从族源传说来看达鲁、日旺人的先民源于 Nung，或者说阿侬在族群亲缘关系上“长于”傈人（这一点阿侬精英们能够从族源及迁徙历史中隐约地感知到），即阿侬的群体辈分高于达鲁和日旺族群；④历史上（16 世纪至 20 世纪 30 年代以前），阿侬的祖先，怒江木古甲的阿侬曾作为“俅官”保持与俅人（今独龙族）的“收贡”与“纳贡”关系并处于支配地位，受俅人的尊敬，而且在中国背景下阿侬处于更接近“中心”而俅人较为“边缘”的位置，族群心理上优越于俅人①；⑤越来越严重的阿侬日旺化和傈僳化现实使得阿侬精英们的担忧日益加深。至于为何阿侬没有被认定为一个单独的民族，阿侬精英们较温和地认为，是有关官员们在葡萄一带的考察中没有认真进行鉴别，因而没有“发现”阿侬人的存在，也或是因为阿侬人口较少。因此，用葡萄地区阿侬的说法，官方的“不尽责的行为”使他们成了一个“被遗忘”的民族（lost people）。与阿侬不同，怒苏人主要是 20 世纪 50 年代中华人民共和国成立以后迁往缅甸的移民，他们在观念上接受了中国民族建构的模式，承认“怒族四个组成部分”的格局，从怒苏的角度来看，认为怒族就是怒苏，因此在缅甸与阿侬的接触、合作甚至合并为“缅甸怒族”（Nung）都不存在障碍，他们与阿侬相互承认为怒族“支系”。由于怒苏在怒江是怒族四个部分中人口最多的（近 14000 人），因此人口较少的缅甸怒苏人更愿意得到其怒江同胞的支持。在缅甸背景下，缅甸“怒人”在 Nung（怒）这一族称下进行族群重构并争取成为一个缅甸民族或克钦支系族群的愿望十分强烈。

三 缅甸“怒人”的族群重构

根据上述，中国怒人各部在国家民族建构中以国家民族识别的方式获得了法定民族的身份，即各部共享“怒族”这一族称和民族身份，族群的自我想象和重构均以此为依据和框架进行，总体上朝着形成一个统一的“怒族”民族共同体的方向发展。但缅甸的“怒人”目前由于失去了获得国家民族认可的机会，族群身份也面临诸多的挑战，最糟糕

① 参见国家民委民族问题五种丛书编辑委员会云南省编辑组《云南少数民族社会历史调查资料汇编》（第三辑），云南人民出版社 1987 年 4 月第 1 版，第 52 页。

的结果可能是族群实体的消失。因此“怒人”精英们从20世纪70年代后期即开始了族群重构的准备和实践。本书将从族群身份、语言文字与怒语神学、文化传统等方面进行讨论。

（一）族群身份

从居住格局来看，阿侬、怒苏在怒江流域多以家族或氏族、村落为单位聚居，与傈僳族村落相邻，在当代背景下存在少量的与其他族群杂居的情况，但缅甸阿侬、怒苏由于历史和地理环境等原因，则多与日旺、傈僳族等族群杂居，即很少形成单一的怒人聚居的村落。克钦邦北部的阿侬只有肯旁村（Khinphang，人口140人）为唯一的阿侬聚居村落，在密支那需真区，怒苏人口在第八村比例最高，但无怒苏聚居村落。因此，在这样的居住格局和全民信仰基督教的背景下，维持或强化“怒人”的族群身份显得十分微妙。

首先，从家庭婚姻关系看，由于阿侬、怒苏与傈僳、日旺等族群均属父系社会，因此从家系上保持阿侬、怒苏家庭的族群属性并不困难；其次，在语言、社会文化和基督教信仰上接受日旺或傈僳语神学系统的同时，他们要求并在形式上维持阿侬、怒苏的族群性（如族称等）；从取名上看，缅甸阿侬一直沿用传统取名方式（而怒江木古甲一带的阿侬已多采用傈僳语取名方式），即包含按性别排序、姓氏（阿侬无严格意义上的姓氏，一般采用家族名、村落名为姓氏）、基督教名或英文名，如Joel Atsiun Khongpan（Joel为英文名，也为基督教名，Atsiun指第四子，Khopang为其祖先原居住地怒江古泉村的阿侬语名），而怒苏人大部分从20世纪初以来就已不再按照父子连名制取名，怒江福贡匹河怒苏现多分男、女性别取名，前者以“拉”打头，如“拉波”等，后者以“亚”打头，如“亚娜”、“亚莎”等，但在缅甸密支那一带的怒苏人1958年以后的移民仍然沿用原取名方式，有的保留汉语名（如付三益等）和基督教名（如约瑟，使用怒苏语发音，与英语和汉语均有差别），但他们还会给自己重新取一个具有明显“怒族”特征的名字或在原来姓名前冠以Nu（怒）或Nusu（怒苏）以标示自己的怒族怒苏人身份，如笔者的报告人付三益曾取名为“怒大”（“怒”指怒族或怒苏，“大”为花傈僳语，指长子），其长子起名为“怒约瑟”，沙拉波称为“怒阿波”，其一个女儿取为 Numesi（怒么四）（其中 me 为怒苏语，与黑傈僳语 ma 相同，指女性，si 与花傈僳语相同，指第四女）。这一取名方式在缅甸怒苏移民第二代及以后最为明显。而且，虽然阿侬、怒苏人的身份证上的族群性被标注为日旺或傈僳等，但他们许多人，尤其是精英们要求使用上述具有明显“怒人”特征的标识以区别于日旺、傈僳等族。与此同时，沙拉波等怒苏“少壮派”同时掀起一股“怒化”运动（2007 年与阿侬合作以后他们多使用统一的 Nung 或“怒族”的族称而不是“怒苏”）：斯大波（也写作“斯大宝”）2006 年购买了一条运沙船，经常停靠在需真八村东面的伊洛瓦底江西岸，临卡仑诺公园，船头的两侧用油漆书写了 NUSU 的字样；以怒苏人为主体信众的怒—傈僳基督教堂 2010 年元旦开始组织过“怒族”元旦节；2009 年圣诞节前夕怒苏“少壮派”们将“怒—傈僳基督教堂”更名为“怒苏基督教堂”并引发了与“老资格派”怒苏人的争端乃至官司，官司至今还远未结束；在对外交往和与地方官员交往中不断强化 Nung 的概念，以实现“去傈僳化”或“去日旺化”，并视机向政府申报 Nung（怒族）的民族身份。上述事件是在 2007 年与阿侬实现合作以重构缅甸怒族（Nung）之后发生的，阿侬人在人口、经济、政治上更具优势，而怒苏在中国国内拥有同样的优势，因而合作使得整个缅甸怒人的实力得到较大增强。与此同时，重构缅甸怒族的需求与中国境内强化怒族作为一个民族共同体、文化共同体的发展方向不谋而合，因此，Nung 或怒族的地理边界将会是一个跨国的“大怒族”概念。

（二）怒语文与怒语神学

“怒人”各部与其“邻居”族群，如傈僳、景颇（大山）、载瓦（小山）、喇期（茶山）、日旺（含达鲁或独龙等）、浪峨（浪速或浪宋）等一样，均有自认独立的语言系统（或方言），但无传统文字或书写系统。根据部分“怒人”的传说，他们曾经与其“兄长”汉族、藏族一样拥有文字，但在分别后的迁徙过程中遗失（根据贡山阿侬和独龙族传说，他们原来写有文字的羊皮是被饥饿的狗给吃了，从此散失了文字）。在相当长的历史时期，有无文字被视为“文明”还是“野蛮”的标志。19 世纪末 20 世纪初以来，一些族群由基督教传教士创制了拼音文字或在传教士的帮助下完成文字的创制，如傈僳文（老傈僳族文或西傈僳文，1913 年后，富能仁 J. O. Frazer、巴拖 Rev. Bathow 等）、景颇文（1876 年，库森 Cushang 等，1890 年，欧·汉逊 O. Hanson，1915 年，英若 Imram 等）、载瓦文（1915 年以后至 1927 年，威廉、春雷弄拉）[①]、日旺文（玛旺语 Matwang 为中心，1915 年前后，白吉斗·蒂其吉、莫尔斯父子）[②] 等。喇期（茶山）文、浪峨（浪速）文经长期准备，近十年才由本族人完成创制及圣经文本的翻译。阿侬、怒苏"怒文"的创制计划要晚一些，根据怒苏人付三益的记录，1948 年美国牧师杨思慧（A. B. Cooke）提出创制怒苏文的设想，但因怒苏人内部的方言之争而搁置，直到 1985 年杨思慧的原助手妈妈阿杜在缅甸克钦邦葡萄县再提创制怒文事宜，才又被提到议事日程。

在缅甸克钦邦，作为克钦民族/族系六个"支系"族群的景颇、载瓦、喇期、浪峨、傈僳、日旺等，除了拥有专属的族群自称、别于他族的语言（或方言）、历史及社会文化特征，目前均拥有自己的文字书写系统。在基督教信仰背景下，拥有属于本族群的文字同时将意味着拥有以自己语言文字为基础的神学系统和教会。其中浪峨（Lhaovo）、喇期/茶山（Lachit）文创制时间较晚。浪峨人（Lhaovo）1970 年开始成立翻译会，以罗马字母为基础创制浪峨文字，翻译圣经及赞美诗歌，1989 年建立两所浪峨教会（教堂）。2011 年正式成立浪峨浸礼会圣经学院（Lhaovo Baptist Bible Seminary，LBBS），地址位于密支那需真区。根据该神学院院长 Rev. Dr. Leim Khao，虽然载瓦语与浪峨语非常相近，三分之一的载瓦语来自浪峨语，但他们分别建立了各自的文字和神学系统。喇期（茶山）已在近十年中完成创制了自己的文字，并已翻译并推广使用喇期文神学经典。可以说，在缅北的克钦邦，一个克钦"支系"族群的"标准"特征包含：族称（每个族群都拥有独一无二的自称）、语言（基本要素）、文字（关键）、基督教神学系统（重要的内

① 肖耀辉、刘鼎寅著：《云南基督教史》，云南大学出版社 2007 年 11 月版，第 178—180 页。

② 洪俊：《独龙族的原始习俗与文化》，载于《云南少数民族社会历史调查资料汇编》（一），云南人民出版社 1986 年版，第 221 页。

容支持)，其中独立的文字及神学系统已经成为缅北克钦邦一个当代族群的“必需品”。喇期、浪峨则成为“怒人”效法的榜样。阿依人甚至认为，日旺人之所以能够成为一个独立的族群而阿依被忽视，是否拥有书写文字、经典和神学系统起到了关键的作用。因此建构自己的文字和神学系统已成当务之急。而且，一套完整的本族语言文字系统及神学系统具有极其重要的现实意义，不论是19世纪末20世纪初由传教士帮助创制的文字还是近几十年来才由本族人自己创制的文字，其作用是显而易见的：①使本族的语言文化得以保留、持续和发展；②使作为一个当代族群的特征和身份得以强化；③增强一个族群的自豪感；④防止一个族群因主要使用其他族群的神学语言文字及经典而丧失本族的语言文化特征甚至被同化；⑤这些族群同时认为，使用自己的神学语言将使该族得到更多的“祝福”，因为更有利于本族人学习和理解宗教经典，便利获取“从神而来的真道”。在缅北，尤其是基督教信仰背景下，许多较小族群（如怒人等）已经严重丧失了自己的语言、历史传说和文化，他们将在创制文字的基础上，重构具有基督教特征的族群文化，如基于圣经与族群迁徙传说的族源和历史传说、服饰、音乐舞蹈等，以增加并强化作为一个族群的内容。

阿依人1974—1975年在克钦邦葡萄县成立阿侬文化与文献委员会(Anung Culture & Literature Committee)，随即开始了创制文字的计划，但进展缓慢，至1980年本族语言学专家肩负此任后才有转机。他们1985年开始试用以罗马字母（使用英语26个大写英文字母），基本成型后选择性地翻译了《约翰福音》、《马太福音》并在葡萄一带小范围培训中使用。怒苏人内部1987年达成协议，决定实施怒苏文字创制工作，首先参照傈僳文（若无特别说明，本书中“傈僳文”均指“老傈僳文”或“西傈僳文”）进行，但未成功。1992年，他们在中国汉文、中国拼音、老傈僳文、罗马字母四种方案中选择一个适合的文字方案，最后确定以较方便使用的罗马字母为基础创制“怒文”。1994年，拼音方案完成初稿，但还无法试用。2007年以后，阿依、阿怒合作研制一套统一的拼音方案，即在两族语言不同的情况使用同一套罗马字母（含大小写）拼音方案，阿依、怒苏分别形成独立的语言文字系统。在缅甸阿依、怒苏合作制定文字方案的同时，中国境内的“怒族”也在准备为其四个部分分别创制拼音方案。在2009年至2011年中、缅、泰“怒人”的多次协商和讨论，最终达成创制“怒文”的基本方针：使用罗马字母方案，为怒族四个不同的语言（方言）分别创制拼音方案；参考现有的阿侬、怒苏文字创制的经验积累，结合中国的特点进行创制；鉴于怒苏语方言差异较大的特点，决定以怒苏语言特征较传统且位于各方言中心位置的棉谷口音为基准创制怒苏拼音；鉴于境外“怒族”的要求，以中国怒族同胞为主并以中国怒族学会为主要民间机构开展工作，在境外同胞的支持下最终形成一套以中国怒族同胞为主要受众的为各部怒族人所接受的方案。

在完成文字或拼音方案创制以后，中国怒语将主要用于对民族文化的记录整理、宣传有关卫生知识、农业技术等知识，而缅甸“怒族”可能根据其意愿着重用于建构神学系统方面。在缅北的背景下，书写文字的创制主要是为创建“怒语神学”而准备的。在克钦邦，除缅语外，使用人数较多的“通用语”有景颇语文和傈僳语文，阿侬和怒苏目前主要使用傈僳族语文作为神学语言文字。一个族群基于其语言文字的神学系统包括神学经典（圣经文本、赞美诗歌、学习材料等）、各级教会系统、神学院或圣经培训中心。由于在缅北有非常成熟的神学系统，如景颇系统（以浸礼会系统为基础）、傈僳系统（包括浸礼会、内地会、神召会、基督教会等系统），一些新兴的系统，如日旺、载瓦、喇期、浪峨等，为“怒人”神学系统的建构提供了重要参照。根据阿侬人Johnathan Khopang和怒苏人付三益，在文字创制初稿基本成型后，他们首先翻译圣经福音书，如《约翰福音》、《马太福音》或《马可福音》，然后在某个教堂（会）试用，不断改进文字方案和译文，经过长期试用成熟后开始翻译《新约全书》，同时翻译《赞美诗选》。鉴于当前阿侬、怒苏人所属傈僳语神学系统，他们多采用傈僳文版《圣经》和《赞美诗选》为母本，同时参照英文版进行翻译。几经修订之后正式出版供各个教堂会使用。整个修订过程可持续数年甚至数十年，傈僳族文字创制成型至本世纪初一直在进行修订。在经典翻译工作完成某个阶段，如完成《马可福音》后即可开展一些小范围的神学培训班，同时在以阿侬、怒苏为主要的信徒的教堂教会中辅助性地使用阿侬、怒苏语进行布道讲解。同时向地方基督教组织进行教会申报，这一过程不需要向政府部门申报。付三益主持的怒族（怒苏）基督教会在克钦邦傈僳族基督教会（Kachin State Lisu Christian Church，ƆLꓘ）[①] 的支持下向位于腊戌的全缅傈僳基督教会（Myanmar Lisu Christian Church，LLꓘ），获得LLꓘ批文后提交全缅基督教联合会（MCC），间接获得会员资格。由于传统原因，葡萄及密支那一带的阿侬一般属于基督会（Church of Christ）系统，怒苏在中国怒江主要属于中华内地会（China Inland Mission，CIM）或海外基督使团（the Overseas Missionary Fellowship 或 OMF International，1964 年以后），到了缅甸以后一直延续这一传统。怒苏人口较多的密支那需真区八村的怒苏人 1990 年从谷莫教堂（此时已改宗加入浸礼会）分出后建立了一座基督教堂，取名为怒—傈僳基督教堂（No－Lisu Christian Church），2009 年 12 月 23 日，得到了克钦邦傈僳基督教会的批准将教堂名改为 Nusu Christian Church，引发了积极更名的“少壮派”与不同意更名的“老资格派”（主要认同于路德派）怒苏人的争端和冲突。2004 年 9 月 27 日，怒苏牧师付三益等 19 名怒苏人联名申请，2007 年 2 月 27 日获准成立全缅怒苏基督教会（教堂）。后在阿侬人的支持下，2010 年 9 月 27 日在昔董（向东距离密支那约 60 公里）西南部花费缅币 600 万（时价约相当于 6000 美元）购买了 52 亩土地，他计划在此建立一座怒族（怒苏）教堂和圣经学校，再以教堂为中心建一个以怒苏人为主的村落。相比之下，葡萄一带及密支那一带的阿侬的神学系统已基本成型。

就神学系统本身而言，“怒人”不在于建立一个封闭式的仅仅容纳阿侬、怒苏以及可能的阿怒、若若人参加的组织，而是一个开放的具有较强包容力的系统，即在一个统一的“怒人”教会内使用怒语，辅以其他语言，如傈僳族语，最终形成一个多元的系统。用怒苏精英怒阿波（沙拉波）的话说，就是“讲不同语言的人都参加怒族的教会，不同的人同时使用怒语、傈僳语以及其他语言歌唱同一首赞美诗歌，以不同的方式，不同的语言赞美同一位上帝”。

---

① 克钦邦傈僳基督教会属海外基督使团（the Overseas Missionary Fellowship 或 OMF International），1964 年以前称中华内地会（China Inland Mission，CIM）。

（三）文化传统的失落与重塑

民族学田野调查发现，阿侬曾经拥有完整的社会文化系统和文化特征，但自从“一百七十年前傈僳族开始迁入邻近木古甲的木楞、固泉（古泉）”① 以后，阿侬在与傈僳的竞争中不仅失去了土地等重要资源，在社会文化上也面临着被同化的可能性，尤其是20世纪20年代基督教传入，阿侬使用傈僳语作为神学语言之后。从现在的结果来看，使用阿依语的阿侬人口仅为二十分之一，从阿侬语亲属称谓所反映的婚姻家庭模式早已不存在，原有的民间信仰（万物有灵、巫术等）已成为遥远的记忆，甚至阿侬传统的歌舞、服饰都已完全丧失。这主要源于强势的傈僳文化及基督教文化的同化作用及傈僳族对阿侬文化内容的“窃取”。至于“窃取”的说法，木古甲一带的阿侬人认为，阿侬文化的要素，以服饰为例，现在怒江流域的傈僳族“传统服饰”应该是阿侬的传统服饰，傈僳族从维西一带迁入怒江流域时的服饰不是这样的，他们“借用”了阿侬服饰，但后来由于傈僳族人口（迁入和增殖）不断增多，原来阿侬的服饰也就成为了傈僳族的“传统”服饰，阿侬也就失去了其传统服饰。与怒江的阿侬相比，缅甸葡萄、密支那一带的阿侬较好地保留了阿侬语，却完全失去了其他文化特征。在与傈僳、日旺等杂居的情况下，阿侬要么穿得像傈僳族，要么像日旺人，歌舞也因所参加的教会不同而有所不同，要么用傈僳语敬拜唱傈僳语赞美诗歌，要么用日旺语。作为一个完整的族群，文化传统是必不可少的内容。根据阿侬牧师 Johnathan Khopang、Khopang Phone，阿侬已经失去了原属自己的文化传统，现在只有自己重新创造了。事实上，在克钦民族/族系支系民族中，除人口较多的景颇、傈僳外，其他各“支系”都经历了文化再造的过程，从服饰来看，日旺、浪峨等族群根据本族的文化特征结合景颇的特点重新设计了标准的族群服饰。阿侬的文化传统再造应该是全面的，涉及族源历史、传统歌舞、服饰、饮食文化等。至于族源历史，再造的依据包括《圣经·创世记》、景颇的族源传说、阿侬的《创世

① 《民族问题五种丛书》云南省编辑委员会编：《怒族社会历史调查》，云南人民出版社1981年10月版，第53页。

记》及迁徙史；歌舞主要基于现在使用的傈僳语或日旺语赞美诗歌、教堂音乐和舞蹈，以阿侬语言文字重新进行改编和表达；服饰将重新设计，要体现与怒江傈僳族（汉语俗称“黑傈僳”）的差异，是否会采用景颇的文化元素，目前尚未知晓。阿侬人尤恩·阿兹现已经设计并缝制了一件阿侬衬衣，为横条纹布料缝制的长袖衬衣，前胸绣有包含两山（碧落雪山、高黎贡山）三江（伊洛瓦底江、怒江、澜沧江）及砍刀、弩弓等图案（缅甸怒人的标识）。至于饮食等，现在阿侬的饮食方式与缅族、景颇、傈僳和日旺无异。

与阿侬相比，怒苏虽然具有了诸多傈僳或傈僳语基督教的特点，但由于主要是1958年以后，更多的是20世纪90年代以后的移民，他们一方面承认其文化传统散失了许多内容，同时认为他们当前的主要工作是恢复文化传统而非重新创造。在族源历史方面，怒苏人一方面借鉴了一些中国关于怒苏研究的资料，同时基于《圣经·创世记》进行重构；歌舞音乐需以傈僳语教会赞美诗和舞蹈为基础用怒苏语言文字进行改编和创造；服饰与傈僳服饰差异较小，一方面承袭了怒江怒苏人的服饰，同时重新设计了简约款的怒苏服饰。由于移民时间较短，与怒江怒苏同胞的往来频繁，因此文化传统的重建可能会更多地参照怒江怒苏人。

四 结论

在族群杂居及多元文化背景下，保持明显的族群边界形式对于“怒人”这样一个较小的族群显得特别重要（甚至超越其他关系，如宗教认同等），而族群自称是构成其族群边界的核心标志。族群边界的维持方式和所表现出的力度应取决于族群“被建构”与自我“想象”的互动关系：如果“被建构”的结果与“想象”不符且使后者受到了压力，那么“保持”的过程将表现出强烈的动机和巨大的动力，甚至通过族群重构的方式来实现。在缅甸怒人中，基督教信仰的背景是不容忽视的，其族群的重构一定是在基督教信仰的基础上完成的。

第一章

缅北怒人与基督教

中国“怒人”与今怒族范围大致相当，主要包括贡山“阿怒”（Anung 或 Anu）、福贡“阿侬”（Anung）、（原）碧江“怒苏”[①]（Nusu）、兰坪“若若”（Zozo）四个部分，从历史源流及演变、语言、文化等方面来看，其组成成分及民族形成过程十分复杂。历史上来源于中国，与上述中国怒人分别具有同源关系的缅甸怒人（Nung）同样是一个复杂而多变的族群范畴：狭义的怒人（Nung）仅指自称 Anung（阿侬）、Nung（侬）或 Khopang（孔旁）、Khin Phang（肯旁）等氏族或家族；广义的怒人（Nung）包括上述自称 Anung（阿侬）或 Nung 的氏族集团、现已成为日旺（Rawang）族的仍拥有不同自称的氏族或家族集团，即居住在缅甸克钦邦北部除景颇各部、傈僳以及掸、缅等族之外的久居氏族群体或族群，甚至包括中国怒族（怒人）各部；2007 年以后，阿侬（Anung）和怒苏（Nusu）开始联合组建缅甸怒族（Nung），其怒人（Nung）范畴自此主要包括阿侬、怒苏两个人群，同时自然延伸至中国怒族各部。换句话说，缅北怒人，从中国怒族的建构模式来看，可涉及或包括怒族四个主要组成部分之阿侬（Anung）、怒苏（Nusu），而兰坪若若（ZoZo）尚未发现，来自贡山的阿怒（Anu，由于与阿侬在历史、文化、语言上的亲缘关系及族称的近似性，在一些文献中也写作 Nung 或 Anung）也有一些氏族在克钦邦北部居住，如

---

① 云南省怒江傈僳族自治州原碧江县 1986 年撤销建制，所辖各区（乡），南部的古登区（乡）、洛本卓区（乡）划归泸水县，北部架科底区（乡）、子里甲区（乡）以及碧江怒族（怒苏）主要聚居地匹河区（乡）划入福贡县。

Tangsar（唐塞）等，现属日旺族。从“他人”（如景颇）称呼来看，缅甸怒人（Nung）可包括Anung（阿侬）、Rawang（日旺）各部，其中日旺称Rawang－Nung（日旺侬），达鲁部称Daru－Nung（达鲁侬）；从西方学者的历史文化视角看，则是一个包括Anung（阿侬）、今Rawang（日旺）族各部、中国“俅”（今独龙族）、“怒”（今怒族，自然包含怒苏等）的以Nung或Nung－Rawang为文字标示的广泛的民族群体；从日旺人的角度来看，阿侬（Anung）至多是克钦邦北部日旺族的一个氏族，即Nung－Rawang（日旺族侬氏族）；从Anung的自我定义来看则呈现多次变迁的族群范畴：①（20世纪60年代以前）包括Anung（阿侬）、Daru（达鲁）和Rawang（日旺）等语言、文化相近的“怒系族群”（Nungish Peoples）；②（20世纪60年代以后）仅指自称Anung（阿侬）的氏族群体，否认侬（Nung）属于日旺（Rawang）之一氏族的说法，区别了与其语言相近但近代迁移史不同的Daru（达鲁）和Rawang（日旺）等氏族集团；③（2007年以后）主要包括阿侬和怒苏两个人群，后来（2009年与中国怒族开始语言文化等方面的合作后）其“怒人”的范畴与中国怒族基本一致，在缅甸的部分主要包括Anung（阿侬）、Nusu（怒苏）两个族群（tribes）。20世纪60年代Rawang（日旺）获官方认可并成为缅甸一个单独的民族之后，自称Nung的各氏族分别被划入Rawang（日旺）或Lisu（傈僳）。本书中，笔者根据缅甸关于“民族”的含义特点及本人的理解将已经获得国家承认的135个民族或8个族系各“分支”民族称为“民族”，而对于那些尚未获得缅甸国家承认的在历史、语言、文化心理等方面具备“民族”特征的人群（各类文献中也写作“族群”、“ethnic group”或“tribe”等）仍然称为“某某人”或“某某人群”，因此缅甸自称或共同自称为“Nung”的人群仍称“怒人”或“缅甸怒人”而不是“怒族”或“缅甸怒族”，同时沿用Nung作为“怒人”的英文表示方法。出于对怒人族群身份、语言、文化、历史记忆以及整个族群可能消失的担忧，怒人精英们对Nung最终被识别并获确认为全缅甸一个单独的民族即克钦民族的又一“支系”族群（tribe）的愿望十分强烈并于20世纪70年代以来开始了缅甸“怒人”重构的努力。缅甸怒人目前主要包括Anung（阿侬）、Nusu（怒苏）两个人群，与他们在中国怒江流域的同胞一样具有基督教信仰传统并全民信仰基督教，信仰的内容和实践已经渗透到社会文化生活的几乎所有方面，因而其有关族群的理解和想象、在当代缅甸背景下怒人（怒族）族群身份的重构、文化传统的重塑均在其基督教信仰的根基上进行。

第一节 缅甸“怒人”的定义

缅甸是东南亚民族情况最为复杂的国家之一，该国从未进行过系统全面的民族识别，因而其民族划分及民族数量一直都没有一种权威而统一的定论，比较有影响的说法主要有如下几种：1931 年英国殖民当局的人口调查——分 13 个较大族系，含 135 个民族；缅甸学者鸣乃的“42 民族说”[①]；一些中国学者的“50 民族说”[②]；20 世纪 80 年代缅甸官方确定的“8 大族系 135 民族说”等。根据 1983 年缅甸进行人口调查时划定的民族表，缅甸境内民族被分成 8 个族系（含克耶 9 种、克钦 12 种、克伦 11 种、钦族 53 种、缅族 9 种、孟族 1 种、若开 7 种、掸族 33 种），135 个民族，其中克钦族（系）的 12 支有：景颇 Gyeinphaw 或克钦 Kachin、克尤 Kayo、德朗 Dalaung、高意 Gawyi、克库 Kakhu、杜茵 Duyin、玛育（劳高）Mayu（Lawgaw）、耶湾 Yawan、拉希（拉漆）Lashi（Lachit）、阿济 Azi、马鲁 Maru、傈僳 Lihsu。在缅北的克钦邦，上述 12 支族已被归并为 6 个分支（景颇各支系归并为景颇），按自称分别标示为：景颇 Gyeinphaw（汉语称“大山”，含克钦或景颇、克尤、高意、杜茵、克库、玛育等支系）、载瓦（Zaiwa，景颇语称 Azi，即“阿济”、“阿积”、“阿几”，汉语称“小山”）、喇期（Lashi 或 Lachit，也写作喇哧、拉希、拉漆等，汉语称“茶山”）、浪峨（Lhaovo，景颇语称 Maru，即“木如”、“马鲁”，汉语称“浪宋”或“浪速”）、日旺（Rawang，也有用 Dalaung，即德朗来指代，中国称独龙族）、傈僳

① 鸣乃著，张亚照译：《缅甸的民族及其民族分布》，载于《南洋问题资料译丛》1962 年第 4 期。

② 参见杨长源等著《缅甸概览》，中国社会科学出版社 1990 年版。

(Lisu)。不论在全缅135个民族中还是克钦族系的6个分支民族中，均未包含与中国怒族或怒人相当的Nung（怒或侬）的族群。自称Nung（侬或怒）、怒苏（Nusu）的人群在缅甸与米佐、塞克、塔曼等人群作为语支未确定的族群而未获得单独的民族身份，Nung（侬）和Nusu（怒苏）往往因与其他民族杂居的事实自然地被地划属其他民族（如傈僳、日旺等）。[①] 来自葡萄县（Putao）[②] 的阿侬人尤沙叶（Yo - Sa - Ye）现在是傈僳文化与文字委员会（Lisu Cultural and Literature Committee）成员，是该委员会中唯一的阿侬代表，其父亲1932年从木古甲迁来缅甸，他是一位成功的商人，而在克钦邦北部葡萄一带的日旺文字与文化中心委员会（Rawang Literature & Cultural Central Committee）中也有一定的阿侬（日旺人称Anung氏族）成员（参见图1－1、图1－2）。

图1－1 “木脑”中的景颇人（密支那）

① 参见贺圣达、李晨阳《缅甸民族的种类和各民族现有人口》，载于《广西民族大学学报（哲学社会科学版）》2007年第1期。

② 葡萄（Putao），日旺、阿侬语称Gam Di Dum，Dum为“平地”之意，掸人称“坎底”（Hkamti，hkam指黄金，ti指地方），为“黄金之地”的意思。

图 1-2 喇期（茶山）人（密支那）

根据现居密支那市的阿侬人 Jonathan Khopang 的统计，缅甸境内的“怒人”（Nung）共有 24 个氏族，包括 Daru（达鲁）、Rawang（日旺）等已成为缅甸单一民族的 Rawang（日旺）诸氏族在内，现在只有 Anung（阿侬）和 Nusu（怒苏）（怒苏是在 2007 年后因与阿侬合作后才正是加入 Nung 人的）两个氏族仍然保持其“怒人”的自我身份和语言。不同的族群对“怒人”有不同的称呼：傈僳称他们怒帕（Nu Pha）、古泉帕（Huche Pha）、怒扎（Nu Tza）等，Rawang（日旺）人则称他们 Khinsan（肯三）、Khin Phang（肯旁）、Kwin Phang（昆旁），景颇称他们 Lathaw（拉托），而阿侬自称 Khopang（孔旁）或 Anung（阿侬）。事实上，在缅北葡萄（县）一带，各族群间的相互称谓十分复杂且混淆。葡萄一带的日旺人也有的把傈僳族称为 Nung 或 Anong、Anung（侬或阿侬），因为他们来自中国的怒江，使用通用语傈僳语，这也与他们从怒江流域进入缅甸的先后顺序有关：现统称为日旺的各部人群抵达缅甸北部的时间最早，可追溯至唐代以前，其次是阿依，可追溯至14、15世纪，稍后是傈僳，大规模进入缅甸主要是在清代。中国怒江一带的傈僳族将现居或原居怒江的自称“侬”、“怒”的人群称为“怒帕”，而部分缅甸傈僳人仍将已移居缅甸的“侬”、连同景颇、浪峨（Lhaovo）以及自称日旺、达鲁、独龙等人群通通称为“俅帕”，甚至将“克钦邦”称为ƆOMՈ，即“俅国”。而阿侬人认为，只有日旺、达鲁、独龙等才是“俅帕”。因为在中国的怒江地区，“怒”和“俅”的称呼是十分明确的，除了傈僳、藏（傈僳语称“甘珠”）外，就是“怒”，“俅”是指高黎贡山西边，今独龙江、伊洛瓦底江一带的那些人。这一点在汉语文献中也是十分明确的。

在一些西方文献中，关于怒人的称呼常写作：Anu（阿怒）、Anong、Anoong、Anung（阿侬）、Fuch'ye（古泉）、Khanung（卡侬）、Khupang（孔旁）、Kiutze（俅子）、Kwingsang（肯三）、Kwingpang、Kwinp'ang、KwinPang（昆旁）、Lu（潞）、Lutze（潞子）、Lutzu（潞族）、Nu（怒）、Nung（侬）等。“侬”（Nung）首先是景颇人用来指代克钦邦北部地区的Daru（达鲁）和Rawang（日旺）两个语言差异较大的群体，分别称为Daru－Nung（达鲁侬）和Rawang－Nung（日旺侬），其族群范围大致相当于现在的Rawang（日旺）族，在族属关系上对应于中国贡山县恩梅开江流域的独龙族（Dulong），北部独龙族（指一、二村）、南部独龙族（指三、四村）在语言上分别与缅甸的Daru（达鲁）和Rawang（日旺）相对应，现在在缅甸的部分被统称为Rawang（日旺）族而在中国的部分被统称为独龙族（Dulong）。事实上，景颇人所称之为Nung（侬）的人群还包括居住在同一区域的来自中国怒江地区福贡县木古甲、古泉一带自称“侬”（Nung）或“阿侬”（Anung）的氏族群体。19世纪末英国人占领缅甸后，Nung（侬）就作为一个统称，其概念范畴一般包括汉语中称为“俅子”（独龙）和“潞子”（怒人或怒族）的族群，达鲁、日旺和卡侬等氏族群体被认为是“侬”的分支。[①] 在1933年的印度陆军手册《缅甸的种族》中，Nung

① 施帝恩·格罗斯著，周云水译：《族名政治：云南西北部独龙族的识别》，载于《世界民族》2010年第4期。

(人口约 24107 人)包括了现自称 Nung 和被统称为 Rawang(日旺)(即“俅”、Duleng、Daru 等)的氏族或家族群体。[①] 西方文献多以 Nung 或 Nung - Rawan(日旺侬)指代这些族群,并将其视为一些语言、社会文化特征总体上相同的不同氏族共同体。根据 20 世纪 70 年代末布鲁克的统计,怒人的人口为 3 万人,其中包含侬和日旺[②]多个氏族;2001 年对“怒族”的人口统计(5 万人,含今阿侬、日旺等)表明,学术界,包括西方传教士都早已经注意并对 Nung 人进行了研究。但缅甸官方在确定民族统计的时候,使用 Rawang(日旺)而非 Nung(侬)。事实上,Nung(侬)、Nung - Rawang(侬—日旺)等族群在缅甸北部并不是一个完整的民族共同体或统一的部落,而是一些组织松散的氏族或家族组织,他们按居住地、祖先原居村落来命名,各部存在方言的差别,但语言、社会文化上大致相同。20 世纪 60 年代,缅甸 Rawang(日旺)人展开了“恢复日旺民族身份和地位”的运动,他们反对“英国殖民者不正确的命名”,力图以其历史、文化依据为基础恢复 Rawang(日旺)的族称、身份及地位,最终取得成功并在 1964 年 2 月 12 日由缅甸革命委员会主席宣布为全缅 135 个民族之一,即克钦族系六个支系民族之一。[③] 从此,Rawang(日旺)其范畴又反而包括了 Nung,即部分与日旺杂居的 Nung 人。根据一些缅甸 20 世纪 60 年代中期以后的文献,包括西方学者的调查资料,神学论文等,Rawang(日旺)已经完全替换 Nung 而成为一个缅甸法定民族或克钦民族分支民族(tribe),Nung 多被作为前者的一个分支或氏族而存在。以往的文献中经常使用 Rawang - Nung 的说法,字面上表示日旺属于侬的一部分,现在的文献多用 Nung - Rawang 或 Hkhanung - Rawang 表示,表示 Nung 是日旺的一部分。Hkhanung - Rawang 这样的称呼与“日旺”的含义相同,而“日

---

① Majo C. M. ENRIQUEZ: *Races of Burma*, Manager of Publications, Second Edition, 1933.

② Bradley. D.(布莱德雷)proto - Loloish, curzon press Lodon and Malmo [Z]. 1979. P. 81. 转引自参贺圣达、李晨阳《缅甸民族的种类和各民族现有人口》,载于《广西民族大学学报》(哲学社会科学版)2007 年第 1 期。

③ 参见 Rawang Literature and Cultural Central Committee: *The Definition of Word Rawang*, Putao, Kachin State, Myanmar, December 7, 2002.

旺”更多地体现了官方族称的内涵。[①] 事实上，由于杂居的原因，Nung或阿侬一方面面临被同化的问题而使得与日旺、傈僳的界限呈模糊化趋势，另一方面，其精英阶层及少数聚居的阿侬人社会内部虽然仍然保持了与其他族群的相对独立性，同时其官方的民族身份不可避免地被标注为 Lisu 或 Rawang。但 Nung 精英们并不认同这一结果，他们更倾向于英国人关于 Nung 的定义。鉴于日旺已获官方确认为一个民族的事实，他们也就在概念上将 Nung 从 Nung - Rawang 中区分。至于 Nung 为何没有被认定为一个单独的民族，阿侬精英们认为，是有关官员们在葡萄一带的考察中没有进行认真鉴别，因而“没有发现”阿侬人的存在，也或是因为阿侬的人口较少而被忽视。因此，用葡萄阿侬人的说法，他们成了一个“被遗忘”的民族（lost people）。在缅甸阿侬精英那里，Nung 的概念发生了数次改变：其一指克钦民族系统下之“怒系民族”（Nungish Peoples），包括阿侬（Anung 或 Nung）、日旺（Rawang）含独龙（Delong）等语言文化相近的族群，2007 年以后增加了怒苏（Nusu）；其二仅指阿侬（Anung 或 Nung），这一族称首先只在阿侬中使用，后在 1964 年 2 月日旺成为一个单独的民族之后指缅北葡萄一带的 Nung（侬），当然也包括其中国境内福贡县的阿侬同胞；其三指代一个与中国怒族范围相同的民族群体，在缅甸主要包括阿侬（Anung）、怒苏（Nusu），在汉语语境中也包含贡山阿怒和兰坪若若等族群，这是经 Anung 和 Nusu 在 2007 年所达成一致意见的结果，统一使用“怒族”（汉语），Nung（英语）作为未来申报“缅甸怒族”或“克钦怒族”的统一族称。事实上，缅甸北部 Nung - Rawang 并不是一个完整的具有完整组织性的民族共同体或统一的部落，而是一些组织松散的氏族或家庭公社，他们按居住地、祖先来的村落来命名，各部存在方言的差别，但语言、社会文化上大致相同，属景颇语支民族。阿侬承认与日旺在语言、文化的渊源及相同性，但拒绝承认自己是日旺人，同时认同于中国民族识别所形成怒族的民族范畴。

---

① Ka Ru La Ring: A Short History of the Mission to the Rawangs, Myanmar Institute of Theology（《日旺基督教传教简史》）（神学学士学位部分成果），Seminary Hill, Insein, March of 1993. p. 31.

第二节 缅甸怒人的来源及分布

一 迁居缅甸

缅甸北部诸多民族，包括景颇语支族群（景颇、阿侬/独龙/日旺等）、彝语支民族（载瓦、怒苏、阿昌、浪峨、喇期、傈僳等）均有自中国迁徙的传说或路线图。其中，日旺/独龙与今中国贡山阿怒、福贡及缅北阿侬不论是在语言，还是历史文化上均具有较近的亲缘关系（详见第二章）。关于日旺/独龙的来源和迁徙史主要有三种说法：与景颇同源同迁徙路线说、怒江（贡山）阿怒西迁说、福贡木古甲西迁说等几种说法，迁徙时间都比较久远，最早可追溯到唐代以前。缅北自称阿侬（Anung）的人群只有一个从今怒江福贡木古甲、古泉一带西迁的说法，时间最早可追溯至14世纪，以1932年为标志的民国时期及1958年以后最为突出。至于怒苏（Nusu），有关早期西迁缅甸的记载或口传迁徙史较少，但可以肯定在1949年以前即有少量迁居缅甸，但由于数量少，规模小，居住分散而最终被同化于傈僳、日旺或独龙等人口较多的民族中。[①] 怒苏目前现居缅甸的人口不多（约5000人），主要是1958年以后迁入的。同一时期，独龙、阿侬西迁缅甸的人数也较多。总而言之，怒、侬、独龙的先民迁移至缅甸主要可有这样几条线路：①甘青高原——察隅——恩梅开江（独龙江）——缅北各地；②贡山——独龙江——缅北各地；③木古甲、古泉——缅北——缅北葡萄县（参见图1－3）。

（一）日旺/独龙及部分“怒”/“侬”的迁徙

根据景颇迁徙传说，景颇语支族群（参见图1－4）（如景颇、独

① 怒苏人中有“九村怒苏迁往恩梅开江转化为‘巴屋’（独龙）”的说法。见于《民族问题五种丛书》云南省编辑委员会编《怒族社会历史调查》，云南人民出版社1981年10月版，第37页。

图1-3　缅北“怒人”的祖先之地——中国怒江

龙、阿怒、阿依、僜人、珞巴等[①]）的先民从甘青高原向西迁徙，越过金沙江、澜沧江、沿怒江河谷南下，经八宿、察隅一带，再继续沿独龙江南下到恩梅开江流域，与东路来的寻传人（彝语支族群载瓦、阿昌、喇期、浪峨等的祖先）会合，发展成为现代的景颇族。此过程中一部分向西到墨脱、米林和隆子等地，逐渐分化为珞巴和僜人的先民。唐代，一部分向南进入独龙江地区，成为今独龙族的先民。另根据缅甸克钦的传说，依一日旺（Rawang - Nung）居克钦民族大家庭六兄弟之首，克钦民族由此流传下来。[②] 另据盈江景颇支大“斋瓦”（Jaiwa，即祭师）沙万福，自形成天地之后，人类的第七代祖先作省纳生十一子，

① 参见德宏州民族语文指导工作委员会编《景颇族阿昌族社会历史调查文集》2007年6月版，第2页。

② 参见维基百科（Wikipedia）：http：//en. wikipedia. org/wiki/Nung_ Rawang.

为各民族的祖先，其中老大是日旺哇松康木干（La N-gam Rawang Wa Sumhkang Magam），即日旺人祖先，老二农弄省寄（La Nno Nung Nong Sin-gyi）为克怒（独龙族）的祖先……老六蚌拥哇景颇（La N-yo Pong Yong wa Jinghpo）是景颇的祖先……①

图1-4 阿侬的祖先之地——中国怒江木古甲一带

缅甸日旺、达鲁及中国独龙族中流传最广的迁徙传说是“来自东方”，包括两种说法：其一是部分贡山阿怒向西迁至独龙江，形成今独龙族，部分再向西向南迁徙至缅甸构成今缅甸的达鲁、日旺，包含达鲁、日旺人中自称 Nung、Tangsar 的氏族群体，少量则沿怒江北移，迁往今西藏察隅县察瓦龙乡的松塔、龙普两村（现合称松塔村），部分再向南进入独龙江及缅甸；其二是早期（可能在明清以前）经怒江福贡

① 参见德宏州民族语文指导工作委员会编《景颇族阿昌族社会历史调查文集》2007 年 6 月版，第 3 页。

木古甲、古泉村一带翻越高黎贡山抵达缅甸，形成侬（Nung）或达鲁、日旺中的侬（Nung）氏族。

（二）阿侬的迁徙

根据葡萄缅北一带的阿侬人的说法，阿侬的祖先来自蒙古高原，他们抵达怒江后在那里居住了数代，部分在14世纪迁往缅甸北部。据说，阿侬的祖先嘎卢（Garu）原来居住在今木古甲一带，其子卡胡当（Kha Ho Dang）于1531年迁入缅甸并居住在查拉木贡（Chala Mu Gong）、阔朗普（Kawlang Phu）一带。后来，阿侬人有分布到 Namchi Dam, Thaula Dam and Khinsan Pha, Maphe Chidin, Dinlang Mu Gong, Libeu La, Shiwa Tong, Siram Pha, Dikawt WaThong, and Limache 等地。再后，一些阿侬又向南迁往 Nongmon 地区，散布在几个村落中。1932年，有阿侬迁往葡萄一带并一直居住至今。目前，怒人分布在全缅甸以及中国、泰国、美国等国家。

福贡阿侬、贡山独龙江的独龙族向缅甸的迁徙或往返自古频繁，而怒族（阿侬）大批西迁缅甸的重要驱使力则是傈僳族向怒江的强势进发。根据傈僳族口传史，属于荞氏族的“木必”家族最早于明嘉靖（1522—1566年）、万历（1573—1620年）年间进入怒江，经过19世纪以来傈僳族的几次大迁徙，即1803年恒乍绷起义、1821年唐贵起义及1894年丁洪贵、谷老四起义后的大迁徙，傈僳族逐渐成为了怒江的统治民族。[①] 福贡一带的怒族阿侬人此后逐渐受制于傈僳族。根据怒族（阿侬）传说，第十一世祖时，即距今八代（1750年前后）以前，傈僳族进入木古甲一带。随着傈僳族迁入怒江地区以及随之而来的种种压力，大批怒族（阿侬）不断迁入怒江以西的思拉跑、斜哇土、车哇土、斜王通、你哇塘、里奔那、阿补塔、马必里等村落居住，部分辗转进入缅北克钦邦葡萄县一带（笔者补充）。贡山怒族则逐步北迁，有的进入西藏察隅县察瓦龙乡的松塔、龙普、崩卡村，有的继续西迁进入独龙

① 参见《傈僳族简史》编写组《傈僳族简史》，云南人民出版社1983年10月版，第17—20页。

江，缅甸北部及印度，一部分进入察隅县的竹瓦根等村。① 其后，傈僳族也逐渐进入缅甸，其目的地与阿侬一样主要是葡萄县一带（参见图 1-5）。

图 1-5 从怒江木古甲远眺古泉（村）

（三）怒苏的迁徙

20 世纪 40 年代以前从怒江地区原碧江（县）一带迁往缅甸的怒苏人较少。原因之一可能是部分怒苏迁往缅甸以后变成了“俅帕”（今独龙族），之二可能是西迁的人口就少，而且少数西迁缅甸的怒苏居住分散并已融入了傈僳。怒苏西迁缅甸主要是 1949 年前夕至今，而在同一时期阿侬、独龙以及傈僳族都存在极其类似的情况。1949 年前后至今，

① 参见《怒族简史》编写组《怒族简史》修订本编写组《怒族简史》（修订本），民族出版社 2008 年 4 月版，第 19、28—31 页。

怒江一带的民族，包括怒族阿侬、怒苏、傈僳族等向缅甸的迁徙具有如下共同特点：

①1949 年前后，由于怒族（阿侬、怒苏）、傈僳族群众，特别是（基督教）信教群众对新政权的不了解或怀疑，部分西进“逃亡”至缅甸。

②1958 年前后，由于“大跃进”等政治运动，怒族、傈僳族大批“跑”缅甸，1961 年国内形势稍有宽松，一些在缅甸生存境况不佳，想念国内亲人的人又有返回家中的。

③1966 年“文化大革命”运动开始后，由于政治、宗教信仰的原因，大批进入缅甸，在 20 世纪 80 年代以前由于生计等原因进入缅甸的也不少。

④20 世纪 80 年代以后，随着改革开放，怒江居民的生活有所好转，因生计原因“跑”缅甸的比例大幅减少，但由于国内实行计划生育，部分因超生而交不起罚款的逃往缅甸，以 1988 年、1989 年计划生育政策执行较严格的时期最为突出。也有的在缅甸挣了钱返回家乡交纳罚款的。这种迁移方式一定程度上得到地方基层行政机构（如乡政府、村委会）的默许。

⑤20 世纪 90 年代及以后，同样由于计划生育等原因，出现了怒江居民向缅甸迁移的高峰。至今这些人大部分已经返回怒江，部分则辗转到了缅甸北部的中心地带，如密支那城市周边地区。

当前，中缅边境两侧的怒、傈僳、独龙等民族的流动已不存在以往“一边倒”的迁徙或迁移，交往或交流已成为常态。在上述向缅甸迁移的各民族中，怒江傈僳族（俗称“黑傈僳”）在 1949 年以前主要迁往北部的葡萄县一带，之后也有部分向南进入密支那及周边，辗转迁居各地；阿侬仍然主要迁居葡萄一带；怒苏在 1949 年迁往缅甸的较少，或少量的迁入在人口众多的傈僳族中显得微不足道，之后的迁移目的地主要在滇缅边境之高黎贡山西侧至缅甸克钦邦密支那的地区。根据密支那需真八村的沙拉波和现居昔董坝的付三益，1949 年以前，怒江一带的人去缅甸不需要任何证件，带上一点路上吃的干粮就去了，缅甸这边也没有人管。此前去缅甸的怒苏人很少，一般是在家乡生存不太好的人，比如犯了法的，受逼迫的，也有偷了别人老婆一起私奔的。1948 年至

1949年期间，有的牧师、马扒和信教（基督教）的人害怕政局变化就跑到缅甸了，也可能有人造谣。从1958年以后，“跑”缅甸成为了一种常用的逃避方式，有的人因为不能承受劳动之苦，也或饥饿的煎熬，几个人相约，连夜越过边境逃往缅甸（参见图1-6）。

图1-6 西迁“怒人”的目的地——伊洛瓦底江流域

“跑”缅甸的怒苏人（个案）

个案1 和某某

上棉谷（今属福贡县匹河乡棉谷村）村赤脚医生和某某。曾经担任解放军军医，共“跑”缅甸2次。1958年，该村有人口70余户，约600人。1958年8月第一波分几批一共跑了300多人，多是青壮年，没有带家眷，几个人约好一起跑。与和某某一起跑的有30多人。这次跑缅甸原因是当时土改已经展开，他们家成分不好，家里又有土地，心里害怕。他跑的路线是，从棉谷出发，经察秋—曲普委—拉册—嘎戈—木卫—八棵桩（八英里处）的路线抵达伊洛瓦底江东部地区。跨过中缅边境后，他们首先在沿边境线一带活动，再伺机慢慢地往里面推进，很少直接就进入城市的。由于在山区生活艰辛，他们后来进入城镇周边地区，如密支那东北部的需真区等。进入缅甸以后，时常会遇到“老缅”（傈僳等民族对缅族人的称呼）盘问，只要回答说是傈僳族就可以了，反正老缅也分不清，怒苏人也都会讲傈僳话，缅北地区到处都是傈僳，怒苏人也还有傈僳族的亲戚。当时缅甸的怒苏人还非常少，但傈僳族比较多，老缅也知道傈僳族了。1961 年在缅甸生活的怒苏人又一批批跑回老家去了，和某某也回来了。原因主要是①在缅甸的生活不好搞，比较艰苦；②想念家里的亲人，父母尚在；③当时国内的形势也有所宽松。但到了 1966 年（“文化大革命”），又有人成批地“跑”缅甸了，这次多是全家人一起去，拖家带口的，和某某家父母和兄弟 5 人一起跑。由于有了第一次跑路的经验，这次顺利多了。他们先到拉册，在那儿生活一段时间，1971 年才到八棵桩，由于这时候缅甸国内的形式好一些，“老缅”也不堵路盘查，路也好走了。当然也有人运气不好被“老缅”抓过，拘留一个月，遣送回去。“老缅”的盘查主要是防止汉族人，对傈僳等少数民族要宽松一些。相比之下，缅共控制区由于人口缺乏，容易被接收，但条件较差，而且经常抓兵。因此，那些首先跑到缅共控制区的人总想方设法往缅甸腹地去。

20 世纪 80 年代以后，中国实行改革开放，宗教信仰也自由了，因为生活原因和宗教信仰原因“跑”缅甸的少了，但因为计划生育政策的原因，又有人开始“跑”缅甸了。特别是 1988 年、1989 年，计划生育政策实施逐渐严格后，跑的人也最多。当时怒江地区政府来村里免费发给安全套，教给老百姓避孕措施，但老百姓十分害羞，不好意思用。造成超生以后，有钱的就交罚款，给不起罚款的就往缅甸跑。有的在境外赚了一点钱又回来交罚款，有的因为没有挣够钱就没有回来。怒江地区当时可以采到黄连，劳力好的人家可交得起罚款。当然也有人为了多生孩子跑缅甸，因为缅甸不限制生育，现在都不限制，生十几个孩子那是常见的事。还有，在怒江地区，有些干部对“跑”缅甸的问题也持默许态度。他们私下说，“如果你们想多生孩子（又不受罚）就出国吧”。这样计划生育官员的工作也好完成。当时怒苏人跑缅甸的基本路线有：

翻过高黎贡山，到拉册、曲普韦、察秋、车之、向项罗等地。这一时期跑缅甸的人每个村都有，经济困难的人就跑缅甸。当时在下缅甸落户困难，但在上缅甸容易一些，在缅共人民军的控制区更要容易得多。因为计划生育跑缅甸的情况一致持续到现在。

个案 2 付某某

我在上棉谷上小学，老师是纳西族，5 年级毕业后升入红旗中学。1979 年我从红旗中学（碧江一中）初 12 班毕业。8 月 28 日毕业。那时候不得信教。1978 年可以信教的文件就传达了，当时我初中 2 年级，还不信教，直到 1980 年才开始信基督教。我 1981 年 12 月 20 日结婚，举行了教会婚礼。学习了一点圣经书后又到片马学（地点不知是在中国这边还是在缅甸那边）。当时的圣经学校许多设在边境（可能是在缅甸一侧），每年只学习 3 个月。由于我上过初中，算是有点文化的人了。培训结束后当时的缅甸共产党找到我让我学军医当医生——我们当时在那边的傈僳族、怒族人多，我懂一点文化，他们介绍我去的。学医的地点在板瓦，我一共学习了 4 年，一年只学几个月。学完后就当了医生，先在板瓦干了 8 个月，后被派到甘拜迪的县医院干了 3 年，又被派到第三营（当时医生不在）干了 3 年。最后被派到昔董坝（当时缺乏医生），一直在此居住。2007 年 7 月 14 日，我们怒族（怒苏）的人让我担任傈僳/怒苏马扒，我就请了长假。原来在医院工作，担任全科医生，有工资的，什么科都搞，后来请假后就没有工资了（从 2007 年 7 月 14 日起）。现在在傈僳族、怒苏人中传教。刚刚担任马扒的时候信教的人不多，现在多了。当时在县医院当医生（由于医生缺乏，实际上相当于院长了），可以随意走动，安排好工作以后就可以去了。后来，我到仰光的神学院学习圣经，获得 BTH（神学学士）。我现在是怒苏马扒，也是傈僳马扒。现在怒苏人许多都会听傈僳话，但不会讲，就是会讲的也发音不准，花傈僳和黑傈僳的口音还不一样。怒苏懂傈僳族话的很多，但学习圣经，理解的意思不深刻，特别是那些年纪小的，根本理解不了。在怒江，在匹河老母登，用傈僳（黑傈僳）话讲，但还是理解不深刻，因此出现圣经乱传的情况像老母登的阿全他们几个就走偏了，邪灵进入后搞得疯疯癫癫的，他们十多个人，现在烧栗炭。现在需要好好地搞一个怒苏语的圣经才能全部理解。

从怒江过来的人，贡山来的、福贡来的一般都到葡萄（县）一带去，匹河的、四区来的，一般往这边来，拉册、索罗、曲普韦、比托则、董巴卡卡、秋嘎戈、西西卢库、瓦帕卡、几督、瓦盖洛，都是到缅甸的怒苏人居住（或居住过的地方）。许多怒苏人从腾冲（猴桥）过来，到外茂（县），到密支那，后又到了抹谷，再到大其力（泰缅边境），有的去了清迈，还有曼谷，目的是讨生活，做老板。也有些从拉咱、雅科过来，还是到密支那、旮旯卡、奥米底、七科庄等。大跃进跑的人也多。后来中国改革开放了，形式好了，日子好过了，许多人又过来，搞料子（伐木），在原缅共控制区，傈僳、怒苏来搞料子的多，来养猪、鸡、牛也多了，有的不想回去了，还有的是因为超生，付不起罚款而留下来。在索罗等地，双重身份的人很多。1976 年以前，从怒江过来的人，不能讲傈僳话，老缅经常盘查，外邦人就要被抓，所以只有讲景颇话、山头话等。1977 年以后傈僳族得到承认，情况好一点，因此来缅甸的怒苏人只要讲傈僳话就可以了。我的五弟后来也来了，在七科庄担任传道员。我在缅甸会讲 11 种话，到哪里都畅通无阻。

个案 3　沙拉波

我 1953 年出生于老母登，现在 57 岁。我的父亲是一位牧师，1958 年被送劳改，说是他剥削老百姓的猪、鸡。劳改 5 年回来后住在七村舅舅家。母亲经常去兰坪县瓦邦背洋芋种子、盐巴，非常辛苦。我也住在舅舅家。我 1969 年来缅甸，和父母一起跑的，10 月份到达密支那，父亲 1980 年在缅甸去世，母亲 1986 年在七村去世。我们从怒江过来的时候，最先到索罗县，从丫皮上面过来。首先在八颗庄住了 3 年，1973 年才到需真区（Shew Zet），需真全村当时才 500 户人，现在怒—傈僳教堂的地方当时还没有人住，我们就住在谷莫（Khu Moo）教堂附近住。当时怒苏才 10 多户。为什么会到需真来呢？我父亲一方有亲戚在这里。我们没有土地，刚来的时候主要靠给人打工谋生，工作性质不限，一天劳动得 3 块缅币（当时的缅币购买力约为现在的 1000 倍，2010 年缅币与美元的民间兑换比约为 1000∶1，与人民币兑换比约为 150∶1），当时的物价鸡肉 4 块，猪肉 3 块/拽（1 拽为 1.5 公斤），瘦肉 4 块/拽。我们刚来，除了怒苏话、傈僳话和汉话以外不会他们的话，老缅话、景颇话都不会，就先帮人家种甘蔗，全家都去，一种就是 10

年。需真外面35公里外有一个蔗糖厂，英国统治时期就有了。后来我学会了他们的话，就去做生意，背盐巴去索罗卖，父母他们砍旱谷地，生活还马马虎虎。搞了两三年后，我又去帕干挖玉石，帮老板打工，由老板提供生活费，我们四五个人合伙挖，如果挖到玉石就和老板平分。当时在帕干随便挖，没有人管，我不懂玉石，挖着个像样的石头，老板给2000块缅币就非常高兴了。挖了2年的玉石，1975年去（印度）那加（Naga）挖了1年的金子，1976年回来娶妻子。当时由教堂会的人介绍。我写了封信由教会转给她，说喜欢她，她同意，就准备结婚。1977年开始砍沉香树熬制沉香，当时1拽成品才3000元缅币（合现在的300万，约合3000美元）。我也搞了一点，收入还可以。1978—1979年我在那加开了一个铺子，卖杂货，我一家3口都去了，父母住在密支那，我一个礼拜回密支那一次，带一点钱回来。12年后的1986年，沉香基本被砍完了——以前10人去7人赚钱，后来才2人赚钱。我又去挖琥珀卖，搞了三四次，赚得不多。1994年，一拽琥珀卖10000缅币，现在好的可卖100多万。后来东跑西跑，什么好搞什么搞。挖金子10多年，自己挖，不用机器。1986又去印度挖了三四年的矿，赚得不多，生活还勉强过得去。后来我花了120万元缅币买了头大象，到中国边境拉木料，赚了一点钱，运费每立方30元（人民币），10方300元，搞了3年后把大象卖了又种虫娄，价钱不好，1斤才30元（人民币），现在70元了。现在沉香值钱，我又开始育种沉香树苗卖，收入不错的。

个案4　陆三才

我1990年12月8日来缅甸，当时我还没有结婚，和我一起“跑”缅甸的人共有8个人，6男2女。后有4人回去。我当时到缅甸来首先是为了搞料子（伐木）而来，想赚点钱去圣经学校学习，将来当牧师。后来我在雷古底（缅语称“节波强”）学习，每年学3个月，共学了3年，毕业后获得牧师资格证，1993年开始担任牧师。1996年10月16日结婚并在缅甸定居。1991—1998年从怒江跑缅甸的非常多，其中又以1993—1995年间最多，第一站是项项罗（地名）。当时可以在乡里开个证明，以探亲名义到缅甸，然后将身份证交给派出所，说等回来的时候再来取。事实上乡里开的证明在缅甸根本不适用。“老缅”经常来查，查到就抓人，拘留一个月再遣送回去，但被查到送回去的人总是少数，有的被遣送回去又跑来。

个案5　刘金才（阿的）

我是1995年因为超生来缅甸的。我爷爷是藏族，移居福贡县匹河乡生活，父亲临死前告诉我们几个兄弟，说我们原来是藏族，在这里弟兄少，亲戚也少，叫我们多生几个孩子。后来哥哥娶妻23年都没有生育，自己很有负担，便来缅甸超生。先生3个男孩，后生3个女孩。原在位于江东（伊洛瓦底江东岸）的缅共地盘居住，那里人少，他们愿意从中国吸收人口。1993年起不打仗了，中国人来可以随意到江东居住，但江西不行，由“老缅”控制。后来由于在江东主要是高山地带，条件不好，而且缅共经常抓壮丁，疾病又多，打摆子厉害，我们就跑到江西来，骗“老缅”说自己是住在江西的傈僳族（会讲傈僳话），便过来了，后来获得缅籍。老家在今指挥田上面的托克，岳父和付益尚在，是赤脚医生。

个案6　三益

我来自匹河对面的芭蕉村罗开社，1997年11月1日出门，经腾冲、古永、猴桥、甘拜迪进入缅甸，5日到密支那。坐拉木料的车进来，“老缅”也不检查。我来的原因是超生。生老四（现14岁，7年级）时被罚款4500元（人民币），已经交了500元，还欠4000元，后又有了老五，重罚14500元，交不起罚款就决定跑缅甸。计生办的人也说，如果跑缅甸，则无须缴纳罚款。于是和需真八村的叔叔联络（当时每周有人来往，可传递信件）后就来了。由于江东索罗县的身份证容易办，就先到江东落户并办理了身份证，再搬到江西来，现在自己在身份证上仍然属索罗县人，儿子都已经办理了密支那需真区的身份证。办理密支那地区的身份证需要交的办证费比较贵，要交缅币4万至5万元，而且7—8年就要更换一次，而办理索罗县的身份证只用花几千元，且不需要定期更换。现在母亲（父亲早年跑到缅甸的索罗县）和3个兄弟还在怒江。来了以后自己盖房子。妻子瘫痪6年后于2003年去世，现在自己已经能够听懂缅话了，但还不太会讲，不会看，由于在中国国内只上过一年小学，只能看懂少数几个汉字，如“福贡县匹河乡”等，不会写（参见图1－7）。

图1－7 寺庙（需真区）

二 怒人的分布

由于缅甸没有进行过全国性的民族识别和人口调查，有关缅甸怒人（阿侬、怒苏）的人口及分布并没有一个统一的权威数字，现仅能根据设立于缅甸克钦邦葡萄县的怒族（阿侬）文字办公室（Nu <Anung> Literature Office）、密支那的阿侬、怒苏精英人士的概算，统计标准和方式存在差异，范围不同，也可能有重复计算或遗漏的情况。例如，阿侬人由于与 Rawang（日旺）各氏族相互杂居，交往频繁，语言文化相近，族际边界较模糊，因而族群人口统计方法可能较为宽松；怒苏人口是按父系家庭进行计算的，即娶入的外族女子均计算为怒苏人，已外嫁女子则计入对方家庭人口和所属民族人口。根据阿侬 Johnathan Khopang 的统计，全缅目前有怒人（含阿侬、怒苏两部分）近 20000 人，其中怒苏约 5000 人。这一人口数量可能还会随着阿侬、怒苏人对同族人的

"找寻"工作的推进以及其族名在公众中的知晓程度的提升而增加，因为一些散居缅甸各地及更为早期进入缅甸的这些人群可能会追根溯源而来。

在克钦邦北部地区，阿侬多与傈僳、日旺人杂居，只有葡萄（县）一带的肯旁村（Khinphang）为阿侬聚居村落，姓氏为 Khinphang 的阿侬人均来自该村。根据 Jonathan Khopang，除肯旁村（Khinphang，人口 140 人）外，有阿侬居住的村落有：Silampha，50 人；Siwang Thong，45 人；Kholamphu，40 人；Nong Mon，25 人；Machanbauk，30 人；Lushayang，60 人；Phamazup，150 人；Khisidi，120 人；Mulashidi，160；Dukdang，65 人；Namthumku，50 人；Myoma，65 人；Pamadi，75 人；Yinudo，62 人；Namdalay，35 人；Namdin，50 人；Awadam，30 人；Yichodi，56 人；Muladi，23 人；Adedi，27 人；Gatu，52 人；Malidi，24 人；Namshe，30 人，上述阿侬人口合计 1464 人。

肯旁村（Khinphang）由阿侬头人 Tho Aja Khindi 1959 年建立，现人口 140 人，完全为阿侬人居住，村中有一座基督教堂/会，属于基督会教会组织。该村所有人都会讲阿侬语，同时都会使用日旺语、傈僳语和缅语，他们使用阿侬文和傈僳文（若无特别说明，本书中"傈僳文"均指"老傈僳文"或"西傈僳文"）圣经和赞美诗歌本，大部分阿侬在族群内部通婚，但有部分与傈僳、日旺、缅族等族群人通婚。阿侬人认为傈僳、日旺是友好邻居和好朋友，他们的居住距离很近，一起劳动，相互帮忙（参见图 1－8）。

（一）阿侬

缅甸阿侬（Anung）历史上主要迁移自怒江福贡县木古甲、古泉村一带，其祖先嘎卢（Garu）原来居住在今木古甲一带，其子卡胡当（Kha Ho Dang）于 1531 年迁入缅甸并居住在查拉木贡（Chala Mu Gong）、阔朗普（Kawlang Phu）一带。后来，阿侬人又分散到 Namchi Dam，Thaula Dam and Khinsan Pha，Maphe Chidin，Dinlang Mu Gong，Libeu La，Shiwa Tong，Siram Pha，Dikawt WaThong，and Limache 等地。再后，一些阿侬又向南迁往 Nongmon 地区，分布在几个村落中。1932 年，有的阿侬迁往葡萄一带并一直居住至今。目前，阿侬分布在全缅甸

图1-8 阿依人（缅甸克钦邦葡萄县）

以及中国、泰国、美国等国家。阿依在缅甸北部以葡萄县最为集中，近10年来现已有部分移居密支那地区。根据阿依人 Jonathan Khopang 和与怒苏人付三益的统计，现在阿依除了在葡萄县（约5000人）、密支那（约1000人）外，在抹谷（Mo guo）、大其力（缅泰边境一带）、梭罗县、瓦帕开、勒尺（Lache）、迪托、扎瓦、拉扎、邦瓦等地都有分布。由于与傈僳、日旺、景颇、缅族等杂居并相互通婚，阿依能够熟练使用傈僳语、日旺语、缅语等语言，其民族身份上多被划属傈僳族，部分划属日旺，因而民族人口的弹性较大。

阿依在中国怒江的居住地以福贡县上帕镇的木古甲、古泉（“古泉”为傈僳语称，阿依语称 Khopang）两村最为集中，其次在鹿马登、利沙底（石月亮）、马吉等乡镇均有分布，人口共约6000人。木古甲（阿依语，为“坡地上的村庄”之意，其中“木古”指山坡，“甲”指“某某地方”）现为阿依人最为集中的村落，现大部村民已搬迁至坡脚江边的公路沿线，在半山坡地上的老村里，甚至还有一些年长者不会讲地方通用语傈僳话。木古甲（行政村）含木古甲、木楞、打吾底、阿尼恰、罗比等六个村民小组（自然村），现人口共458户，1985人，其中傈僳族25115人，村民以种植玉米、蔬菜、油菜，以及打工为生，现已习惯食用大米（多靠购买）。村民大部分信仰基督教，全村现有教堂5座，设小学5所（参见图1－9）。

图1－9　阿侬民居（克钦邦葡萄县）

（二）怒苏

而自称“怒苏”（Nusu）的人群主要散布在克钦邦首府密支那周边村落及密支那以东至中缅边境一带，其中以密支那县需真区（Shwe Zet）较为集中。怒苏人多与傈僳族、勒墨人（自称“巴尼”）杂居或在傈僳村寨中小规模聚居，怒苏人主要使用傈僳语，完全能够讲怒苏语，在族属问题上均划为傈僳，民族身份他称为“傈僳怒苏”，自称

“怒苏”。怒苏在密支那周边地区人口约 3000 人，此外在葡萄、抹谷(Mo Guo)、大其力、索罗、瓦帕开、拉尺、干法、迪托则、扎咋、昔董、拉扎、邦瓦等地均有分布，人口约 2000 人。

1. 需真区

缅甸联邦含 14 个省（Division）、邦（State），分 7 个省和 7 个邦，省、邦同级，前者指以缅族为主的行政区，后者指以少数民族为主的行政区，缅语称 Pyine，此外还设仰光、曼德勒两个直辖市；省、邦以下设县（Township）；县以下分镇区（Quarter），大致相当于中国的乡或行政村，即以整齐的纵横交错的道路分割而成的区域，当地傈僳、怒苏和勒墨人用汉语称为“格子”；镇区下分村组，大致相当于中国行政村下的“组”或“社”。克钦邦下辖密支那（首府）、八莫、葡萄三个县和 18 个镇区。[①] 在克钦邦首府密支那下辖 21 个镇区[②]，含 60 余个村组，需真为其镇区之一，面积为一块长宽各 2000 米的大方格，下分 14 个村组，总人口 2500 户，约 13000 人（根据怒苏人的建议按照每户平均人口 5－6 人概算），除主体民族傈僳族以外，还有勒墨人（现划属傈僳族）、华人、景颇、缅族、印度人等（参见图 1－10、图 1－11）。

需真区地处密支那北郊，伊洛瓦底江西岸，距离市中心约 6 英里，需真八村东侧为密支那江边观景旅游景点卡仑诺（Karingnaw），是中国陆路旅游团必游景点。需真这一地区原来称为“木贝罗”，意为“共有的地方”。19 世纪末 20 世纪初，英国人在附近的伊洛瓦底江边淘金，他们带来了淘金的机器（缅语称 Shewzet），此后人们就将这一地区称为 Shewzet（需真）。据需真老人说，1944 年至 1949 年中国大陆解放前夕，怒苏人在需真一带只有 4—5 户人，后有人从中国不断搬迁过来，许多人又去了抹谷等地。据笔者的怒苏朋友，需真八村的沙拉波说：“我们 1973 年来的时候整个需真区一共才 500 户人家，现在有 2500 户，各个民族，还有印度人。所有的都要，有勒墨人，汉族有，没有日旺人，傈

---

① 贺圣达、李晨阳编著：《列国志：缅甸》，社会科学文献出版社 2009 年 7 月版，第 4 页。注：到目前为止，上述数据已发生一定的变化。

② 密支那（县）下辖 Myothit 、Myothit Gyi、Myoma、Yuzana、Yang Gyi Aung、Aung Nan、Ram Bu、Shwe Nyong Pin、Kachin Su、Ale Gong、Zi Lon、Zi Gyong、Ditha、Sitha Bu、Shwezet、Dat Gong、Mang Khin、Aye Zi Thi、Khima thi rit、May Myit、Du Ga Thong 等 21 个镇区。

图 1－10　密支那需真区政府

图 1－11　需真东侧的卡伦诺滨江公园

傈族最多。需真区长宽各 2 公里，有 14 个格子。怒苏人在葡萄地区也有分布，只是人数极少”（参见图 1 - 12）。

图 1 - 12　需真怒苏民居

需真 14 个村中，各村规模不一，每村占地即一个格子，按道路纵横交错形成的方格来划分，面积大小及人口多少不等，小的 50—60 户，大的可有 200 余户。村组自密支那市区向外围排序，距离市区越远，序号就越大。此划分方式已历时 30 余年，如果有人口增殖，又可分裂出新的村组（Sub - Yagwer）。其中，需真一至七组民族成分较多，有景颇族、缅、印度人、华人等，傈僳族所占比例少于 50%，怒苏仅有 5 户；八组—十四组人口大部分为傈僳族，占 70% 以上（含约 10% 的勒墨人），这些村组中怒苏人口也较多。其中第八组人口共有 80 户，包括怒苏 27 户，其余主要是划属傈僳的勒墨人（约 50 户）；第九组有 48 户，250 人，多为勒墨人，傈僳族较少；第十组人口 100 余户，500 余人，有怒苏 7 户，40 人，其余为傈僳族、景颇族、缅族、勒墨人等；

十四组共有人口150户，怒苏有十余户。总之，需真镇区有怒苏人70户（参见图1-13）。

图1-13　密支那需真怒苏人

2. 昔董等地

此外，密支那往东一带也有怒苏人居住，八颗庄有60余户，七棵庄40余户，然博、阿拉有30—40户，外茂一带有30多户，葡萄县也有少量。在整个缅甸，怒苏人口约5000人。位于密支那与中国腾冲猴桥口岸之间的昔董坝怒苏人不多，但由于该地在当前怒苏拼音文字的创制、神学经典的翻译、教堂教会及培训中心的建立中是一个重要的地方，因此有必要在此作一简单介绍（参见图1-14）。

昔董区（汉语称昔董坝）现人口共1800户（按每户5人计算，近万人），其中傈僳族800户，汉人200户，载瓦700户，此外还有少数景颇、茶山（喇期）人，怒苏人有30余户，130多人，但有的人并不在乎是怒苏还是傈僳，应该有100多人认同怒苏的身份。昔董坝目前的

图 1-14 怒苏男子（昔董坝）

基督教信教人数为63%。据测算，昔董坝的经济收入主要依赖鸦片种植，其居民大多在中缅边境附近的缅甸高山地带种植鸦片。昔董坝现有8处教会（教堂），包括浸礼会傈僳族基督教会（教堂）及培训学校、浸礼会傈僳基督教会（教堂）分部、载瓦基督教会（教堂）、神召会傈僳基督教堂、O. M. F 傈僳儿童发展中心（含教堂）、天主教会（教堂）、华人基督教会、怒苏基督教会（教堂）：

①浸礼会傈僳基督教堂是昔董坝第一个基督教会（教堂），含一所

傈僳儿童发展学校，由阿兹负责。阿兹原为中国盈江县（花）傈僳族，1996 年到达昔董坝，1998 年当地战事平静后开始筹建教堂，2000 年建成使用，起初有信徒 170 人参加，现有信徒 400 人；现有 40 个孩子在此寄宿，教堂给他们提供食宿和圣经培训，他们在昔董坝上小学和中学（初中和高中，最高为 10 年级），由于来自边远山区，有的距离 4 个小时的山路，而（国民教育）学校不提供任何的食宿条件，因此傈僳基督教会给他们提供帮助。孩子们每人每年交 8000 元缅币和 3 袋大米，大米基本够吃，现金不够用。他们周一至周五，早、晚在教堂学习唱歌、圣经，傈僳文，白天在缅甸的学校学习缅甸文等文化知识，周六在教堂学习，周日上教堂礼拜。他们部分来自基督教家庭，部分不是，但他们有向家人传福音的任务。

②由于上述浸礼会傈僳基督教堂人满为患，在西面公路上方另辟一教堂，名为“傈僳浸礼会学生（发展）中心（SI – TO LI – SU GO Ǝ TI ꓘU – ZI Ⅎ – BI ZO：BO D）”，此教会由（花）傈僳人 Rev. Zhanw – Sar（赵三）负责。现有聚会信徒 40 人，寄宿孩子 15 人。

③神召会（AG）基督教堂 2006 年就进入昔董坝，但 2009 年才建有教牧人员的住所，现在教堂还未建成，聚会在一户人家里进行，聚会的人员主要是附近的人（傈僳族居多），现有信徒 40 人，教牧人员 2 人，负责人 Bya Lu 来自密支那傈僳蜂氏族。

④汉族教会由段牧师和丈夫安德勒负责，2010 年底才在昔董坝建立教会，现有汉族信徒 40 多人，也有一些傈僳族人参加，同时学习汉语。

⑤天主教（R. C.）在昔董坝有信徒约 10 户，当地基督教徒都知晓天主教的特征及与基督教新教的区别。

⑥傈僳儿童发展中心属海外基督使团（前身为“中国内地会” China Inland Mission，1964 年后改称“海外基督使团” Overseas Missionary Fellowship，即 O. M. F）缅甸傈僳族基督教会，现有孩子 86 人，在此发展已有 8 年，工作人员 5 人，负责人 Ku – Lu Jerrimy。学生星期三 1 次，星期六 3 次学习圣经，星期天在教堂参加礼拜。创办中心的目的：在年轻人中培养信徒，在向他们的家庭传讲福音。学生每人每年交 8000 元缅币，6 箩（3 袋）大米，米够吃，钱不够用。牧师和家人种菜

给孩子们吃。与 O. M. F 总部的联系中断 20 年后，现已重新建立联系，但 O. M. F 没有提供资助，只是帮助购买书籍等，在行政事务方面帮助管理。载瓦人在昔董坝的中心区建有一座大教堂，参加人数较多（参见图 1-15）。

图 1-15　傈僳儿童发展中心（属 O. M. F，昔董坝）

⑦怒苏基督教会（教堂）为一间独立的基督教会（教堂），由怒江匹河棉谷人付三益负责。教堂已向 O. M. F 缅甸傈僳族基督教会申请注册并在缅甸基督教联合会（MCC）注册（601 号）。由于教堂尚未建成，聚会场所就设在付三益家，参加聚会人数，包括付三益家庭（10 人）共 20 人。2007 年，在阿侬人尤恩·阿兹的帮助下，付三益在距离今昔董坝月 2 英里的公路西侧的山脚处以缅币 600 万元（约 4 万元人民币）购买了 52 亩土地，计划建立一个可容纳千人的村庄，建立一座教堂和怒苏圣经培训学校（参见图 1-16）。

图 1 - 16　怒苏家庭（昔董坝）

第三节　多样的生计方式

不论是葡萄盆地及周边山区的阿依，还是在平坦的密支那城郊的怒苏人，他们的生计方式均与其原居怒江两岸半山上的先民和同胞大相径庭。怒江阿依、怒苏和傈僳的生计方式大致相同，主要从事在怒江两岸陡峭的坡地上种植玉米，辅以狩猎、采集和养殖为生。葡萄一带的阿依人主要从事农业。他们主要种植水稻、玉米、豆以及蔬菜，养殖鸡、猪、牛，按季节进行狩猎和捕鱼活动；密支那的怒苏人的生计方式与傈僳族相同，较少从事种植和养殖，呈现多样化发展，且随季节变化而变化，以获取现金收入为主，包括狩猎、伐木、采矿、小商业、打短工等，现在培育沉香树苗正成为需真一带怒苏人之重要的经济收入（参见图 1 – 17）。

图 1 – 17　需真八村

一　生态环境及生存条件

密支那（Myitkyina）为克钦邦首府，地处缅甸北部山地丘陵区，海拔 1000 米以上，位于伊洛瓦底江西岸，恩梅开江和迈立开江汇合处密松（Myit – son）以南 45 公里处。密支那距仰光 919 英里，距曼德勒 487 英里，是缅甸北部重镇和最重要的河港。密支那 2000 年人口约 20 万人，主要的民族有克钦族（含景颇、傈僳、怒人、日旺等）、掸族和缅族等组成。气候方面，密支那地区年平均气温 23.7℃，年降水量 2000 毫米左右，全年气温分三季：旱季、雨季与冬季。每年从 2 月底 3 月初开始逐渐转热，至 4 月和 5 月是一年中最为炎热的季节，干旱少雨，为旱季，也是疾病和死亡发生最频繁的季节；6—9 月为雨季，气候湿热，蚊虫从 6 月开始出现；雨水 9 月底逐渐停，其后逐渐凉爽，10

月蚊虫逐渐减退，每年 10 月至次年 2 月是较为凉爽的季节，为冬季。物产方面，密支那一带产柚木和其他木材，种植水稻、甘蔗等。

葡萄（Putao）为缅甸克钦邦所管辖三县之一，设葡萄市，位于克钦邦北部的葡萄盆地，迈立开江左岸，与中国西藏自治区接壤。葡萄原名坎底（Hkamti，hkam 指黄金，ti 指地方）为掸人地名，为“黄金之地”的意思。日旺人和阿侬人称为坎底当（Gam Di Dum，Dum 为“平地”之意）。葡萄盆地水源丰富，约 15 英里宽，沿南木金（Namkin）河西岸自北向南延伸越 25 英里长，盆地海拔高度为 1500 英尺至 1800 英尺，葡萄县县政府所在地赫兹堡（Fort Hertz）位于盆地中央，距离密支那 219 英里。葡萄气候温冷湿润，降雨量为 3400 毫米。除生产葡萄外，玉米、黄瓜、葫芦、稻米也是主要粮食，盛产柑橘和苹果等水果。[①]

二　生计方式

（一）关于土地

密支那地区宽广而地势平坦，土地资源丰富。早期由于人口稀少，可通过自由开荒获取耕地，1958 年以前迁入密支那的居民大都拥有较好的土地，如勒墨人[②]由于移居缅甸的时间较早，较早开发土地，在密支那需真区一带拥有大量的土地，而 1958 年后才到密支那一带的傈僳族和怒苏人较少拥有土地，原因一方面是抵达密支那一带生活的时间较短，好的土地已经被先到的勒墨人和其他民族占有，另一方面是由于缅甸粮食价格便宜，人们对土地的需求并不强烈。目前在该地区开荒仍然是自由的，但位置距离居住地较远，土地条件也比较差，新的土地资源甚至要到西北部山区获取。怒苏人大部分人家无耕地，能够拥有的小块土地主要是住房周边的院子地，多不足 1 亩。没有土地的家户须向有地的居民购买、租借或讨要。今需真区八九村 10 余户人家拥有土地，他

---

① 参见 J. T. O Burnard：History of Putao，1934.

② 根据密支那勒墨人的迁徙手记，他们的先民约 800 年前从今怒江傈僳族自治州泸水县洛本卓乡的金满村一带移居缅甸。

们均为较早到来的勒墨人。有的拥有3—5亩，足够自己种菜食用并有可剩余部分在市场销售，基本能够维持一家人的生活，有的可拥有10—15亩，主要靠租地收取现金租子维持基本生活。也有人会将较差的土地卖掉，留下条件较好地自己耕种。需真一带的华人也基本上没有土地，他们多靠做生意为生，许多人经营小卖部。需真居民所需大米主要依靠购买，而密支那地区的大米供应部分来自下缅甸，北部地区有少量水田，但产量较低。

需真的怒苏、傈僳很少耕种土地，其生计呈多样化，与在怒江流域主要靠种植玉米为生的同胞大有不同。对大部分傈僳族和怒苏人来说，购买或租种水田没有太大的意义，一是土地价格高，二是种植成本高，三是粮食，特别是大米价格低，可从下缅甸购买，而采取其他营生方式很容易维持生活。据需真八村的刘金才说，他到缅甸15年来就没有种过地，主要是因为：①种植成本过高，每亩需支付数百万元缅币，还要花费昂贵的劳力但收益不高；②土地质量不好，收成低，好地难求（质量好的土地主人是不愿意卖的）；③如果手头有几百万元缅币，首选的生计方式肯定不是种植，小生意的收益总要比打理土地强，且所需劳动强度较低；④其他赚取现金的机会很多。需真八村的怒苏人三益有旱地7亩，均为自己1995年来到缅后自己砍荒而成，距离村子约十来里远，现在已丢荒4年，地里长满了杂树，听说现在由于修水电站需要占用修路，等待赔偿实为不错的选择。

需真一带旱季活路较多，40%的人家（主要是勒墨人）种地，稻谷产量500—600斤/每亩。怒苏人只拥有少量的旱地，需真八村只3户人家有少量水田（均不足1亩），所产大米很少。由于劳力缺乏，如果农忙季节请工帮忙，需要支付每人日工资4千元缅币（折合人民币25元），如果包干，工时费为缅币3万元/亩。与中国国内不同，缅甸没有国家扶贫计划，营生要完全依靠自己。

总之，密支那一带的怒苏人的主要生计并不依赖种植，他们的活路很多，用怒苏人的话说，获得生计比较容易，因而活路也是多种多样的，但他们也很少打工，做小生意、打猎或伐木、淘金也是不错的选择，现在种植沉香树苗已成为一项收入最高的生计方式（参见图1-18）。

图1－18　需真八村

（二）生计

1. 狩猎

怒苏人延续了在怒江的狩猎习惯。狩猎收入比较稳定，运气好的话，收入十分可观。狩猎对象主要有熊、麂子、猴子、马鹿、野猪等，其中以熊、马鹿最好，野猪、猴子次之，麂子肉只有中国人喜欢吃，缅甸人不喜欢，而到100多公里外的中缅边境交易也不现实，因而不值钱。如果猎到熊，一套熊具（含双手双脚和熊胆五件套）可卖数千元至上万元人民币，如果运进中国的话价格还可翻倍。打到猎物后，怒苏人一般卖给野物贩子（主要是傈僳人），他们有办法带到边境甚至中国境内售卖。运送野物面临的困难就是缅甸境内的山兵（少数民族地方武装）的检查，傈僳族人一般会通过偷越国境的方式避开检查，如果被发现则通过贿赂低级检查人员顺利过关。山兵很穷，容易打发，若让山兵头目发现就麻烦了，猎物往往被没收或必须支付更高的贿金。野物的最终市场是中国。如果猎到熊，熊肉一般自己食用，运输到中缅边境成本太高而且熊肉不值钱，而本地人又不买。熊掌和熊胆必须在两天内出手，因为保鲜比较困难，特别是热天。无法很快脱手的熊掌等高价值的猎物必须尽快加工成干货：将熊掌的手背切开，用火烘烤，快速脱水，加工过程中需要完好保留熊毛。但加工过的熊掌价值较鲜货要低许多。

马鹿肉、野猪肉、猴子肉一般在本地销售，由于害怕检查，一般不公开售卖，所以经常会有人用摩托车载着走家串户的售卖野味，马鹿肉每拽（1.5 公斤）要缅币（2010 年人民币对缅币的民间兑换率为 1∶150）8 千元以上，野猪肉 4 千至 5 千元（干货 8 千元），猴子肉 5 千至 6 千元。麂子肉一般自己家人食用。如果猎到其他小动物也供自己食用。

2. 伐木

伐木也是一项稳定的收入，但需要劳力，他们一般在旱季作业，几个人筹十几万缅币（500—1000 元人民币）购买粮食、工具等必需品即可开工。他们一般把砍伐的原木租车运输至中国边境一带销售，砍伐不需要审批，但要缴税。在缅共时代（1989 年以前）可以自由伐木，自己销售，现在越来越难，好的木材多被砍完，个体伐木也越来越困难，公路边的已经被砍光了。最重要的是，现在中国老板过来买山，整座山的买，自己带工人来砍伐，因此本地人依靠伐木的生计空间越来越小。

3. 打工

打工并不是怒苏人的首选，或者说怒苏人都不太愿意打工，他们更愿意做一些临工，赚取一些零花钱。如果是请工，人工工资一般为每个工 3 千至 1 万元缅币（合 20—70 元人民币）不等。需真八组的三益 2010 年 1 月 23 日受雇为村口卡伦诺公园停车场（政府所有）砍摘树上的椰子，两棵椰子树每棵树给 2500 元缅币，共 5 千元，工作时间为 3 个小时。

4. 淘金

大约 10 多年前本地人开始在密支那伊洛瓦底江的沙滩上淘金，需真对岸是一个优质的淘金点。不久后有中国的广东老板来淘金，据说他们跟政府办了手续，交了税的。他们使用淘金船，机器昼夜不停地淘，现在已经淘完了，中国人 3 年前就全部撤走了。在中国人淘金前，附近的怒苏人自己去淘金，每天挣 2000 至 3000 元缅币（当时缅币的购买力比现在的要高近一倍）。现在只有一些本地人在淘金，旱季他们在江边搭建帐篷住。需真八村三益的两个儿子都在江边淘金。他们先在沙滩上挖坑，有人穿上潜水服在深坑里作业，一边梳捡石头，一边由潜水泵将泥沙抽上来筛选金子。现在淘金的成本提高了，但收入不高，淘金者的日收入比打工稍多一点，平均每天 3 千—5 千元缅币，发财就要靠运气好了（参见图 1－19）。

图 1－19 伊洛瓦底江边淘金场

5. 采玉石

密支那附近不产玉石，采玉石要到帕干。帕干现在多为大公司机器开采，个人采玉已被禁止，但可以在工厂选矿后的废弃石料中淘宝，全凭个人运气，也有人因此发了财的，因为玉石矿厂的工人也会有疏漏。在帕干捡玉的人多，怒苏人也有，现在去的人少了。如果个人能够筹集到一二十万元缅币，可自己准备生活用品去捡玉石，如果没有资本，可受雇于老板，老板承担所有的伙食支出，受雇者找到值钱的石头后与老板平分。

6. 种植沉香树苗

需真一带2000年开始提炼沉香油，目标市场是中国。初期每瓶（80万单位青霉素瓶装）得8千元缅币，个人炼油每天可挣6千元。到2008年每瓶仅值4千元。由于价格太低，所剩沉香树也不多，就没有人搞了。到了2009年，据说在泰国实验成功了提炼沉香油的新方法和新用途，目的市场是泰国和印度。一般3—5年树苗即可成熟提炼。由于近年沉香油价格上扬，下缅甸的“老缅”来买树苗去移栽，而密支那一带只有需真一带可育种树苗，催生了需真地区沉香苗产业。最高600元缅币/苗（成熟苗，一年生苗），最低100元（3个月生苗）。树苗一般养足1年即可移栽（参见图1－20）。

图1－20　沉香树（密支那需真区）

沉香树种每年6—7月成熟，捡来即可育苗，操作简单。由于现在对沉香树籽的需求猛增，树主人自己捡来卖，一个罐头瓶的树籽（炼乳瓶装，约1400粒）现卖3万—4万元缅币，而2009年开始育苗的时候才每瓶 5 千—6 千元缅币。需真怒苏人在每年 6—7 月份雨季时开始捡种子进行育苗，次年雨季来临时候可移栽。育苗的困难时期在旱季（10 月至次年 5 月属于旱季），由于缺水，育苗育较为困难。因此有树苗不得不在这一时期被低价处理。

需真八村的沙拉波 2009 年育苗 5 万苗，至 2010 年雨季成熟时可以卖每苗 500—600 元缅币，而在 2010 年 1 月可卖到 300 元每苗。需真八村的三益，2009 年 6 月育苗 5000 苗，10 月份由于缺水便卖了，每株 100 元，得 50 万元，给在江边淘金的儿子买摩托车一辆。三儿子（14 岁）自己育苗 1000 株，同期卖掉，得缅币 10 万元，自己花费 7 万元买了一辆自行车骑着去上学（7 年级）。三益打算 2010 年 6 月育苗 2 万株，沙拉波计划育苗 15 万株。

2010 年沉香油价格为每拽（1.5 公斤）350 万元缅币，1 市斤 100 万元，80 万单位青霉素瓶装沉香油卖 25 万元；树根 6 万元/拽；沉香干货 400 万—500 万元/拽；熬沉香的设备投资约 100 万元。至 2010 年 6 月，需真八村在几乎每户都在育苗出售（参见图 1－21）。

图 1－21　熬制沉香油（密支那需真区）

沉香种植、加工过程：

①买树种

②育苗（1年）

③移栽

④三年后在树干上钻孔打药

⑤砍树（一年后）

⑥刮取树干上的沉香

⑦将刮香后的沉香树干粉碎，水泡至少2周，多则3个月，再用炉灶烤油（参见图1-22）。

图1-22 沉香苗圃

7. 养猪

小猪仔2万元缅币一只。密支那郊区一带，养猪主要以芭蕉树为饲料，辅以玉米面、糠皮等（6千元/袋）。由于很少种地，这些饲料都需要购买，因此养猪不划算。养成（75公斤重）需要1年半。相比之下养小猪还比较划算。从猪仔出生到销售只需2个月。以每头母猪每胎生产8只小猪计算，销售3只可收回成本，其余5只为毛利。根据缅政府规定，卖整猪和自己杀猪吃肉不受限制，但私自杀猪卖肉是要被罚款的。

8. 牧师的职业

在一个政府机关或事业单位可提供的公共职位很少，而且工资很低（缅甸一个大学教师的正常工资约合人民币400元，总收入合人民币700元）的地区，牧师是一项高尚而受人尊敬的职业，其收入主要来自于所服务的教堂的奉献。一般收入在5万—10万元缅币（约合人民币350—700元）/月之间。这一收入稳定，但不足家用，因此其家庭还需有其他的营生，如养猪，小生意等。牧师的工作一般为全职，他也没有时间去做生意的（参见图1－23、图1－24）。

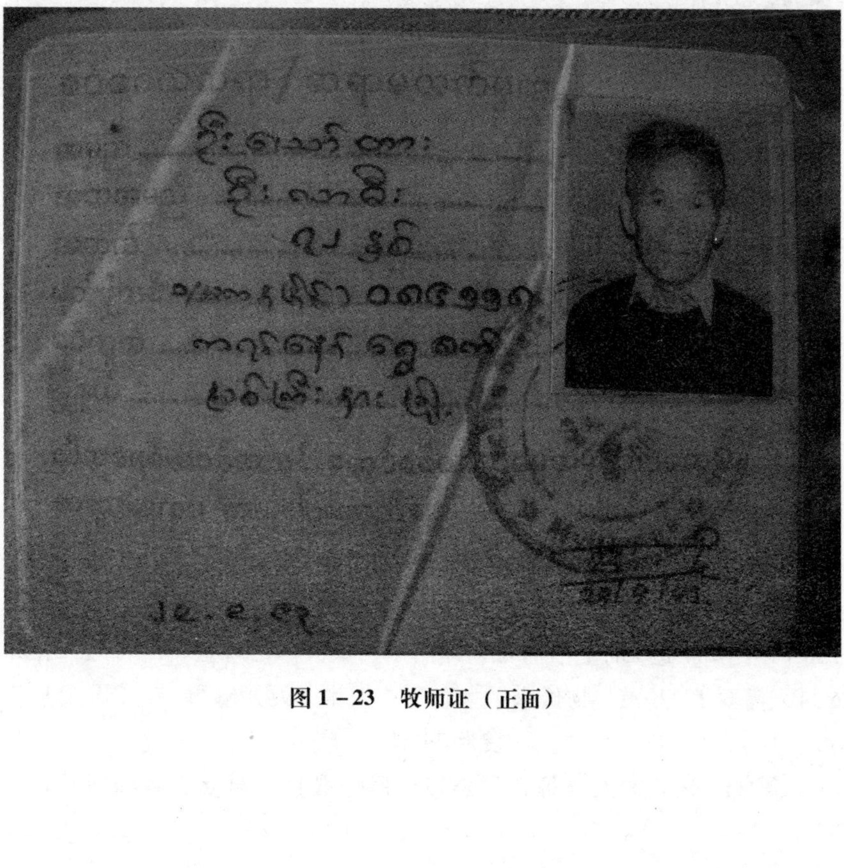

图1－23 牧师证（正面）

图 1－24　牧师证（背面）

9. 新生计：挖公路

密支那北部的密松电站工地，现有施工人员 400—500 人，包括中国工程师和缅籍工人，计划未来要有施工人员 3 万人。本地工人工资每月 1200 元（人民币），含保证金 200 元，3 个月后发还，合同期 10 个月至 3 年。至 2011 年停工前一直在挖隧道，由于合同期较长，工作缺乏弹性，需真也有人在此打工，但人数不多。

10. 基本生活成本

在密支那北郊的需真区一带生活，每人每月需要至少缅币 2 万元（2010 年缅币与美元的民间兑换比约为 1000∶1，与人民币兑换比约为 150∶1）作为基本的生活需要，即用于购买大米的现金，八村的三益家 6 口人需要 12 万元。物价水平大致为：大米 2 万元缅币/袋（48 公斤或 50 公斤），或 800 元/升，一袋米 24 升。

需真区 10% 的人家每年都杀猪，但一般自己只吃头脚和内脏，肉多卖掉（村落内部销售）。猪肉6千元缅币/拽（1.5公斤），肥肉带皮3千元缅币/拽。

个案：阿波的生计

密支那郊区乡村的生计多种多样，砍山火（开荒）的、种田的都有，但大部分做副业：育沉香苗、砍料子（伐木）、烧栗炭（炭对密支那市民非常重要，由于电力不足，其他燃料缺乏，烧柴又太热，栗炭的火力比较集中而容易控制，因此适宜做饭）、挖金子（淘金）、打工的现在少了，做生意的也不算多，去帕干找玉石的越来越少了，需真区人现在主要靠种沉香。由于可用的土地少，有的到10多公里外的地方砍山火开荒，种旱谷，三四户人家一起搞。水田多为勒墨人所有，有人家拥有十多亩土地，我老岳父家（勒墨人）的土地每年收入大米180麻袋（每袋50公斤）。也有的勒墨人种菜卖的，勒墨人几乎每户都有菜地，一户一般都有三四亩，他们种菜卖，主要有包包菜、白菜、酸茄、摆衣菜，花菜要少一些。由于大米便宜，种水稻不划算，除非自己拥有土地。因此没有土地的怒苏人主要做生意，做生意的傈僳人也不少，他们有的人拥有土地，但不喜欢种，喜欢搞其他营生。如果去砍树卖，约几个人，筹十来万缅币就可以搞了。粗算下来，一个劳力每天可以赚5千至6千元缅币，一年就70万—80万元。如果是给老板当雇工，收入稍低，但不需要生活费的成本，按工时计算。现在伐木都不分季节了，旱季在公路边砍，用车运，雨水天用船运输。像三益他们家，主要靠两个儿子淘金，三益自己也烧炭、种沉香。我们村专门淘金的有3—4户，我兄弟一家，还有其他两家，十村的怒苏人有3—4户。淘金一般从12月开始，到次年5月结束（6月雨季来临）。按一年计算，有的人可淘得两三拽（3—5公斤），就发财了，有的一两都淘不着，一般就是三四两，卖个五六十万元缅币。怒苏人现在搞沉香的多，我们八村的27户怒苏人有20户种沉香苗。我今年种了8万苗，已经卖了2万，半年生苗到旱季可卖120—200元缅币/苗，一年生苗到雨季来临时可以卖1000元缅币/苗。我还有5万多苗，一般卖400—500元/苗没有问题。需真地区的沉香育种从2008年开始搞，有3年的历史了。我搞了2年，去年先搞了2000苗，才卖了60万，今年花本钱600万元种植，已经收回了400万元，苗还有5万苗没有卖，还可以收5500万元，去掉本钱

200 万，可以赚 2000 万元，合人民币 14 万元。第一年搞的人家不多，只有 10 多户，最多的就搞 1 万—2 万苗，一般就 3 千—5 千苗，去年有四五十户人家搞，一共 60 多万苗，现在还有约 15 万苗没有卖。沉香苗一般在雨季育苗，下一个雨季移栽，因此一年生的苗雨水天价格高，可到 700—800 元/苗。我投资 35 万元缅币搞了自动浇水设施，很方便的，一般可以用 2 年，最关键的是水井要好。我今年雨季准备育 15 万苗，工作已完成了一半，土地、水井、水管已经搞好。种子要到葡萄一带购买，牛奶筒装每筒（1400 粒）要 1500 至 3 万元，一共要买 130 筒种子。我一般在旱季的时候先卖一半苗，因为没有足够的水供浇灌，一般只能卖 70—120 元/苗，另一半在雨季卖，价格好一点，最好的时候可以卖 1000 元缅币/苗。我想自己也种一些沉香树，四五年后成材，到时候育苗卖的人太多了，不赚钱了，而我的沉香树那时就开始有收益了。沉香树一般移栽 3 年后就要打针，五六年后才砍。不知道哪里有人需要，有人要就搞，现在沉香（成品）一拽（1.5 公斤）3 千万元缅币，青霉素瓶（80 万单位）装一小瓶卖 25 万元。原来密支那附近的沉香树非常多，后来被砍光了，现在搞种子还要去葡萄买。有外国人来说，（沉香种植）在其他三个国家都失败了，只有在缅甸试验成功。现在老百姓发疯一样的到处乱砍，葡萄地区也一样。现在其他生意不好搞，专门种沉香了。

由于 2011 年下半年在靠近中缅边境的地区战事又起，树苗运输不畅，交易受到极大的影响，现在沉香树苗的价格较去年同期跌了近 50%，沙拉波于是增加了就地移栽的数量。

第四节　缅北与滇西基督教的传播及关系

不论是居住在中国滇西怒江流域的怒族，还是缅甸北部伊洛瓦底江流域的怒人，都是人口较少的人群，其迁徙历史、经济与社会文化生活以及宗教信仰都与其邻居民族，如傈僳、日旺等有着密切的联系。缅甸北部是近现代基督教（如无特别说明，本书中“基督教”仅指基督教新教）传播极其重要且较为成功的地区，同时也是面向中国西南部的重要输出基地，20 世纪 50 年代后又成为从云南撤离或受驱逐的外籍传教士及滇西少数民族基督教徒向西迁移的最主要的初始接收地，以及此后五十余年来针对云南西部少数民族的基督教重要培训基地。缅北山区的傈僳、日旺等族群基督教的历史、现状与基督教在怒江上游傈僳族、怒族和独龙族中的传播、发展和变迁密切相关。近代以来，基督教除影响最大的浸礼会外还有中国内地会/海外基督使团、神召会、基督会（滇藏基督教会）等在缅北及滇西一带的傈僳、怒、独龙中影响最大。在缅甸基督教传教史上，怒人（阿侬、怒苏等）很少在官方资料或传教士的论著中作为单独的民族群体出现，他们事实上被分别归入“傈僳”、“日旺”等族，因而与这些族群经历了相似甚至相同的基督教传播过程。

一　滇缅基督教概况

基督教自 20 世纪初传入怒江地区以后在至 1950 年前夕的 30 年中发展很快。其中，神召会（马道民主持）主要在福贡（县）傈僳族和怒族阿侬人中传教，中国内地会（杨志英及杨思慧夫妇等主持）主要在泸水、（原）碧江（县）傈僳族、怒族怒苏人中传教；基督会（滇藏基督教会）（莫尔斯家族主持）主要在贡山（县）傈僳族、独龙族和怒族阿怒人中传教。基督教是怒江地区信教人数最多的宗教，信徒包括傈僳、怒和独龙等民族，除贡山县信教人口比例较低①外，福贡县、泸水县乡村少数民族群众基督教信教人口比例可达 80% 以上②，不信教者以远离江边公路沿线的高山居民为主。关于怒族的基督教信教情况，贡山

---

①　2004 年贡山县总人口 33904 人，信教人数 11299 人（不含未成年人），其中藏传佛教信教人数 2935 人，占全县信教总人口的 26%；天主教信教人数 2750 人，占 24.3%；基督教信教人数 5614 人，占 49.7%。资料来源：贡山县宗教局。

②　如果以信教人口（不含未成年人）占总人口的比例来计算，一般可达 80% 以上，有的计算方法仅以信教人口占成年人口数的比例来计算，或将未成年人按照其父母信仰来归类计算，有的村落可达 90% 以上。参见张兴洪、张慧星《云南怒江傈僳族基督教信仰调查》，载于《西南民族学院学报》（哲学社会科学版）1989 年第 3 期；曹月如《云南怒江傈僳族族基督教文化研究——以福贡县架科乡里吾底村为例》（博士学位论文，2009 年）等。

阿怒信教人口比例较低[①]，而福贡阿侬、福贡怒苏与该地区人口数最多的傈僳族相同。1950年前夕中缅边境地区虽发生部分信教群众逃往缅甸情况，1951年以后外国传教士受到驱逐，但至1956年间的基督教信徒人数还有所发展。到1956年，全怒江地区共建立基督教堂207所，各级神职人员共916人。其中“密鲁扒”（长老或正副会长）11人，“马扒”（传道员）66人，“密枝扒”（执事，教堂管理员）413人，“瓦胡扒”（也写作“划苦扒”，指礼拜长）426人。基督教徒总人数达21062人。教徒人数以碧江、福贡二县接壤的32个乡最为集中，教徒人数占32个乡总人数的90%以上。全怒江区共设14个教区，每个教区有传教士三人。其中（原）碧江、福贡两县怒族基督教徒人数至1950年前夕约5000人，约占两县怒族人口总数的61%，其中如碧江县一区九村169户668人中（怒族怒苏人），信仰基督教的有126户444人，教徒人数占该行政村总人口的66.4%；福贡木古甲村全村有怒族（阿侬）30户135人其中基督教徒有22户87人占全村总人口的64%，教徒人数超过了非教徒。[②] 经历了1958年至1978年的抑制时期，1980年代以后怒江地区基督教信仰逐渐恢复，1990年代开始迅速发展，2000年以后进入稳步发展时期，至今基督教信教人数已占有很高的比例（参见图1-25）。

在缅甸北部山地民族中，基督教信仰在19世纪中期以来得到了充分的发展。基督教新教在缅甸的传播，英国系基督教会以1807年英国传教士马登（Mardon）和查特（Chater）从印度进入缅甸开始，美国系基督教会以1813年7月13日浸礼会传教士贾德森（Adoniram Judson）夫妇从印度马德拉斯到仰光开始。但在缅人居住区传教收获并不太大，皈依基督教的缅人很少，因此西方传教士便开始把传教重点转向居住在缅甸山区的少数民族。1852年第二次英缅战争后，西方传教士开始了在缅甸克伦人中的传教。基督教新教在克钦人中的传教始于1877年。

① 贡山县2004年登记的怒族信教人口3840人（不含未成年人口），其中基督教信教人数为245人，约占怒族总人口的约6.4%，藏传佛教信教人数2661人，占69.3%，天主教信教人数934人，占24.3%。资料来源：贡山县宗教局。

② 《民族问题五种丛书》云南省编辑委员会编：《怒族社会历史调查》，云南人民出版社1982年10月版，第118页。

图1－25　景颇天主教堂（密支那）

美国传教士奥拉·汉森（Dr. Ola Hanson）和库森（Cushang）1893年用拉丁字母创制了克钦文字，1895年被英国殖民当局正式确立为克钦文字并开始推广普及。1906年汉森翻译的克钦文（景颇文——笔者注）《圣经》出版。与此同时，西方传教士在傈僳、钦、拉祜、佤、那加、克耶、若开、布朗等民族中的传教活动，也取得了不同程度的成功。1902年，密支那地区出现了第一个傈僳人的浸礼宗教徒。1905年出现了第一个钦人新教徒，到1923年，钦人中的浸礼宗教徒已达1000多人。20世纪30年代，基督教已传播到缅甸的缅、孟、若开、克伦、克钦、掸、佤、傈僳、那加等民族中，其中在克伦人、克钦人和那加人中的传播尤为突出。1931年，缅甸基督教徒共有331106人，占缅甸总人口的2.3%。[①]

在20世纪50年代以后中国滇西北、滇西的怒江、保山、德宏等地有大批傈僳、阿侬、怒苏等族群的基督教神职人员及信徒西迁缅甸，加之原在这些地区工作的来自多个差会的外籍传教士，如莫尔斯家族等辗转集中到缅甸活动，一定程度上补充和加强了以傈僳语文为载体的基督教神学系统的建构，使缅甸北部成为傈僳族语基督教神学教育培训中心，在云南西部傈僳族、怒族、独龙族等以傈僳语为主要神学语言的民族中影响很大。同时，随着基督会、内地会/海外基督使团、神召会等差会组织活动中心的转移，缅甸北部基督教的情势也在发生变化，主要表现为一些差会（基督教、海外基督使团、神召会等）人数比例的上升，信徒改宗（如从原内地会改宗为浸信会）等现象。而1948年缅甸独立后，特别是20世纪60年代以后缅甸政治的变化使得缅甸北部基督教的情势趋向复杂化。1962年奈温执政后，缅甸政府加强了对基督教的管理和控制；吴努执政期间大力扶持佛教，1961年宣布佛教为国教；1964年奈温政府宣布实行宗教团体登记注册制度；1966年奈温政府宣布基督教教会学校和医院收归国有，教会仅保留神学院和少数慈善机构，同时命令独立后入境的外国传教士（包括234位天主教、141位新教传教士）离开缅甸；20世纪60年代中，政府支持基督教徒建立缅甸人自主的基督教会，中断与外界的联系；1975年，缅甸基督教会改称为包括基督各教派别（浸信会、圣公会、美以美会、卫理会等）的缅甸基督教协进会，并在全国设立11个分会，包括3000余名缅甸人专职牧师和工作人员；20世纪70年代起，缅甸政府一直给基督教会拨款；1980年以后缅政府允许教会举行大小宗教集会和传教；1982年起，教会开始派神学院毕业生到边远山区传教；1997年，全缅基督教徒人口上升至5.06%；1973年，70.7%的克钦人信仰基督教（统计含部分天主教信徒），克钦族现在被视为全民信仰基督教的民族。[②] 据缅甸官方

① 陈真波：《基督教在缅甸的传播及其对缅甸民族关系的影响》，载于《世界民族》2009年第3期。

② 贺圣达、李晨阳编著：《列国志：缅甸》，社会科学文献出版社2009年7月版，第98页。

统计，2005年底，基督教（仅指新教、天主教）徒人口占缅甸全国总人口5430万人的5%，占第二位（佛教徒人口占89.2%），主要集中在克伦、克耶、克钦等几个山地民族之中。[①] 在缅甸当代背景下，缅北多个基督教差会组织与众多的族群及其分支的关系错综复杂，基督教徒和教堂（会）改宗的现象也十分常见。景颇、喇期、阿几、浪峨等族的浸礼会，来自北部日旺的基督会传统相对稳定，而傈僳基督教则呈现纷繁复杂的局面，有历史悠久（1900年）的浸礼会，较晚（20世纪30年代）的神召会、基督会和海外基督使团教会，有傈僳、勒墨、怒苏共用的傈僳基督教堂，也有阿侬与傈僳共用的基督会教堂，有历史悠久的教会，也有发生多次改宗和分裂的教会（堂），其中需真区怒苏人的教会（堂）分裂与重组还在进行。

二　浸礼会（Baptist Churches）

浸礼会是缅甸北部克钦系民族中最大也是实力最强的基督教教会组织，但绝非最早的或唯一的。除此之外还有基督教罗马天主教会在景颇人中的影响也很大，罗马天主教会1970年有60000人（鉴于本节的主题及篇幅，缅甸天主教的情况不在此展开叙述）。除此之外影响较大的还有中国内地会（海外基督使团）、基督会、神召会等。浸礼会在缅甸的传教可以追溯到19世纪30年代的Eugenio Kincaid，经历了1837年至1876年的初始期，1877年至1885年艰难的教会“播种”期，1886至1911年的根植期，1911年至1941年的快速成长期，1942年至1945年的混沌与离散期，1946年至1962年的成熟期。在1963年，克钦浸礼会（主要包括位于克钦邦、掸邦等地的克钦人浸礼会——笔者注）不论在数量、领导者的能力，还是教育培训，以及传教成绩上来说都处于一个鼎盛的时期，拥有38123个成员教会（教堂），信徒人数达到13万人，相当于当时四分之一的克钦族（包括景颇及其他所有克钦“支系”民族）人口，基督教徒（包括新教徒和天主教徒）人口占整个克

---

① 陈真波：《基督教在缅甸的传播及其对缅甸民族关系的影响》，载于《世界民族》2009年第3期。

钦系族群人口的40%，仍然有25万克钦人口为非基督教徒。在1963年至1972年的政治动乱时期，克钦浸礼会信教人口仍在不断增加。至1971年，包括八莫、密支那、掸邦、卡库等地克钦浸礼会领受圣餐人数从1947年的15628人，1962年的35457人增加到1971年的50956人。1972年以后至今，缅甸北部基督教进入了稳步发展时期（参见图1－26）。①

图1－26　浸礼会景颇基督教堂

20世纪20年代初期，英国浸礼会曾在缅甸昔董开办教会学校。当时有腾冲傈僳族约伯、汪当等人被教会送往昔董学《圣经》。大约在1927—1928年间，约伯、注当等三人被教会派到泸水、碧江来传播基

① Herman G. Tegenfeldt：A Century of Growth：The Kachin Baptist Church（《一个世纪的成长：克钦浸礼会》），Published by the William Carey Library，533 Hermosa Street，South Pasadena，Calif. 91030，1974，pp. 77—265. 资料来源：（浸礼会）克钦神学院（KTC）。

督，其中一人在双米底（今属福贡县上帕镇双米底村委会）因患疟疾而死。浸礼会在北部地区的日旺人中也有很大的影响。第一位抵达日旺地区的传教士是 Saya Gyi Rev. Geis，他 1926 年到达缅北克钦邦葡萄（Putao，原称 Gam Di Dum，汉语常写作“坎底”）一带，1930 年 11 月与 Dudrow 一起到达 Nog Mung（也写作 Nog Mong）传教。1941 年 2 月，召开浸礼会会议在 Machan Baw 召开，妈妈 L. P. Bonney 小姐出席了会议。1954 年 12 月，Rev. G. H Tegenfeldt 抵达葡萄并参加了会议，后又到葡萄教授圣经课程。1960 年 3 月，在葡萄举办圣经培训课程，Sayagyi Grider 和 Sayagyi Hackett 陪同抵达。1948 年 4 月，克钦浸礼会在密支那 Mang Hkhring 集会，Saya Sarep Hkhen 被按立为第一位日旺浸礼会牧师，1949 年 3 月后被派往 Nog Mung 地区，建立了 Nog Mung 教会。至 1975 年，在该地区一共有 11 间教会（堂），包括 285 个家庭 967 人受洗，1097 人待受洗，一共有 2064 位信徒，9 名牧师 22 名执事……1966 年 1 月 28 日，葡萄地区教堂联合会成立。至 1992 年，葡萄地区浸礼会统计数字：共有教堂（会）9 间，按立牧师 17 人，教长 31 人（6 人为女性），受洗信徒人数 2933 人，未受洗信徒人数 3817，共 6750 人。（66 页）在 Nog Mung 地区，1917 年 U Zar Hta Phong 为密支那的政府官员，他首先听到福音，1924 年辞去公职并回到家乡 Nog Mung 传讲福音，1925 到密支那受洗。至 1992 年，Nog Mong 有按立牧师 1 人，执事及信徒 200 人。①

三　基督会/美国滇藏基督教会/缅甸基督教传教会（Church of Christ/Yunnan and Tibetan Christian Mission/North Burma Christian Mission Committee）

美国传教士贾斯汀·拉塞尔·莫尔斯（ Justin Russell Morse）从美国菲力普大学圣经学院毕业后加入美国“联合基督教会中华传教会”

① Ka Ru La Ring：A Short History of the Mission to the Rawangs，Myanmar Institute of Theology（《日旺基督教传教简史》）（神学学士学位部分成果），Seminary Hill，Insein，March of 1993. pp. 66，78.

(一般称“基督会”), 1921 年被派往中国传教。随莫尔斯（J. Russell Morse）和格特鲁德·莫尔斯（Gertrude Morse）夫妇一同前往中国的还有他们的才 3 个月大的儿子尤金·莫尔斯（Eugene Morse）。莫尔斯夫妇首先在西康巴塘传教，1925 年前后因遭到当地人反对而经维西逃到贡山茨开。1926 年莫尔斯脱离“联合基督教会中华传教会”而成立滇藏基督教会（Yunnan and Tibetan Christian Mission)。1927 年由于政治原因逃往缅甸，由闪当保长路以初（怒族）做向导，经厚普、茂当之缅甸的坎底（Gum Di Dum，即葡萄)，后辗转至密支那。1931 年重返中国传教，首先到达维西，后再次到贡山腊早传教，并于 1936 年开始在贡山丹当修建教堂。1943 年 5 月该教会派波洛、比念美到独龙江木刻嘎、迪九龙、德襄岗等地传教。1945 年，波洛、纳达尼到独龙江传教，又至缅甸嘎马底与英国人联系。他们在独龙江的传教取得了一些成效。在贡山，当时的云南省政府民政厅委派贡山官员杨绍息与美国传教士签订了租借地基三十年的契约。美国传教士通过维西傈僳族教徒耶则帕到腊早、普克勒等地传教，以普克勒和组达等地为中心先后建立了十二个简陋的基督教堂。直到 1951 年被驱逐出境（参见图 1－27)。①②③

缅甸基督会 1970 年信众人数估计达 60000 人。基督会在缅甸的传教主要来源于莫尔斯（J. Russell Morse）家族。莫尔斯家族 1927 年从中国抵达缅甸的 Nog Mong 乡，为扩大传教成果而迁往葡萄，后从葡萄辗转到了密支那，所经地区主要是日旺人（含日旺、阿侬等诸多氏族）居住地区，这些地区的首批基督教徒都是在克伦、景颇传教士进行传教后皈依的。在缅甸，莫尔斯鼓励傈僳基督徒在从萨尔温江（怒江）迁往伊洛瓦底江一带的本族人中传教。1933—1934 年，传教范围有所扩大。他们开始在 Kaung Lang Hpo 乡的 Nyi Ba Dee，Shing Ban，Wa

① 《民族问题五种丛书》云南省编辑委员会编：《怒族社会历史调查》，云南人民出版社 1982 年 10 月版，第 117 页。

② 伊利亚口述，董国华翻译，洪俊记录整理：《基督教在贡山的传播》，载于《怒江文史资料选辑（第一至二十辑摘编)》，德宏州民族出版社 1994 年版，第 1104 页。

③ Angela Morse（安吉拉·莫尔斯）：North Burma Christian Mission（《缅北基督教传教会》)，载于 http://www.testifymag.com/index.php? option=com_content&view=section&layout=blog&id=6&Itemid=35（2011 年 11 月）.

图 1-27　基督会日旺教堂（密支那）

Khang，Sink Watung，Tari Wang Kong，Khaw Bu De，Kong Ri 等村传教。大批日旺和傈僳人皈依了基督教。还有 Nog Mong 区 Tazulong 和 Tarunglong 村的日旺人也皈依了。1933 年，第一次基督教圣会在沿恩梅开江上游的村寨举行。1940 年以前，在这一同一区域就有达鲁日旺人信徒。1943 年，莫尔斯家族及其他传教士扩大其传教工作，工作主要包括在已有的教堂（会）的服务。1943 年，莫尔斯的三个儿子一行十多二十人翻过高黎贡山隘口进入缅甸北部以支持那里基督徒的活动。他们后来到达葡萄，又至印度与盟军长官会面，讨论有关缅北——萨尔温江地区的情况。第二次世界大战后的 1945 年，罗伯特·莫尔斯（Robert. H. Morse）及其他传教士抵达缅甸，1948 年 Dorothy Sterling 小姐开始了在 Tariwang Kong 村的传教工作；1949 年 8 月，罗伯特·莫尔斯（R. H. Morse）和 Jane Kinnet、David 和 Ditte Morse 抵达并在 Tariwang Kong 村开展传教工作——他们从中国经 Magu Htee 上面的隘口，穿过 Khaw Bu

De 乡的 Nyi Ba Dee 村进入。1949 年共产党在中国取得政权后，莫尔斯家庭连同其他宣教同工一起撤至缅甸。1950 年 4 月，尤金·莫尔斯（Eugene Morse）和母亲从仰光抵达葡萄并在 Mula Dee 村落脚。同年 6 月，拉维恩·莫尔斯（Laverne Morse）和 Mel Byers 从中国经 Magu Htee 山隘口进入并和其他先到的传教士一起工作。1951 年贾斯汀·拉塞尔·莫尔斯（J. R. Morse）被中国政府驱逐出境，他在昆明被关押 15 个月后获释，1953 年，他经仰光到达葡萄。不久，传教士们分散到 Nog Mung 和葡萄等村落居住和工作。有的回国了，有的被留下来继续传教工作，他们是：贾斯汀·拉塞尔·莫尔斯（Justin Russell Morse）夫妇、尤金·莫尔斯夫妇、罗伯特·莫尔斯夫妇、拉维恩（LaVerne）·莫尔斯夫妇、鲁思·玛格丽特·莫尔斯（Ruth Magret Morse）夫妇，他们在进行“灵魂救赎”的同时，也开展其他能力提升的工作，特别是在农业、教育、医疗卫生、社区福利、短期圣经培训和外出传教等方面。罗伯特·莫尔斯（Robert H. Morse）在日旺人的协助下以罗马字母为基础设计日旺字母。同一时间，萨尔温江（怒江）各地均发生了大批傈傈人逃离的情况。1950 年，葡萄附近建起了一个基督教传教中心，主要在傈傈和日旺人中进行多种方式的传教活动。这些活动包括使用拖拉机开荒，为来自中国的逃亡者提供土地、开发果园、分发药品等。为克钦日旺人开发拼音文字，编写印刷基督教文献，包括大部分的新约圣经章节等，都是传教的非常有效的方法。圣经短训班每年都举办。为满足长期教育的需要，村寨学校计划在 1957 年展开，最多的时候培训人数达 3000 人。

在政府力量控制的所有地区，1965—1966 年缅甸革命政府推行的学校国有化运动波及所有的差会。迫于缅政府要求所有外籍传教士撤离的压力，基督会传教士们于 1965 年 12 月 21 日成立了“缅北基督教传教委员会（North Burma Christian Mission Committee）”并将所有教会事务都移交给民族领袖，自此所有的传教工作都由新成立的委员会执行。基督会在缅甸的名称被确定为“缅甸基督会”（Church of Christ—Burma），事实上这一名称早在 1933 年就存在了。然后，他们开办了圣经学校培训新领导人以继续福音工作。该会的工作任务包括：①跨文化传教：例如在那加山区（Naga Hill）传教，1960 年开始在 Nam Yon 乡开始了在那加人中的传教活动，现已有 24 名那加教牧人员和 2000 名信徒；1964 年开始在密支那区 Lachik、Ngow Chang 人中传教，现有 3 位教牧人员；1970 年开始在仰光一带传教，1978 年在钦邦传教，1972 年在掸邦传教，1981 年在 Kawlin 区的 Wun Thu 传教……②教育培训方面，有葡萄——基督教圣经学校（Tuk Dang 村），Pyin Oo Lwin 圣经学院（Nawng Khan Gyi 村），短期培训及敬拜活动等。同时还着手翻译日旺各氏族方言的圣经及赞美诗歌并推广使用。至 1988 年，地方教堂（会）119 个，教牧人员 162 人（含 27 人女性），信徒 22825 人。[①] 与此同时，基督会（后成立缅北基督教传教会）6 位美国传教士，连同他们的孩子和大批的基督徒逃亡到缅印边境非政府控制地区，他们遵从官方的命令计划从陆路徒步翻越喜马拉雅山穿越印度出境，但印度也不允许他们这样做。他们进退两难，只好在边境一带的丛林中修建房屋，并在那里生活了 6 年。尤金·莫尔斯（Eugene）和海伦（Helen）·莫尔斯夫妇在此期间写了一本书记录了这一时期惊心动魄的经历，书名为 *Exodus to a Hidden Valley*（《秘谷逃亡》）。尤金的儿子汤姆在“秘谷”中度过了从 14 岁到 21 岁的时光。直到 1972 年，莫尔斯家族为缅甸政府羁押并被驱逐出境，从而结束“秘谷”生涯，回到美国作了 9 个月的短暂休假之后，他们又来到泰国并开始了在那里的工作，他们的工作仍然与缅甸和中国有关。[②]

同一时期，东南亚福音传道会（South East Asia Evangelizing Mission）在莫尔斯最小的儿子拉维恩·莫尔斯（R. LaVerne More）的努力下成立。拉维恩（LaVerne）1964 年回到美国。1968 年初，由缅北基督教传教会制作的傈僳语广播从位于菲律宾的远东广播公司向缅甸北部地区播送。此后，缅北基督教传教会开展了一系列福音事工活动，如领导能力训练、扫盲与文化教育、中心寄宿学校，此外还创办了一些村寨学

---

① Ka Ru La Ring: A Short History of the Mission to the Rawangs, Myanmar Institute of Theology（《日旺基督教传教简史》）（神学学士学位部分成果），Seminary Hill, Insein, March of 1993. pp. 80.

② 安吉拉 莫尔斯（Angela Morse）：North Burma Christian Mission（《缅北基督教传教会》），载于 http://www.testifymag.com/index.php?option=com_content&view=section&layout=blog&id=6&Itemid=35.

校，开展医疗及农业技能提升培训等等。根据拉维恩·莫尔斯（R. La-Verne More）的估算，1945—1972 年之间领受圣餐（受洗）的傈僳、日旺信徒人数为：1945 年 2000 人，1950 年 10000 人，1960 年 15000 人，1970 年 28000 人，1972 年 30000 人。总体上，基督会与浸礼会的关系不算特别紧密，但有所往来。属浸礼会的日旺人曾特别感激基督会在减少日旺语言流失、书写文字的创制和几乎所有新约圣经翻译等方面的贡献，这些工作大多是在罗伯特·莫尔斯（Robert H. Morse）手上完成的。①

四 神召会（The Assembly of God，AG）

神召会为“五旬节派”教会之一。于民国 18 年传入兰坪，民国 19 年（又说 25 年）在金顶盖起了 1 所教堂，但教徒不多。民国 19 年（又说 20 年）至 21 年传到福贡，经昆明杨雨楼（Paul Young）夫妇的多方努力，教徒逐渐增多。主要传教士有杨雨楼和马道民（J. Cliford Morrisons）。神召会主要分布在兰坪县的金顶区和福贡县的上帕、鹿马登、利沙底地区（参见图 1 – 28）。②

汉族助手杨雨楼 1929 年首进怒江之后，1930 年神召会牧师美籍加拿大人马道民携妻室儿女及翻译胆吾从维西徒步到达福贡上帕传教。最先入教的是上帕村的肯阿念、恒扒念两兄弟和古泉村的扒阿正的家奴肯阿妹、此阿妹两兄弟。肯阿念、此阿妹后来分别担任密执扒和马扒。1932 年，英国富能仁牧师带来傈僳文活字版，在福贡印刷，1934 年离开福贡，经过腾冲出境至缅甸。1935 年 6 月离开福贡经香港回国。1936 年秋再到福贡，一月后离开出境。1938 年 11 月马道民一家六口再返福贡，带来了一个家庭教师（美国人盖尔文女士）和七个外国传教士：加拿大人王牧师夫妇，美国女牧师韶德音，英国女牧师任菁华、默

① Herman G. Tegenfeldt：A Century of Growth：The Kachin Baptist Church（《一个世纪的成长：克钦浸礼会》），Published by the William Carey Library，533 Hermosa Street，South Pasadena，Calif. 91030，1974，pp. 284—286.

② 张兴洪、张慧星：《云南怒江傈僳族基督教信仰调查》，载于《西南民族学院学报》（哲学社会科学版）1989 年第 3 期。

图 1－28　神召会傈僳基督教堂（昔董）

定理，美国女青年教士阿杜（称“阿杜妈妈”或“妈妈阿杜”），阿恰（称“阿恰妈妈”）。1939 年冬，阿杜、阿恰在古泉教堂一年后转至里吾底，1943 年 4 月马道民一家及其他传教士离开福贡前往兰坪，1948 年 9 月马道民一人返回福贡，后迁往俅江的迷赖呆，在境外指挥教会活动，1949 年 11 月，福贡最后一个传教士王杨美丽（上述王牧师之妻）经福贡上帕区古泉村翻越高黎贡山出境，到俅江拉波。①

1930 年至 1947 年间，上帕一带基督教徒发展达 6000 人，地方教牧人员 35 人，在腊竹底、达普洛、施底等地建起了 17 座可容百余人至千人的教堂。其间，杨雨楼在古泉一带传教。1948 年，马道民将地方教会负责人，腊乌依夸底傈僳族人纳它尼接到缅甸，创办了基督教培训

① 李道生：《福贡基督教情况调查》，载于《怒江文史资料选辑（第一至二十辑摘编）》，德宏州民族出版社 1994 年版，第 1078—1091 页。

中心。[①]

教会组织机构包括：

牧师：较大区域（县级）神召会总头目，在教民中具有很高声望，有权处理该区域内的重大宗教事宜；

马扒：巡回于各村寨间，专门从事传经播道的神职人员，除传教外负责吸收新信徒；

密鲁扒：一个较小区域内（如区一级）的教会总管，负责处理该区宗教事务；

密执扒：各村教堂管事，负责该村宗教事宜，如收管奉献款，主持婚礼，调节纠纷等。

此外，瑞典牧师余文生（Edwenson）也曾来怒江建立神召会。

缅甸神召会。1970 年团体约 40000 人。神召会进入克钦地区与基督会大致相同。马道民家族 20 世纪 20 年代在萨尔温江傈僳族中传教。他们和莫尔斯一样，1927 年同期迁至葡萄和密支那。20 世纪 30 年代，在中缅边境一带传教。在恩梅开江上游的 Kawnglanghpu 一带，首先在傈僳人中，后在日旺人中传教。第二次世界大战中，马道民撤离至印度，1944 年待了 3 个月，任美国陆军在 Hukawng 峡谷的难民事务工作人员。1947 年，马道民度假归来，决定通过在缅甸北部建立传教站的方式加强传教工作。随后在葡萄盆地建立总部。1949 年至 1950 年间，同夫人及其女儿 Geraldine 不仅加强了传福音的工作和圣经开办短训班，而且开办了一所寄宿学校。马道民 1961 年退休，其夫人继续他的工作，直到 1965 年回到美国。由于傈僳人和日旺人的持续迁徙，不少神召会信徒也到达密支那平地。1966 年神召会在密支那北部 5 英里的地方开办了一所圣经学校。有关克钦神召会的数据未能获知，但据 1971 年的报告，在全缅，主要包括仰光，以及抹谷（Mogok）一带，大约有 14644 名活跃的成年成员。[②]

---

① 《民族问题五种丛书》云南省编辑委员会编：《怒族社会历史调查》，云南人民出版社 1982 年 10 月版，第 117、118 页。

② Herman G. Tegenfeldt：A Century of Growth：The Kachin Baptist Church（《一个世纪的成长：克钦浸礼会》），Published by the William Carey Library，533 Hermosa Street，South Pasadena，Calif. 91030，1974，p. 286.

日旺神召会。1931 年 7 月，传教士马道民（Rev. J. G. Morrison）派杨雨楼（Paul Young）前往日旺人中传播福音。他首先经 Mago Htee Chet 到达 Khaw Bu Dei 的 Zi Thang，再从该村到 Mang Sar、Nang Saing 和 Ma Rang Dong 村传教。1931 年，在杨雨楼的努力下，Maran Dong 村的 U Ma Ruing Tong Yong（或 Ah Gay Me Hah）接受了福音，成为第一个接受福音的日旺唐塞部人（Thang Sar Rawang）。至 1993 年，神召会的日旺信徒达 15000 人，有 43 名按立神职人员，40 名（无牧师资格）传道员（Licentiate Minister）和 30 名讲道人（Exhorter Minister）。[①]

五　中国内地会/海外基督使团（China Inland Mission，CIM/the Overseas Missionary Fellowship，OMF International）

中国内地会为英国传教士戴德生（Dr. James Hudson Taylor，也称郭实腊）于 1865 年创办，其前身为戴德生本人 1857 年在宁波成立的“宁波差会”，1964 年以后更名为海外基督使团。内地会在中国的传教活动遍及全国，1949 年以前是怒江地区势力及影响最大，信徒人数最多的基督教会组织，主要在怒江泸水、原碧江两县传教。1913 年，龙陵（县）木登坡派教会派人到泸水作试探性传教，拉开了内地会在怒江传教的序幕。1913 年傅能仁（Dr. James Outram Fraser，信徒称 A－YI－S，即“三哥”）到盈江传教。同年，英国传教士麦克西所主持的缅甸八莫基督教会曾派遣一位名叫巴拖（Rev. Bathow，有的文献写作“巴托”、“巴叔”等）的克仑族青年传教士来到腾冲传教，后到泸水、碧江一带传教，这是基督教传入怒江之始。1919 年英国牧师傅能仁（J. O. Fraser）由上海至仰光，经八莫进入腾冲传教，然后到达泸水、碧江一带，并在泸水双奎底村建立基督教内地会。在 1920、1925 年间，傅能仁和他的助手摩西（龙陵县傈僳族）与巴拖合作创制了拉丁化的傈僳文，并翻译了傈僳文《圣经》、《赞美诗》等，其中 1921、1932 年

① Ka Ru La Ring: A Short History of the Mission to the Rawangs, Myanmar Institute of Theology（《日旺基督教传教简史》）（神学学士学位部分成果），Seminary Hill, Insein, March of 1993. pp. 86—88.

间共出版《圣经》单卷本 4 种，1938 年出版《新约全书》译本，1950 年又出版了《新约附诗篇》一部，至今广为流传。其助手摩西后来在（原）碧江（县）里吾底去世。此后，还有三个外国传教士先后病死在里吾底，一是美国牧师杨思惠的妻子阿兹达，二是英国女牧师阿杜妈妈，三是英国牧师阿且马扒（参见图 1 - 29）。[①]

图 1 - 29　克钦邦傈僳基督教会（密支那）

1930 年，内地会派美国牧师杨思慧（A. B. Cooke，信徒称 A - YI - T，即“大哥”）来到泸水、碧江一带传教。杨思慧操流利的傈僳语、拉祜语及汉语，曾用傈僳文大量印制《圣经》和《赞美诗》，在傈僳族中广为散发。[②] 截至 1950 年，以内地会为主的各教会在怒江建立大小

---

① 《傈僳族简史》编写组编：《傈僳族简史》，云南人民出版社 1983 年 10 月版，第 66、67 页。

② 肖耀辉、刘鼎寅著：《云南基督教史》，云南大学出版社 2007 年 11 月版，第 172 页。

教堂及布道所300余座，发展信徒5万人（含怒族6000人）。

内地会大约在1920年传入怒族怒苏人聚居的老姆登村后得到了较快的传播，1949年时已有约三分之二的村民信仰基督教。基督教的传入使得传统的怒苏社会发生了较快的社会文化变迁。“同教相亲”改善了族群关系，以宗教信仰来划分重新整合了怒苏人以血缘为主的社会关系，使得原有社会结构发生了改变；“不准跳民族舞、唱山歌”改变了传统怒苏社会的社交方式，而将进教堂、唱“赞美诗”变为社会生活中主要内容之一；“不准讲述祖先历史传说”的禁令使得没有文字、仅靠口述代代相传历史的老姆登村丧失了许多本民族历史方面的经验；信仰基督教后影响了传统怒苏社会基于万物有灵的鬼神观念，杀牲祭鬼的现象不但在教徒中绝迹，就是在不信教的怒苏中也越来越少。基督教牧师基督教禁止教徒近亲婚配，要求五代内不得通婚。教导信众“同教者亲”——不论什么民族，只要是信仰上帝，大家都是兄弟姊妹。以信仰来团结异族的作法，改变了老姆登怒苏的传统以血缘关系、地缘关系为基础的社会结构，传统的怒苏社会发生了较快的社会文化变迁。基督教会还规定教徒不允许与非教徒结婚，教徒间通婚自由，不准收受财礼①。不收财礼的做法吸引了许多青年男女入教。

1930年，上海内地会派牧师，英籍加拿大人杨志英（Rev. John Kuhn，信徒称A－YI－D－M，即“最大的大哥”）及其妻伊莎白尔来大理主持内地会务，1932年杨志英夫妇来到泸水麻栗坪传教，于1948年又迁至泸水称嘎村。杨志英是当时在怒江外国传教士中职务最大的一个，能操流利的傈僳语及汉语。杨于1940—1949年曾担任内地会滇西教区的监督，在昆明、保山、大理、洱源等地都设有内地会教堂，经常来往于上述各地，并制定了一套严格的教规教法，规定教徒不能与非教徒结婚，不许教徒唱本民族的歌，跳本民族的舞，教徒不能信鬼神，不能杀牲祭也不能吸烟喝酒；不能祭祀祖先，又强迫傈僳族教徒尊称他为“阿益大马”。1942年抗日战争时期，国民党十一集

① 过去本地区的结婚时所需彩礼较多，一般少则需3—4头牛多则8—10头，甚至出现让下一代来偿还彩礼的。

团军总司令宋希濂曾建立福（贡）、碧（江）、泸（水）、练（地）自卫支队，委任杨志英为顾问。杨1950年底被我公安部门押解至保山，1951年驱逐出境。

1949年中华人民共和国成立次年，特别是1951年三自爱国运动开始及“三自宣言”发表以后，中国内地会事工人员开始撤离，1953年9月21日撤离完毕。所有传教士重新部署在东亚地区。1951年11月，在新加坡建立新总部，机构名称也改为“中国内地会海外基督使团”（The China Inland Mission Overseas Missionary Fellowship）。1964年，中国内地会更名为海外基督使团（Overseas Missionary Fellowship, O. M. F）。1975年9月21日，海外基督使团 和婆罗州福音使命团（Borneo Evangelical Mission，BEM）合并工作；1980年1月1日，教会有了新的发展，2006年9月21日，Patrick Fung 担任亚洲中心主任，至2010年9月21日，拥有来自30多个东亚国家和地区的1300个会员。①

内地会进入缅甸的标志时间是1875年，虽然此前数年时间里内地会没有传教士在缅甸居住。但是直到1915年内地会变卖了他们在八莫的资产之前，一直都在开展活动。寄希望于八莫成为进入中国云南的“后门”，约翰 W. 史蒂文生（John W. Stevenson）和亨利·索托（Henry Soltau）于1875年上半年抵达仰光。约翰此前曾有9年在中国的经历，而亨利则是新招募的传教士。出于长期待在八莫和云南的愿望，一名为Rose的教士同意与他们同往。他们经曼德勒王室的许可在八莫居住并最终于1875年10月3日抵达八莫。他们在云南发现当时的情况根本无法进入中国腹地，出于安全考虑，他们返回八莫，主要在当地华人中传教。富能仁投入内地会在缅甸的工作始于1911年，此后他和克伦传教士巴拖（Ba Thaw）在傈僳人中的活动成为传教史上的成功范例。1913年，巴拖翻山越岭进入中国的傈僳村寨，辗转抵达腾越（今腾冲县），协助富能仁为傈僳人创制拼音文字，以翻译马可福音。1914年早些时候，Geis、巴拖和五位傈族基督教徒翻山进入中国，与富能仁汇合，经片马隘口穿梭于瑞丽与怒江一带的“花”傈僳和“黑”

① 资料来源：海外基督使团（Overseas Missionary Fellowship，OMF）官方网站：http://www.omf.org/omf/home/about_ omf/a_ history_ of_ james_ hudson_ taylor_ cim_ and_ omf）.

傈僳之间。与景颇教会创办乡村学校的方式不同，内地会没有创办小学，直到第二次世界大战以后进入缅甸的神召会、基督会传教士建立了一些中心寄宿学校和村寨学校，主要用于培养未来的教会领袖而非一般性的传福音活动。传教过程中，乡村合唱团和短训班是比较有效的方式。[①] 目前，海外基督使团在缅甸主要针对傈僳族或傈僳语系教会的活动，有位于腊戍的缅甸傈僳基督教会（Lisu Christian Church of Myanmar，傈僳族文写作 LO－MI Mꓵ LI－SU ꓘO ZI ꓞO，缩写为 LLꓘ），在克钦邦设有克钦邦傈僳基督教会（Kachin State Lisu Christian Church，傈僳族文写作ꓛO Mꓵ LI－SU ꓘO ZI ꓞO，缩写为ꓛLꓞ），由余大卫（David Fish）负责，位于密支那的雷贡区（Lay Gone），内设总部办公室，一座教堂（缅甸傈僳基督教会），一座孤儿院，O. M. F 福音堂、富能仁培训中心、富能仁纪念馆等。

位于缅甸克钦邦密支那雷贡区（No. 465，Lay Gone，Myitkyina，Kachin State，Myanmar）的克钦邦傈僳基督教会（Kachin State Lisu Christian Church）（属于海外基督使团，O. M. F）对傈僳传教史作了如下记录（摘录）：

英国卫理公会传教士 Dr. James Hudson Taylor（戴德生），中国内地会（China Inland Mission）/海外基督使团（Overseas Mission Fellowship，O. M. F international，1862）创始人。

Dr. James Outram Fraser（A－YI－S），即傅能仁博士，第一位傈僳传教士及基于罗马字母的通用（花）傈僳文创制者（英国圣公会）。其主持编撰的傈僳语手册由仰光的缅甸政府批准印刷（Myanmar G. B. P. O No. 421 Sec 9.（6）15. 7. 1922）。

Rev. John Kuhn（A－YI－D－M），即杨志英，美国教友会（Brethren Church）成员，1933—1962 年在缅甸工作。1965 年在傈僳、浪峨、喇期人中传教。

Rev. A. B Cooke（A－YI－T），即杨思慧，1929 年雨季开始参与傈僳

① Herman G. Tegenfeldt：A Century of Growth：The Kachin Baptist Church（《一个世纪的成长：克钦浸礼会》），Published by the William Carey Library，533 Hermosa Street，South Pasadena，Calif. 91030，1974，p. 282.

文《圣经》修订及注释工作，1929—1962 年间曾在云南和缅甸的浸礼会服事。

Rev. Crance（Khaw Ma Pha）1924 年在掸邦拉祜人中传教。

1963 年 4 月 13 日 Luke Wow 在外国传教士撤离后组织成立傈僳基督教会委员会。Luke Wow 1984 年去世。

Stuff Hanver Son（A - YI - LE）在云南进行农业及饲养技能培训。

Dr. Feztwilliam（LI：Ma Pha），傈僳传教士，第一个载瓦文牧师（1930 年）。

Rev. Payne（PI Ma Pha）于 1938 年 4 月 14 日第一次傈僳复活节，第一次傈僳圣诞节于 1917 年由富能仁在腾冲 Sa Tsa 举行，缅甸第一次傈僳圣诞节于 1920 年举行。

Mr. O. C Carson（A - YI - Wu）1950 年在缅甸密支那、索罗（县）傈僳和浪峨人中传教。

Miss Syvie Wart（A - Du Ma Ma）1943 年在云南路德村（今云南省怒江傈僳族自治州福贡县架科底乡里吾底村）组织主日学班（参见图1 - 30）……

图 1 - 30　克钦邦傈僳基督教会富能仁中心（密支那）

第五节　怒人基督教徒

据上述，目前在中国怒族的四个组成部分中，福贡阿侬、（原）碧江怒苏与周边傈僳族一样绝大多数信仰基督教，贡山阿怒的信教比例较低，而居住在缅甸北部的阿侬和怒苏几乎全民信仰基督教。从教派传统上看，福贡阿侬与福贡傈僳族主要属马道民主持的神召会，（原）碧江、泸水一带怒苏与同一区域的傈僳族主要属杨志英、富能仁、杨思慧主持的中国内地会，贡山阿侬与同区域傈僳族、独龙族基督徒主要归属莫尔斯家族主持的基督会（滇藏基督教会）。在缅甸北部，由于各差会主要传教的区域范围的划分特点，中国内地会的活动范围主要在克钦邦东部，即靠近中国滇西保山、德宏以及怒江南部的边境地区，主要覆盖傈僳（“花”傈僳、“黑”傈僳）、怒苏人，基督会主要在缅甸克钦邦北部，覆盖傈僳（以来自怒江的“黑”傈僳为主）、日旺各氏族和阿侬人，神召会在克钦北部和密支那一带均有，涉及傈僳、日旺等族。1950年以后，从滇西迁往缅甸的各少数民族其目的地也以缅北民族分布为特点，怒苏主要随碧江、泸水（县）傈僳族翻越高黎贡山逐步进入密支那周边及东部地区，基督教信仰也主要延续了中国内地会（海外基督使团 O. M. F）的传统；阿侬主要辗转到达克钦邦北部的葡萄等地，近十年间有部分南迁至密支那等城市居住，主要承袭莫尔斯家族主持的基督会传统以及后来组织成立缅北基督教传教会。中国 1950 年开展了以“自治、自养、自传”为原则的“三自”革新运动，教会组织不再受原教派或差会控制，完全由中国基督教三自爱国运动委员会、中国基督教协会及各地的“两会”组织管理。至此，中缅两边的基督教也不再有教派或差会传统的关联，但神学系统及信仰实践仍然保持相同的传统。以傈僳系教会来看，不论是中国怒江的傈僳教会（信徒包括傈僳族、怒族和部分独龙族）还是缅甸的傈僳教会（信徒来自傈僳、勒墨、阿侬、怒苏等族），均使用相同的神学经典，承袭相同的信仰传统，缅北傈僳浸信会、神召会、基督会也或海外基督使团，虽然在信仰传统上略有差异，但都使用相同的神学经典，即内地会传教士富能仁等基于

(花)傈僳方言创制的傈僳族文和傈僳文宗教经典(圣经、赞美诗歌)。密支那周边及接近中国边境的怒苏人使用与傈僳相同的神学系统,而克钦邦北部的阿侬也主要使用傈僳语神学系统,少数由于与日旺人杂居的原因而使用日旺神学系统。在此种背景下,缅北怒人在"失去"或没有获得国家承认的族群身份的情况下,社会文化上面临着进一步受同化的趋势:①社会生活习俗已经完全傈僳化或日旺化;②其语言也在随着使用地区通用语缅语、景颇语、傈僳而进一步流失;③尤其是对以傈僳语文为基础的神学系统的完全依赖使阿侬语、怒苏语走向濒危。较早迁居缅甸的人口较多的勒墨人[①]的实例使怒苏人震动很大。因此阿侬、怒苏精英已开始为避免"勒墨悲剧"而准备。在积极准备进行族群身份、社会文化重塑的同时,他们发现文字,特别是基于本族语言文字神学系统的构建不仅是阻止文化同化,保持族群特征的最有效的途径,同时也是最终通过申报和申诉获得族群身份的最重要最有效的方式。

一 怒人基督教会(教堂)

缅甸北部的克钦邦是缅甸基督教徒人口比例较高的地区(2000年全邦总人口122万,其中佛教徒占57.8%,基督教徒占36.4%[②]),其主体民族克钦族(族系)人口最多的宗教信仰是基督教(1973年,克钦族基督教徒人口占70.7%[③],又据估计,目前克钦邦有基督教新教徒70万—80万人,20万—30万天主教徒),其六个"支系"民族(景

① 勒墨人自称"巴尼","勒墨"为傈僳语称。勒墨人在中国民族识别中被确认为白族,在中国主要分布在怒江地区的兰坪县和泸水县,人口12356人(2004年)。根据缅甸勒墨人以傈僳族文记录的关于"勒墨人的迁徙"的小册子,勒墨人在约800年前从今怒江州泸水县洛本卓乡金满村一带迁居缅甸。据旅缅勒墨人开干益估算,缅甸的勒墨人口7000—8000人,分布在抹谷、密支那等地,大多信仰基督教,现已完全失去勒墨语及文化传统,生活习俗与傈僳相同,使用傈僳语及傈僳语文神学经典和信仰传统,勒墨人在缅甸一般被视为傈僳族的一部分,在民族身份上也被标注为傈僳。缅甸的勒墨精英们一直在进行族群社会文化传统及身份的恢复、勒墨(巴尼)文字的创制和巴尼语恢复的努力。

② 贺圣达、李晨阳编著:《列国志:缅甸》,社会科学文献出版社2009年7月第2版,第76页。

③ 同上书,第98页。

颇、载瓦、喇期、浪峨、傈僳、日旺）均拥有独立的语言（方言）和对应的书写系统、神学系统和教会系统（包括浸礼会、神召会、基督会、海外基督使团等多种宗教派别或差会传统的组织）、神学教育机构和民族文化委员会。克钦邦基督教堂林立，其属性可从教派和民族来进行归类。以缅甸“怒人”为中心来看，与之关系最为密切的基督教组织有傈僳、日旺等民族系统的基督教教会团体，其中又与傈僳族系教会关系最为密切。日旺族基督教会以克钦邦北部的葡萄（县）为中心，后在密支那建有基督教堂和圣经培训中心，部分阿依人①参加日旺（基督会）教会的礼拜，但大多参加傈僳（基督会）教会活动，其精英多毕业于傈僳基督教神学院并在傈僳教会服事，怒苏人主要参加傈僳教会活动，其精英也多为傈僳基督会领袖，包括海外基督使团、神召会、基督会等教派。

傈僳基督教堂（会）按村落分布和信众人口数布局，一片聚居区一般会有一座历史悠久，规模较大的中心教堂，附近有若干较小的教堂。在密支那周边地区，年代久远且建筑规模较大的土木结构教堂多为浸礼会教堂，而属基督会、神召会或 O. M. F 的教堂规模都比较小，主要为竹木结构的简易教堂。随着信徒人数增加而一座教堂容纳不下，教堂则可自然分裂，在适当的地方建盖教堂，一般与原来教堂属于同一教派，关系密切，甚至在一定时间内受原教堂（会）的管理。如果是出于领导人之间的矛盾，或部分领导人要求改变教堂的宗派属性，则可发生教堂（教会）分裂。克钦邦北部葡萄等地的傈僳、日旺教会分属浸礼会、神召会和基督会，阿依人主要参加属基督会的傈僳教会或日旺教会。在有阿依人居住的 24 个村落中，只有 Khinphang（肯旁）村为阿依的完全聚居区，村中建有唯一的一座真正意义上的阿依教堂，教堂除按传统使用傈僳文圣经、赞美诗歌等神学资料，使用傈僳语布道外，自 20 世纪 80 年代以来逐步试用阿依语讲道，使用阿依文神学资料，定期举办阿依文培训班。阿依文字与文化委员会也设在这里。与此同时，大

---

① 由于杂居等原因，阿依与日旺、傈僳在村落中的族群界限有时呈模糊化，一些人对自己的族属并不明确，因而阿依人口数可能随着其文字的推广，神学系统的完善，群体吸引力的增强而增加。

部分阿依基督教会教牧人员仍然在傈僳、日旺教堂（会）服事。约十年前由葡萄迁居密支那的阿侬牧师 Johnathon、Wann Phone 等均毕业美国的神学院和傈僳神学院，前者在密支那西郊的一所多语种神学院（Berea Bible School）教授圣经，后者在密支那北郊主持一所傈僳教堂（Rada [A] Church of Christ）的活动。密支那需真（Shwe Zet）区怒苏人聚居的村落（需真区第八村）周边有 4 座教堂，①规模最大的有傈僳浸礼会以马内利教堂（Li Su Baptist Immanuel Church）[①] 主要服务需真第十一、十二、十四村村民，其民族构成主要是傈僳族，如果有外地的知名牧师来讲道，除了其主要委身的固定信徒外，其他周边教堂（会）的傈僳、勒墨、怒苏等也会前来听道（参见图 1－31）。②在北

图 1－31　Rada 依—傈僳基督教堂（密支那）

① 该教堂纪念碑碑文字显示，浸礼会 1932 年即在此开始传教活动，1948 年称密支那需真村谷莫傈僳浸礼会教堂（Khu Moo Li Su Baptist Church, Shwe Zet, Myitkyina），1978 年命名为密支那谷莫傈僳浸礼会以马内利教堂（Li Su Baptist Immanuel Church, Khu Moo, Myitkyina）。

部江边平地上有建堂时间最早的中国内地会教堂谷莫基督教堂老教堂（已于20世纪70年代后改属浸礼会）（CE Kuo Moo Christian Church[①]），主要服务第八、九村村民，主体村民为勒墨人，也有少数杂居的傈僳，勒墨人都不会讲勒墨话，但明确地认同勒墨人，他们目前已基本完成创制并在试用勒墨文圣经和赞美诗歌，目前教堂主要使用傈僳语和傈僳文神学材料。谷莫基督教堂最初于1932年由中国内地会传教士英国籍加拿大人杨志英（John Khun）创办，位于距离曲普韦区（Chipwe district）区附近的一个傈僳族小村庄的山顶上，地名Kuo Moo。后来内地会传教士杨思慧（A. B. Cook）曾派傈僳族传道员前来支持Kuo Moo的传教工作，杨志英也曾到此为新皈依的信徒施洗。1948年，Kuo Moo教堂随其领导人马可一家整体搬迁到密支那一带，1950年在现地址建成谷莫教堂。后来，由于教会改宗的问题领导人之间分歧较大，教堂发生分裂，有的加入浸礼会，有的加入神召会，原教堂则改为谷莫（老）教堂（CE

图1-32　浸礼会以马内利基督教教堂（需真）

① 现教堂铭牌写作“CE Kuo Moo Hkristan Church”。

Kuo Moo Christian Church）（参见图 1－32）。③1994 年，部分傈僳和怒苏人在八村附近建立了“怒—傈僳族基督教会（教堂）”，主要服务需真区第八、九、十三个邻近的村落，民族成分主要包括傈僳和怒苏人，由于怒苏人中“老资格派”（路德派）和“少壮派”（O. M. F 派）在是否成立独立的怒苏基督教堂（会）的问题上发生分歧甚至冲突，部分怒苏人已从该教堂分裂，在其他地方聚会。怒苏人教会的冲突仍在继续。④在需真三村有一座神召会（AG）傈僳教堂——“密支那需真区缅甸神召会福音堂”（Evangel Church，Assembly of God of Myanmar，Shwe Zet，Myitkyina），主要服务对象为第三组村民，村民组成以傈僳为主，还有浪峨人（Lhaovo，傈僳人也统称为俅帕）、景颇、华人等。他们固定参加聚会的信徒有 90 人，但由于旱季许多人都离家出去谋生，如伐木、砍竹子编竹器、打猎等，几个月才回来一次，在礼拜天参加聚会的只有 20 来人。神召会牧师在各教堂间每 3 年轮换一次。上述四个教堂都用傈僳语布道，使用傈僳文圣经。怒苏人在唱傈僳赞美诗歌上存在一些困难，沙拉波说，怒苏人的傈僳语发音不准确，但怒苏马扒只用傈僳语布道——他们接受的是傈僳语神学院的教育（参见图 1－33）。

与星罗棋布的基督教教堂（会）相配套的教育机构是神学院或圣经学校。在克钦邦首府密支那，除了规模最大的著名的（浸礼会）克钦神学院外，其他民族或教派的神学院也非常多，而且数量呈上升趋势。靠近中国边境的缅甸北部地区傈僳系基督教神学院或圣经学校非常发达，1990 年代曾经是中国滇西傈僳族教牧人员的主要培训中心。当时由于中国怒江一带的傈僳神学教育正在恢复，众多傈僳、阿侬和怒苏传道员甚至徒步跋涉到这些地方受训，结业后返回家乡教堂服事。现由于怒江一带的基督教神学教育在“两会”的支持下得到了进一步规范和完善，到缅甸学习和受训的传导人已大大减少。需真八村附近有神学院（圣经学校）3 所，除了浪峨浸礼会圣经学院（Lhaovo Baptist Bible Seminary）属浪峨人（Lhaovo）的外，其余均属傈僳教会系统，包括（浸礼会）缅甸傈僳圣经学校 Lisu Bible School of Myanmar（Baptist），（基督会）傈僳基督教圣经学校 Lisu Christian Bible School（Church of Christ）。浪峨浸礼会圣经学院（Lhaovo Baptist Bible Seminary）成立于 2001 年，现主要工作是翻译浪峨文圣经。浪峨人 1970 年开始成立翻译

图 1－33　神召会福音堂（需真三村）

会，由于此前还没有西方传教士为之创制文字，浪峨人自己以罗马字为基础形成浪峨文字，翻译圣经及赞美诗歌，1989 年建立了 2 所浪峨教堂（会）。该神学院是唯一的一所浪峨圣经学校。学校现有 8 名老师，32 名学生，学生来自全国各地，均为浪峨人，教师中有 4 人毕业于本校。学生首先要学习浪峨文和文化课程，学习语言，如英语、缅甸语等。浪峨族全国人口 6 万人，但许多浪峨人已经不会讲浪峨语了，他们只会讲景颇、缅甸语，在景颇教堂参加活动。现在，新约圣经已经完成翻译并出版初稿，以供校对，2010 年 3 月完成全部圣经的翻译工作并进行进一步的校对工作。校长 Rev. Dr. Leim Khao 想将圣经带往中国进行传教，但尚不知以何种途径合适。需真区浸礼会傈僳族圣经学院1969年建立，现有学生40人，其中10人攻读CTH，其他在读LTH[①]，男生较多。据该校教师介绍，学校有全职教师4人，2男2女；兼职教师4人，3男1女，其中3人还在仰光学习。学生均由其所在教会（教堂）或家庭支持，每年交学费住宿费等27万元缅币（当时约合人民币2000元）。此外，学校为附近的教堂主持服事活动，每次均可获得一定的教堂捐赠（参见图1－34、图1－35）。

图1－34　浸礼会傈僳圣经学校（密支那需真区）

① 缅甸的基督教神学等级分：LTH（Licentiate of Theology，即神学传道员证，无牧师资格但准许传道的证书），CTH（certificate of theology，即神学培训证，即受过神学训练的证书），ITH（institute of theology，神学院结业证），BTH（Bachelor of Theology 神学学士学位），MDivinity（Master of Divinity，即神学专业硕士或传教硕士），MTH（Master of Theology，即神学硕士），DMinistry（专业博士学位，即传教博士），Phd.（哲学博士学位）等。

图1-35　浸礼会浪峨圣经学院（密支那需真区）

二　基督教化与傈僳化/日旺化的生活

缅甸较大的全国性基督教组织机构有缅甸天主教协会、缅甸基督教联合会、安息日派教会、缅甸基督教浸礼派总会等[①]，此外还有缅甸傈僳基督教会（属海外基督使团）、缅甸神召会、缅甸基督会/缅北基督教传教会等，各教派20世纪60年代中期以后与境外母会的联络曾一度中断，近年才重新建立了联系，对方可在信息交流、资料代购等方面提供帮助，但对缅甸境内的对应教堂（会）的管理、技术培训和资金支持方面多显得无能为力，事实上缅甸境内的基督教会也无法接受境外正

① 贺圣达、李晨阳编著：《列国志：缅甸)，社会科学文献出版社2009年7月版。第98页。

式的资助，之间的往来也缺乏正式的途径。克钦浸礼会、克钦神学院等这样较大规模的机构也宣称没有政府的拨款，因此教会几乎都处于自养自治的状态。各教堂（会）除具有教派归属特点外，许多教堂（会）为获得“官方”的身份而选择加入缅甸基督教协会。例如位于昔董坝的怒苏基督教堂（会）在2010年创办时候首先根据怒苏人在怒江的内地会传统加入缅甸傈僳族基督教会，间接地成为缅甸基督教联合会成员，因为缅甸傈僳基督教会是缅甸基督教协会的成员单位。

与中国怒江地区一样，缅甸阿依、怒苏人传统上主要参加傈僳（系）教会，虽可能分属不同的教派，如O. M. F或基督会（Church of Christ）等。对于教堂的选择，首先根据家庭归属教派，其次是地理位置因素，即距离家庭居住地的远近，然后是个人喜好。委身教会一旦确定，一般都比较固定，不轻易改变，虽然教会一般都没有明确的规定限制更改归属教堂（会）。委身教会同时意味着固定的“十一”奉献，即将家庭收入的1/10按期交给教会。这些奉献款主要用于教会活动、教牧人员生活补助、信徒救济等支出。参加傈僳（系）教会的阿依或怒苏人，不论是普通信徒还是教牧人员，傈僳、怒苏还是勒墨人，都能够使用傈僳语且主要以傈僳语为通用语言进行布道、交流，使用傈僳文圣经、赞美诗歌及其他材料。在一些阿依或怒苏人较多或针对有些信徒傈僳语程度较低的情况，讲道中也可用阿依或怒苏语进行讲解。教牧人员，不论来自傈僳，还是阿依、怒苏或勒墨人群体，主要接受傈僳语文神学教育并取得神学学位，如神学学士学位（BTH）等。

缅甸傈僳基督教堂（会）的组织机构与中国怒江地区教会基本一致，机构成员包括：

<u>密鲁扒（长老或会长）</u>：一个较小区域内（如区一级）的教会总管，负责处理该区宗教事务。在怒江地区，县两会之下设区、乡或镇密鲁扒，负责全乡所有教堂的行政事务，其下设村密鲁扒，村密鲁扒负责一个行政村范围内的多个教堂，每个教堂都设教堂密鲁扒，负责该教堂事务。由于缅甸国内的行政区划与中国不同，而且教堂（会）分属不同的教派或差会组织，密鲁扒主要在教派内按教区教会设置，由于各个教堂（会）之间的行政和经济依附关系不强，因而教堂（会）的自主权很大。

牧师：在怒江地区为较大区域（如县级）教会总头目，在教民中具有很高声望，有权处理该区域内的重大宗教事宜。目前怒江各县只有县级两会有按立牧师，担任两会主席或副主席等重要职位。缅甸北部由于基督教神学教育比较发达，许多地方（如克钦邦或密支那县等）傈僳教会都能够授予神学学士学位（BTH），具有牧师资质的教牧人员较多，几乎每个教堂都有专职牧师，其职责主要是传教、布道。在傈僳语中，牧师和传道员都使用同一个词汇“马扒”，但人们能容易分辨其不同的等级。

马扒（传道员）：巡回于各村寨间，专门从事传经播道的神职人员，同时负责吸收新信徒。怒江地区县两会下设乡（区或镇）马扒，其传教、讲道范围是某一指定乡镇内的所有教堂，村级马扒的传教、讲道范围是某一指定行政村内所有教堂，教堂马扒只能在指定的教堂讲道。马扒未经允许不能跨区域传教。缅甸也有类似的等级区分，马扒由教堂（教会）直接聘用，教堂拥有很高的自主权。

密执扒（执事）：这是一项工作具体的职位，指各村教堂管事，负责该村宗教事务，如收管奉献款，主持婚礼，调解纠纷等。缅甸傈僳族教会的每个教堂均设密执扒。

瓦胡扒（礼拜长）：负责一个村或一座教堂的礼拜事务，如日常聚会敬拜的日程安排，赞美诗歌，节日的活动安排等。缅甸傈僳族教会的每个教堂都设有瓦胡扒。

妈妈（妇女主任）：妈妈均为女性，主要负责教堂内妇女事务，如妇女发展、婚姻缔结、婚前辅导等。

教堂活动分节日活动和日常活动，与怒江一带的教堂传统相同。节日活动包括圣诞节、感恩节、复活节、元旦节等重大节日，内容包括唱诗、祷告、讲道、分享、分组（个人）节目表演、聚餐等；日常活动每个礼拜活动三天，即礼拜三晚上、礼拜六晚上和礼拜日全天（分三个阶段进行），内容有唱诗、布道、祷告等。

缅北傈僳系基督教会使用同样的傈僳文神学经典并以傈僳语为教堂（会）通用语言，不同教派的差异主要在于禁忌、活动安排和信仰活动的礼仪和方式。怒江傈僳教会，包括原基督会、神召会、内地会传统都有极其严格的禁止饮酒、抽烟和食用血制品、参加民间传统歌舞活动的规定，其中以禁止饮酒的教规最为突出。怒江地区的傈僳（系）教会至今仍严格保持这一传统。上述教派基督教堂（会）也遵循相同禁忌，但隶属浸礼会的教堂（会）对于上述禁忌并不严格，这与景颇浸礼会的特点相同。景颇浸礼会并不完全禁止饮酒和参加民间歌舞活动：一般只要不在宗教场合饮酒，不在进入教堂前饮酒，不醉酒即可，一些已经去除了涉及巫术等与基督教信仰相冲突的歌舞活动均可参加。以景颇人为例，已经祛除了“迷信”色彩的“木脑”活动已经成为克钦族系各族共同的盛大节日庆典，活动中适当饮用啤酒等低烈度酒也不受干涉。而一些承袭了中国傈僳基督教会传统的信徒则称无法接受这一现象。

在傈僳教会系统内，不论是傈僳、阿侬、怒苏还是勒墨人，由于大多熟练使用教会通用语傈僳语，在日常交往中并不存在族际障碍，而且由于这些在同一区域或村落生活的人都遵循村落通用习俗，傈僳的或日旺的。在婚姻关系上，傈僳、阿侬、怒苏、勒墨也或日旺间的交往和通婚不受族群身份的限制。一般说来，年轻人在教堂（会）交往十分频繁，如果有男青年喜欢对方，可先写信由介绍人（通常是教会的神职人员，如“妈妈”、密执扒等）转交女方（如果经教会审查“合格”），介绍人问男方父母是否同意去提亲，如果同意则准备前往。如果女方同意则回信表示，由女方介绍人转给男方，男方则请教会的介绍人（妈妈等人）代表前往去女方家，由男方准备一些礼物，如白糖、奶粉等。男方不一定去。如果女方父母同意则与介绍人一起商定结婚时间，婚礼一般在每年 1、2、3 月举行，避开农忙和炎热季节，也可在当地三大基督教节日（圣诞节、感恩节、复活节）期间举行，婚礼须在男方所属教堂举行仪式，仪式后男方可选择宴请亲友和教友，也可免除宴请。2010 年 1 月 15 日在密支那需真区五村举行傈僳基督教式婚礼，男方为怒苏人，女方为傈僳，属缅甸基督会傈僳基督教堂（会）。婚礼当天的日程如下：

①8：00：女方家请自己的亲戚吃早饭，准备 10 点送新娘至教堂举行仪式，同一时间，男方家亲戚及教友已到男方家等候，开始准备下午的酒席。

②12：00：新郎在伴郎的陪同下，和教会教牧人员，连同男方亲戚、教友及迎亲队伍出发前往约 1 千米外的教堂。

③12：30：新娘在伴娘及亲友的陪伴下抵达教堂，和新郎、伴郎在教堂门口左侧一字排开迎接参加婚礼仪式的教友和亲友，仪式很快开始。

④仪式内容包括：主理牧师发言（宣布婚礼仪式开始），有关婚姻的讲道；牧师主持交换戒指并给新郎新娘按手祷告，新郎掀开新娘面纱，新郎与新娘握手；教堂诗班为新人献唱诗歌，接着是其他小组诗歌献唱；主理牧师再次为新郎新娘按手祷告；牧师主持依次请新郎、新娘、伴郎伴娘、新郎父亲、新娘父亲、男方介绍人、女方介绍人签字，最后由主理牧师签字。婚礼仪式持续约一小时。

⑤13：30：教堂婚礼仪式结束，新郎新娘、伴郎伴娘到教堂门口左侧与所有参加仪式的神职人员、亲友及教友握手，随后新娘、伴娘在新郎和伴郎的陪伴下步行前往男方家。

⑥14：00：在新郎新娘抵达男方家时，酒席已经开始了。新郎新娘在经过一些由女伴们设置的游戏后进入“洞房”，婚礼结束。

据怒苏人沙拉波介绍，经济条件好一些的家庭还可安排举行三天的歌舞活动，现在一般都不举行。

缅甸公民的结婚证一般由宗教组织发给，如佛寺、基督教堂（会）等，不信仰宗教或不属任何宗教团体的夫妻可向有关政府机构申请。结婚证用缅文印制，也有的用傈僳族文印制，教堂婚礼过程中有主理牧师签字并颁发。还需在结婚证书上签字的人有：新郎、新娘、伴郎、伴娘、新郎父亲、新娘父亲、男方介绍人（密执扒）、女方介绍人。

上述婚姻的结婚证是这样写的：

基督会结婚证书（本标题为缅文、英文对照，以下为缅文）

时间：2010 年 1 月 15 日

经文：《圣经·创世记》2：24“因此，男人要离开自己的父母，跟他的妻子结合，两个人成为一体”。

《马可福音》10：9“所以，上帝所配合的，人不可拆开”。

密支那县需真区人 Wu Li Ye（男方父亲），密支那县需真区人 Dee Ye Si（女方父亲），双方同意此宗婚姻，在教会内证明他们婚姻合法。

签字：

新郎：Dee Sa Ye

伴郎：Da Lan

新娘：A'Ni

伴娘：A'Qi

新郎父亲：Wu Lee Ye

新娘父亲：Dee Ye Si

男方介绍人（密执扒）：A'Ke

女方介绍人：A'Kedwe

牧师：Simon

需真区五村（参见图1－36—图1－39）。

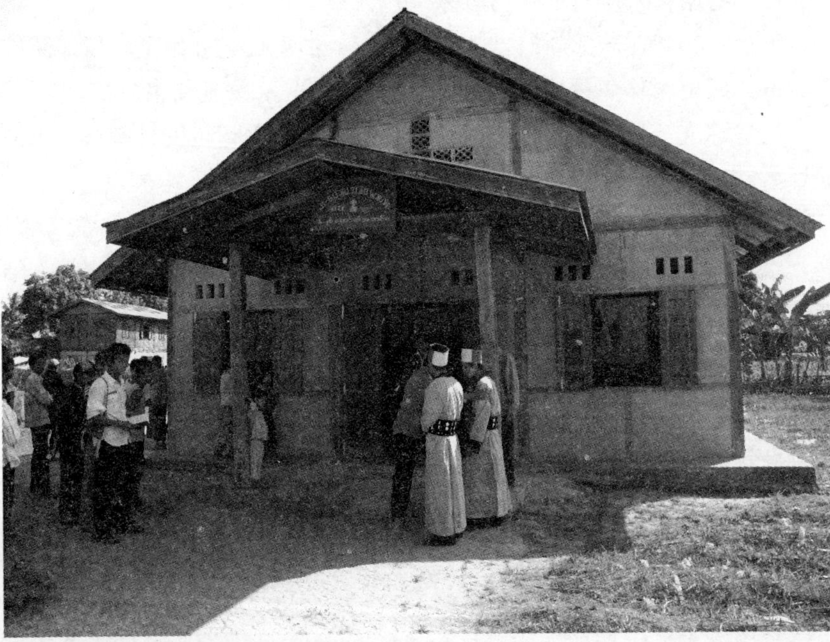

图1－36　怒苏—傈僳婚礼（需真）

图1－37　怒苏—傈僳婚礼（需真）

图1－38　怒苏—傈僳婚礼

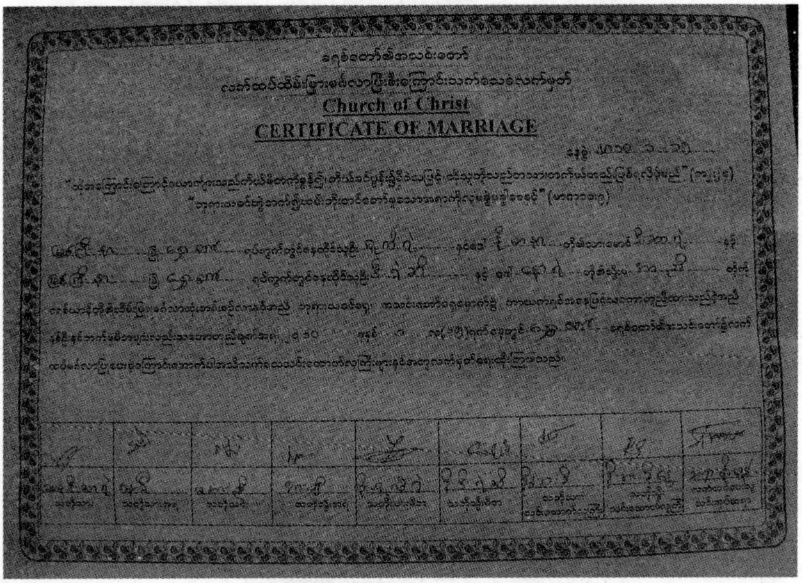
Church of Christ
CERTIFICATE OF MARRIAGE

图 1－39 怒苏—傈僳结婚证

怒族作为一些族源历史、社会文化存在差异的被建构的共同体，在中国已以民族识别这样的学术方式和法律的形式获得了族群身份，虽然在国内存在本族语言的散失，进一步傈僳化或汉化的趋势，但未出现特别强烈的反应。而在缅甸，由于与人口较多的其他族群，如傈僳、日旺等杂居，傈僳化/日旺化的倾向非常明显，而具有极其浓厚的傈僳/日旺特色基督教信仰，尤其是傈僳语文神学经典及神学系统的广泛使用而使这一进程得到加速。可能部分地由于上述原因，怒人被“遗忘”了而失去族群身份。因此这一倾向在怒人精英中激起强烈的情感。坚守自己的族群名称和语言，创制自己的书写系统，构建独立的神学系统已成为怒人族群运动的核心内容。

第二章

“怒人”是谁：源流与建构

中国民族识别确定的怒族按自称包括四个主要组成部分，分别聚居于云南省怒江傈僳族自治州所辖的贡山、福贡、泸水、兰坪四县：①“阿怒”① （$a^{31}nuŋ^{55}$），也称“贡山怒族”，主要居住在贡山独龙族怒族自治县的丙中洛、捧当、茨开、普拉底四个乡镇中，人口为6297人（2007年），此外，西藏自治区林芝地区察隅县察瓦龙乡所辖松塔、龙普两村（现合并为松塔村）的门浪人（$mə^{31}lai^{35}$）大部分自认与贡山阿怒和独龙族为同族，使用同种语言，人口共400人（2008年），另有“部分原居住在竹瓦根乡的吉太村，后迁至嘎巴村”②；②“阿侬”③（$a^{31}noŋ^{31}$），主要居住在福贡县的上帕镇、鹿马登、利沙底（石月亮）等乡镇，人口约5900人（2007年）；③“怒苏”④ （nu^{35}

---

① 在一些著述和资料中写作“阿龙”，反映了部分早期调查者使用汉字记音方式的特点，笔者在贡山县茨开、捧当、丙中洛等地的调查中均未发现其自称中含有近似“龙”（$loŋ^{55}$）的发音，因此在与彭兆清、彭义良等地方怒族学者讨论后一致建议使用“阿怒”作为贡山怒族自称的汉字记音符号。

② 段伶：《西藏察瓦隆怒族社会考察散记》，载于政协怒江州委员会文史资料委员会编《怒江文史资料选辑》第一至二十辑摘编（上卷），德宏民族出版社1994年8月版，第100页。

③ 福贡县的“阿侬”在一些文献中也写作“阿怒”（$a^{31}nuŋ^{55}$），1986年以前的文献中也称“福贡怒族”，为同一或相近发音的两种不同汉字表示方法，为便于与贡山“阿怒”进行区分，根据福贡怒族自称发音的特点，建议使用“阿侬”作为“福贡怒族”、福贡县“上帕怒族”自称的汉字记音符号。

④ 一些文献中也写作“诺苏”，为方便区别于彝族支系“诺苏”，本文也建议使用“怒苏”作为原碧江怒族的自称。

su^{55}），主要聚居于今福贡县匹河、子里甲乡等地，原属碧江县①，称“碧江怒族”，人口约13900人（2007年）；④“若若”②（$zo^{33}zo^{31}$），也称“兰坪怒族”，居住在兰坪县兔莪乡和泸水县鲁掌镇，人口约3800多人（2007年）。③此外，在维西县还散居少数怒族，约有200人。④

有关“怒”或与“怒”发音近似的族称始见于明朝（14世纪末至17世纪中）初期的文献，如“弩人”、“怒人”、“怒子”、“怒夷”等。这一称呼的范围，在汉语语境中历经明、清和民国时期，与当今“怒族”这一民族共同体范围大致相当。在20世纪50年代中国开始的民族识别过程中，有学者提出了“怒人”中贡山“阿怒”、福贡“阿侬”与原碧江“怒苏”、兰坪“若若”的差异，前两者与“俅”（今独龙族）的“近亲”关系以及与景颇（族）较近的历史、语言、文化关系，后两者与“彝族”一些支系的较近同源关系，以及“将独龙族和怒族合并，或把独龙族和日旺族看作同一社区的一个共同体”的主张⑤⑥，但最终均未被采纳。因此，作为一个通过国家民族识别并经中央政府确认了的民族，怒族不仅在国家政治生活中拥有了作为一个民族共同体的身份和地位，进而在学术上也多以一个民族共同体被表达。在由这一表达框架所形成的族际边界内，建构一个统一的民族特征的努力，不论是在国内怒族研究还是在族内事务方面，都一直在进行，因而怒族各部分组成人群间族源、语言、社会文化等方面的差异性往往被刻意忽视或模

---

① 碧江县于1986年12月撤销县建制，所属5乡分别并入福贡、泸水县，其中“怒苏”主要聚居的匹河乡并入福贡县。

② 一些当代文献中写作“若柔”或“柔若”，本书根据其发音近似原则使用“若若”为其自称的表音汉字。

③ 怒族各组成人群2007年以后人口数均为笔者统计数字，参见何林著《阿怒人 同一屋檐下的不同宗教信仰》，云南大学出版社2008年9月版，第14页。

④ 参看《怒族简史》编写组、《怒族简史》修订本编写组《怒族简史》（修订本），民族出版社2008年4月版，第1页。这部分“怒族”属何部暂无进一步研究。

⑤ 参见国家民委民族问题五种丛书编辑委员会云南省编辑组《云南少数民族社会历史调查资料汇编》（第三辑），云南人民出版社1987年版，第12、48页。

⑥ 施帝恩·格罗斯著，周云水译：《族名政治：云南西北部独龙族的识别》，载于《世界民族》2010年第4期。

糊化，甚至以其中某一部分人群的特征为代表覆盖或遮蔽其他人群的特征，其结果将使得“怒族”的共同边界继续被强化，同时建构出一个“色拉状”的民族文化符号和文化实体。即便怒族各组成人群的自称、聚居地、人口、语言文化特点等基本信息在许多著述中一般都按学术规范作了说明，但都无法改变这一趋势。在民族学研究领域，这一倾向使有关怒族的知识在结构上显得混淆不清，而关于怒族族源及流变的问题，至今仍然没有一个清晰脉络。有关文献缺乏是一方面的原因，关键仍然在于“怒族”建构模式在学术研究中的影响，表现为对各部分族称、历史、文化差异的忽视或回避。笔者以为，对于怒族的研究首先必须超越这一表达框架和族群边界，一方面充分理解和尊重各组成族群间的差异性，分别进行考察，同时通过对其他相近或相关民族的研究来辅助和支持关于怒族的研究。

第一节 文化视野中的“怒人”

由于怒族各部及相关民族无传统文字，汉语文献记载过于宽泛，而且可得资料数量极其有限，相关民族志资料严重缺乏，单一的历史学方法对于这些族群的源流问题的梳理存在诸多障碍。因此在当代民族志研究的基础上进行社会文化比较可有一定效果。怒族各部和傈僳、藏等民族在生计方式、民间传说、宗教信仰等方面存在相似性、相互借用和共有的情况，因而可比性较低，而语言（除非已完全消失）的核心结构和内容，仍然在表达与其他族群的文化心理差异；亲属称谓“并不是简单的荣誉称号，而是一种负有完全确定的、异常郑重的相互义务的称呼，这些义务的总和便构成了这些民族社会制度的实质部分”①。因此，此部分关于怒族各部的文化比较主要集中在语言、亲属制度及与之关联的婚姻、家庭制度等方面。

---

① 恩格斯:《家庭、私有制和国家的起源》，见《马克思恩格斯选集》第四卷，人民出版社1972年版，第24页。转引自《怒族简史》，云南人民出版社1986年版，第95页。

一 语言

怒族的语言，包括贡山阿怒语（含独龙语）、福贡阿侬语、原碧江怒苏语、兰坪若若语均属汉藏语系藏缅语族的界定已不存在争议，但各部所属语支则众说纷纭。综合而论主要有如下观点：①属藏语支[①]：怒语（仅含阿怒语——笔者注）与俅（独龙）、藏、嘉戎、羌、西番（普米）等同属藏语支；②属于景颇语支[②]：怒语（阿怒语、独龙语、阿侬及日旺诸语——笔者注）与景颇诸语同属景颇语支；③属彝语支[③]：怒语（怒苏语、若若语）属于彝语支；④属独立语支[④]：怒语（阿怒语——笔者注）、独龙语是与嘉戎、缅—倮倮语并立的一个语支，怒语（缅甸境内的怒语）是缅语族的一个语区。[⑤] 另据孙宏开在《六江流域的民族语言及系属分类》一文中的分类，把雅砻江、金沙江、怒江等八江流域的藏缅语族诸语种，归纳为藏语、彝语、羌语、景颇语和缅语五个语支。在诸语支中，景颇语支包括景颇语、独龙语（含阿怒语——笔者注）、珞巴语和僜语四个语种；缅语支包括缅语、阿昌语、载瓦语和怒语（怒苏）四个语种。[⑥] 就怒族各部语言语支划分问题，鉴于怒苏、若若与具有彝、缅语支的一般特点，赞同将怒苏、若若语划属

---

① 参见李方桂《中国的语言和方言》，载于《民族译丛》1980 年第 1 期；罗常培、傅懋勣：《中国少数民族语言文学》，载于《中国语文》1959 年第 3 期。贡山阿怒（含西藏松塔、龙普两村的门浪人）、独龙江一、二村独龙族不同程度的使用藏语词汇和表达方式——笔者注。

② 参见西田龙雄《藏缅语群藏语族概况》，载于《汉藏语系语言学论文选译》，中国社会科学院民族研究所语言研究室、中国民族语言学术讨论会总秘书处编，1980 年，第 83 页。

③ 参见孙宏开、刘璐《怒族语言简志（怒苏语）》，民族出版社 1986 年 3 月版，第 2 页；孙宏开：《怒族柔若语概况》，载于《民族语文》1985 年第 4 期；段伶、李绍恩：《怒族柔若语概况》，载于《民族语文工作通讯》，怒江州语委编，1985 年第 1 期。

④ 参见 P. K. 本尼迪克特《汉藏语言概论》，中国社会科学院民族研究所语言室，1984 年 7 月，第 4 页；谢飞：《汉藏语系语言的分类》，载于《汉藏语言语言学论文选译》，中国社会科学院民族研究所语言研究室、中国民族语言学术讨论会秘书处编，1980 年，第 32 页。

⑤ 参见傅爱兰《怒语（怒苏）系属研究》，载于《语言研究》，1989 年第 1 期。

⑥ 德宏州民族语文指导工作委员会编：《景颇族阿昌族社会历史调查文集》，2007 年 6 月，第 2 页。

彝语或缅语支或合并为彝缅语支的观点[①]；鉴于贡山阿怒、福贡阿侬及独龙族语言“相同语言的不同方言”关系及与景颇语的近似性，以及这些怒族、独龙族与景颇族在历史、社会文化诸多方面的相似性，将阿怒、阿侬语和独龙语划属景颇语支是适当的。

在怒族各部语言相互通话的问题上，据调查，贡山、福贡及碧江三地的怒语差别很大，不仅词汇不同，而且语法结构也有很大差异，特别是贡山阿怒语与原碧江怒苏语差别最大。贡山怒语与独龙语完全可以通话，词汇方面根据459个词的比较，其中语音词义全同的词约占40%，词义相同语音相近的约占33.3%，其余约有26%的不同的词，但都有显著的对应规律。[②] 孙宏开认为，贡山怒语（阿怒语）与独龙语属于同一语言（独龙语）的两种方言——独龙河方言和怒江方言，在语音、语法、词汇上都有一些差别，但不很大。[③] 根据笔者在贡山县丙中洛乡的茶腊、丙中洛日当、秋那桶以及捧当乡迪麻洛等村的调查，贡山怒语中使用了大量的藏语（德钦方言）词汇，语法不变，同时也吸收了一定数量的傈僳语词汇（如取名等，基督教用语），而独龙族语中使用的傈僳语词汇较少，独龙江三、四村的独龙语中使用的藏语较少，与福贡阿侬方言上更为接近。福贡怒语（阿侬）与贡山独龙语能部分通话，语法现象基本一致，根据459个词汇的比较，其中语音词义全同的词约占10%，词义相同、语音相近的约占25%。但（原）碧江怒语（怒苏）与福贡阿侬语、贡山阿怒语、独龙语差别很大，彼此不能通话，在语法方面，贡山怒语，独龙语及福贡怒语均具有特殊的动词变化，但碧江怒语则无此动词变化；词汇方面只有10%相同或相近，并找不出语音上的对应规律。根据上述特点看来，碧江怒语与贡山、福贡员的怒语差别很大。

兰坪若若语与阿怒、怒苏语完全不能通话，有学者认为若柔语属于

---

① 德宏州民族语文指导工作委员会编：《景颇族阿昌族社会历史调查文集》，2007年6月，第2页。

② 参见《怒族简史》编写组《怒族简史》（修订本），民族出版社2008年4月版，第5页。

③ 孙宏开编著：《独龙语简志》，民族出版社1982年9月版，第189页。

彝语支。[①] 而1960年云南民族识别综合组专家认为：1954年识别调查，认为兔峨话（若若语）与碧江县怒族语相接近；1958年省语文工作队实际调查，认为兔峨话与巍山彝语差别较大，但从语音、语法看，又接近彝语。[②]

在怒语与景颇语对比方面，描述极为模糊，仅提及景颇语与贡山怒语及独龙语存在一定的相似之处，没有专门的研究资料可循。“根据李向前的调查和比较研究，怒族（贡山阿怒）语与景颇大山支语绝大多数相同，而独龙族语与贡山县的怒族语的相同率达90%以上。换言之，景颇大山（景颇）支与独龙族和贡山怒族的怒族操同种语言，而福贡怒族（应为今福贡怒苏，笔者注）语与景颇族小山（载瓦）支相通。由此可见，独龙族、怒族（阿怒）和景颇族在历史上是同一族群……”[③]

二 亲属称谓制度

从亲属称谓的核心结构来看，景颇语支族群，如贡山阿怒、独龙族、福贡阿依完全相同，与景颇极为相近。就内容来看，阿怒依次与独龙、阿依、景颇近似，区别主要在于称谓发音以及使用注音汉字有异。景颇亲属称谓较详细，除称呼对象的性别、辈分外，还区分称呼者的性别、直称与人称（一、二、三人称），被称呼者的年龄长幼、序数等因素。[④] 在阿怒等族群的亲属称谓中，①父亲的称谓与父亲兄弟的称谓不同，阿怒称“阿别”（第三人称）/“阿爸”（第一人称），阿依称“阿拍”、独龙称“阿摆”，记音汉字不同，但为同一词汇的不同方言发音，

① 参见《怒族简史》编写组《怒族简史》（修订本），民族出版社2008年4月版，第5—7页。

② 云南民族识别综合综合调查组：《云南民族识别综合调查报告》，云南民族学院1979年版，第27页。

③ 张建章：《景颇寻根》，德宏民族出版社2006年5月版，第134页。但笔者认为，贡山“阿怒”、“俅”与景颇（大山）的分化应早于9世纪，或在唐代以前，他们属景颇语支，不大可能是属彝/缅语支的（古）浪速或浪峨人后裔。

④ 肖家成：《景颇族的亲属称谓与婚姻制度》，载于《民族学研究》第五辑，1983年。以下关于景颇族亲属称谓的内容也参看本文。

而景颇称“瓦”；②母亲的称谓与父亲兄弟妻子的称谓不同，阿怒语称“阿弥”/“阿妈”（直称），阿依语称“阿每”，独龙语称“阿媄”，同样为同一词汇的不同方言发音，而景颇称“怒”③父亲兄弟与母亲姐妹的丈夫使用同一称谓：阿怒称“阿翁”，阿依、独龙族称“阿旺”，景颇称“瓦”，与父亲同；④母亲的姐妹、丈夫兄弟的妻子用同一称谓：阿怒、独龙称“阿秋母”，阿依称“几昌”，景颇称“努”（与母亲同）；⑤母亲的兄弟、妻子的父亲（岳父）、丈夫的父亲（公公）、父亲姐妹的丈夫使用同一称谓：阿怒称“阿克”，独龙称“阿肯”（与阿怒一致，属不同方言发音），阿依语称“阿本”，景颇称谓较细化，前二者称“阿札”，后二者称“阿古”；⑥母亲兄弟的妻子、妻子的母亲、父亲的姐妹、丈夫的母亲使用同一称谓：阿怒、独龙称“尼尼”或“阿尼”，阿依称“阿陇”，景颇称谓较细化，前二者称“阿尼”，后二者称“阿梅”。[①] 原碧江怒族（今福贡县怒苏）、兰坪若若亲属结构和关系与上述不同。其中，怒苏人的①父亲、父亲的兄弟及母亲姊妹的丈夫同称“奥扑”，而父亲姊妹的丈夫则称“古谋”；②母亲、母亲的姊妹及父亲兄弟的妻子同称“奥米”，而父亲的姊妹则称“奥日”；③母亲的兄弟称“奥颇”；④母亲兄弟的妻子称“奥辟”；⑤妻子父亲、丈夫的父亲同称“啄博”；⑥妻子母亲、丈夫的母亲同称“椭荷”。[②] 而兰坪若若的亲属称谓①父亲、妻子的父亲、丈夫的父亲同称“阿薄”；②母亲、妻子的母亲、丈夫的母亲同称“阿买”③父亲兄弟、母亲姐妹丈夫的称谓同，其中父亲兄称“阿董”，父亲弟称“阿叔”；④父亲兄弟妻子与母亲姐妹称谓同，其中父亲兄妻称“阿董莫”，父亲弟妻称“阿叔米”；⑤父亲的姐妹与母亲兄弟的妻子称谓同，其中父亲姐姐称“阿以”，妹妹“阿米丫”；⑥父亲姐妹的丈夫及母亲兄弟同称“阿普”。根据兰坪若若，其亲属称谓在70—80年以前父亲与父亲兄弟称谓相同，由此说来，其上一辈亲属称谓只有父亲“阿薄”、母亲“阿买”、

---

① 分别参考《独龙族简史》编写组《独龙族简史》，云南人民出版社1986年版，第96页；赵学先著：《景颇族文化大观》，云南民族出版社1999年9月版，第88页。

② 《民族问题五种丛书》云南省编辑委员会编：《怒族社会历史调查》，云南人民出版社1982年10月版，第39页。

母亲兄弟及丈夫父亲“阿普”三种。

阿怒、阿依、独龙以及景颇的亲属称谓所反映的理想婚姻模式是单向循环的姑舅表婚或交表婚，以景颇为代表，或可称谓“景颇式”的亲属称谓。而怒苏、若若人中则无此种婚姻模式。

三 婚姻家庭制度

从亲属称谓制度看，阿怒、阿依以及独龙和景颇一样，单向循环的姑舅表婚是理想的婚姻模式。根据20世纪50年代贡山一区（丙中洛）的调查资料，这种婚姻模式至1949年前后仍然存在于阿怒社会中，贡山怒族（阿怒）“还继续遵循氏族外婚的原则”。[①] 根据笔者2004年在贡山县丙中洛一带的调查，阿怒的姑舅表婚1949年前后虽然比例不高，但仍然被认为是理想的婚姻模式。以后逐渐减少，特别是1981年1月1日起实行的新《婚姻法》以后[②]。这一婚姻模式现已不再具有优先性，但有违此种婚姻形式的婚姻，如平表、姨表仍属禁忌，这一禁忌可推延至三代以内。此外，娶男子、转房的婚姻习俗仍然普遍。[③] 福贡阿依由于受傈僳族的影响以及基督教的传入（1932年）[④]，这一婚姻模式早在1949年以前就消失了。根据20世纪50年代的调查，“在选择配偶上，怒族（阿依）没有固定的婚姻集团，除了亲胞兄弟姊妹外都可结婚。我们在一个小自然村三十户人家普查的结果，发现有叔伯兄妹婚五人，姨表婚两人，不同辈次非近亲结婚的五人，另六人是与外家族的婚

① 见于《民族问题五种丛书》云南省编辑委员会《怒族社会历史调查》，云南人民出版社1982年10月版，第84页；刘达成主编：《怒族文化大观》，云南民族出版社1999年9月版，第94页。

② 新《婚姻法》第六条规定：“直系血亲和三代以内的旁系血亲禁止结婚。”

③ 参见何林著《阿怒人 同一屋檐下的不同宗教信仰》第四章，云南大学出版社2008年9月版。

④ 福贡木古甲阿依人基督教由美国神召会牧师马道民（加拿大人）于1932年传入。见《民族问题五种丛书》云南省编辑委员会编《怒族社会历史调查》，云南人民出版社1982年10月版，第118页。

配”。[①] 独龙具有单向循环姑舅表婚的一般特点。根据《独龙族简史》，独龙族婚姻制度中每个氏族有（至少）两个固定的通婚集团，通婚方向为单向、流动方向为环状流动。此外，妻姐妹婚、非等辈婚、转房制也不同程度存在。[②] 怒苏人不存在交表婚，从20世纪50年代民族社会历史调查的材料来看，氏族内婚和家族内婚是其婚姻配偶关系中较为突出的特点。[③]

福贡和贡山的怒族（阿侬、阿怒）在社会组织及其他文化特征方面与（原）碧江怒族不同。碧江怒族尚保存着较为明显的氏族组织和图腾崇拜，并且以女始祖茂充英开始，以下从第三代起至六十三代，都有完整的父子连名制，而且这种连名的形式与今大、小凉山黑彝——诺苏及元阳哈尼族的父子连名制特点相同，即一字连与二字连相互交替。如碧江第九行政村“斗霍”胞族所属蜂氏族——“别阿起”家族。[④] 但贡山、福贡两县的怒族没有氏族图腾及父子连名制，在社会组织、生活习俗方面，也有许多差异。[⑤] 同属景颇语支的族群景颇支从来不使用父子连名制，而景颇族“支系”载瓦、浪速、茶山和布拉都使用父子连名制，载瓦传到第22代陈日汤时，景颇支的勒排奥拉当（Lahpai Aura Tang）进入载瓦地区当官，自此以后便终止了父子连名制。[⑥] 现举碧江第九行政村“斗霍”胞族所属蜂氏族——“别阿起”一个家族的父子连名创如下：

①茂英充 ②充罗并 ③罗并者 ④者茂特 ⑤茂特绷 ⑥绷喜耀 ⑦喜耀维 ⑧维维曲 ⑨曲维能 ⑩能波赤 ⑪赤赤维 ⑫维罗别 ⑬别下休 ⑭下休达 ⑮达局留 ⑯局留谷 ⑰谷喜有 ⑱喜有宾 ⑲宾好给 ⑳好给抽 ㉑抽那耀 ㉒那耀劝 ㉓劝下尤 ㉔下尤室 ㉕

① 《民族问题五种丛书》云南省编辑委员会：《怒族社会历史调查》，云南人民出版社1982年10月版，第71页。

② 《独龙族简史》编写组：《独龙族简史》，云南人民出版社1986年版，第86—94页。

③ 参见《民族问题五种丛书》云南省编辑委员会编《怒族社会历史调查》，云南人民出版社1982年10月版，第40页。

④ 同上书，第89页。

⑤ 《怒族简史》编写组：《怒族简史》，云南人民出版社1987年2月版，第11页。

⑥ 德宏州民族语文指导工作委员会编：《景颇族阿昌族社会历史调查文集》，德宏民族出版社2007年6月版，第3页。

室局采 ㉖局采奴 ㉗奴奴局 ㉘奴局谷 ㉙谷娟血 ㉚娟血独 ㉛独老底 ㉜底老乌 ㉝乌老求 ㉞求老曼 ㉟曼老催 ㊱催虐曼 ㊲曼额叫 ㊳叫走偶 ㊴偶凡寿 ㊵寿砍杜 ㊶杜几丹。[1]

从语言、社会文化看，阿怒与阿侬、独龙为同一族群的不同支系，甚至与景颇族景颇支族源关系较近而与怒苏、若若较远，可为不同的民族系统。本部分将根据有关历史文献和上述语言、文化的比较尝试对怒族各部及其他相关族群的源流作一个简要的梳理。

第二节 “怒人”的族源及流变

“怒人”在明代始有记载，但缺乏进一步的说明：文献中所述之“怒”为“阿怒”、“阿侬”，还是“怒苏”、“若若”的先民？还需对照相关历史背景、地理位置特点并结合有关民族志资料才能够判定。这一文献传统甚至一直延续至今。那么“怒人”各部是如何形成和发展的呢？上述对比表明，怒族并不是一个历史、文化意义上的民族共同体，其各部的社会文化特点与语支的划分比较一致，可分属两个差异较大的文化系统：景颇语支族群、缅语/彝语支族群。而从与怒族形成的时代更为相近的材料看，怒族的族源可能来自两个不同的部分：其一是来自古代“庐鹿”蛮的一支“诺苏”，另一部分则可能源于怒江北部地区、贡山一带自称“阿怒”或“怒”的古老族群。[2] 而刘达成先生认为，“庐鹿”与“诺苏”有别，唐代“乌蛮”之“庐鹿”蛮部应为今兰坪怒族“若若”（或写做“柔若”、“若柔”等）的先民，而“怒苏”则与今大小凉山彝族“诺苏”同源[3]，“诺苏”、“庐鹿”（即“罗罗”）同为“乌蛮”后裔，即今彝族中自称不同的部分。

---

① 《怒族简史》编写组：《怒族简史》，云南人民出版社 1987 年 2 月版，第 89 页。

② 参见《怒族简史》编写组、《怒族简史》修订本编写组《怒族简史》（修订本），民族出版社 2008 年 4 月版，第 9 页。

③ 刘达成主编：《怒族文化大观》，云南民族出版社 1999 年 9 月版，第 1—4 页。

一 氐羌后裔

“聚居于怒江、澜沧江上游地区的傈僳族、怒族为远古氐羌系统民族，由中国西北向西南迁移后演变而来的，这已在学术界达成共识。”[①]在西北的甘青高原上，是氐羌部落群体的主要游牧聚居区。[②] 公元前7世纪、4世纪秦国发动大规模征服兼并战争引发了氐羌族群向西部和西南地区迁徙。在此迁徙过程中，藏缅语族景颇语支族群（如景颇、独龙、阿怒、阿侬、僜人、珞巴等[③]）的先民从甘青高原向西迁徙，在先秦时期就已越过金沙江，抵达澜沧江河谷的昌都一带，两汉时期或已沿怒江河谷南下到八宿、察隅一带，在（唐初）西藏松赞干布发动的统一战争中，一部分向西到墨脱、米林和隆子等地，逐渐分化为珞巴和僜人的先民，一部分向南进入独龙江地区，成为独龙族的先民，景颇人则继续沿独龙江南下到恩梅开江流域，与东路来的寻传人会合，发展成为当代的景颇族；与此同时，彝、缅语支族群（含寻传人）的先人（包括彝族、傈僳族、怒苏、若若、阿昌、缅族及今景颇族的载瓦/小山、浪峨、喇期/茶山、布拉等族群[④]）则向南迁徙，在先秦时期就已抵达雅砻江流域，到两汉时期，其中的嶲、昆明部族又越过金沙江和澜沧江，抵达大理和保山一带，有的已到了腾冲北部，到唐宋时期，嶲、昆明部族中的寻传人，除部分还留在雅砻江流域外，大部分都已越过怒山山脉、怒江和高黎贡山，抵达恩梅开江流域。[⑤] 尤中先生认为景颇语支族群的先民是“裸形蛮”或“野蛮”而非上述的“寻传”。由于已经在丽水（今伊洛瓦底江）上游的恩梅开江一带汇合，《南诏德化碑》等

---

① 高志英：《唐至清代傈僳族、怒族流变历史研究》，载于《学术探索》2004年第8期。

② 参见《后汉书·西羌传》。

③ 参见德宏州民族语文指导工作委员会编《景颇族阿昌族社会历史调查文集》，2007年6月版，第2页。

④ 同上。

⑤ 德宏州民族语文指导工作委员会编：《景颇族阿昌族社会历史调查文集》，2007年6月版，第12—13页。

文献所说的南诏时期西部的“寻传蛮”已经包括了近代的阿昌族和景颇族中载瓦的先民在内。[①] 由此说来，今景颇族之景颇支、独龙江的独龙族、缅甸北部日旺等族群的祖先（或部分）在唐代已经在恩梅开江上游（独龙江）一带生活了。

二 若若与怒苏

根据尤中先生，春秋战国时期云南境内的民族群体、秦汉时期的“西南夷”基本上分属于氐羌、百越、百濮（孟高棉）三个系统，其中氐羌系统中的叟、昆明族（汉晋时期）之各部分，南北朝以后逐步分化出“乌蛮”、“施蛮”、“顺蛮”。其中，云南北部“乌蛮”七部落中包含“卢鹿蛮”（今部分彝族支系、若若的先民——笔者注），唐朝前期分布在四川凉山雅砻江以东至云南北部地带，西部“乌蛮”含今楚雄、大理，初有七十余部，后相互兼并至开元年间（公元 713—741 年）剩下六至八个较大部落，史称“六诏”；“施蛮”、“顺蛮”在唐朝前期，仍然包含在“乌蛮”中，但到南诏时期（公元 752—902 年），乌蛮将“施蛮”、“顺蛮”从乌蛮集团中抛出，前者已经专指近代各个方言区的彝族祖先，而后者逐渐形成一个有别于“乌蛮”的民族，元代被称为“卢蛮”，明以后称“栗些”或“栗粟”，即傈僳族；同属氐羌后裔的“寻传蛮”，大概南北朝以后绝大部分已迁移到澜沧江上游以西至伊洛瓦底江（丽水）收油地带，但仍然有极少部分住在雅砻江与金沙江河流地带，曾居于南诏西南部，即汉晋时期的永昌郡内，元、明时期已明确过去的“寻传蛮”为“阿昌”，或写作“蛾昌”。“寻传蛮”为今阿昌族、景颇族中茶山人（载瓦）、浪峨人的先民。[②]

《元一统志》丽江路《风俗》中说：“丽江路蛮有八种：曰么些、曰白、曰罗落、曰冬闷、曰蛾昌、曰撬、曰吐蕃、曰卢，参错而居。”丽江路辖今丽江地区、怒江州、迪庆州南部之地。其中，“罗落”（即

① 尤中著：《云南民族史》，云南大学出版社 1994 年 11 月版，第 181—183 页。

② 参见尤中著《云南民族史》（修订本）上下册，云南大学西南边疆民族历史研究所编印，1985 年 10 月版。

罗罗）为南诏、大理国时期的“乌蛮”发展而来，明代以后仍沿用此名，常写作“罗罗”，“罗罗”为今彝族的别称，但在同一区域内不同地方的名称较为复杂；“蛾昌”基本对应于南诏时期的寻传，元代称蛾昌，后写作阿昌，为今景颇族之载瓦（小山）、喇期（茶山）、浪峨、布拉以及阿昌族的先民；“撬”即“俅”，主要指居住在今独龙江的人群（独龙），俅族居住区在丽江府西部澜沧江大雪山外的俅江流域一带，与怒族居住区域接壤，氏族和部落对他们自己和别人都是一种严格的界限，所以他们的居住区虽然与怒族相接，但却不敢越界相与往来[①]；“卢”指“卢蛮”，从南诏时期的施蛮、顺蛮发展而来，《元一统志》丽江路《疆界》说：“西至兰州冰琅山（怒江州境内之碧罗雪山）外卢蛮界四百八十里”，明代以后称栗些、栗粟、即傈僳。[②]

元代并未提及的明代“怒”或“怒人”的先民又分别是谁呢？首先，据尤中先生说，南诏北部“乌蛮七部落”中有一个部落称为“鹿卢”（与“庐鹿”同）。往后，“鹿卢”被译作“罗罗”，成为了这个近亲集体共同称呼。天启《滇志》卷三十即说：“其初种类甚多，有号鹿卢蛮者，今讹为罗罗（彝族先民的统称）。”这都说明，“罗罗”的称呼由“鹿卢”衍化而来。[③] 元代时，人们将建昌（今四川西昌）、乌蒙（今云南昭通一带）的彝族皆称为“庐鹿蛮”。而元代文献中，兰坪沿岸居住着“庐鹿”部。《元史》志第十三《地理四》称：“兰州（今兰坪县），在澜沧水之东……唐为庐鹿蛮部……”[④] 从“若若”的发音“$zo^{33}zo^{21}$”来看，与“庐鹿”、“罗罗”为同一词汇的不同变音。从若若人“送魂”线路和迁移史看，其迁移经过大理永平、云龙后定居于兔峨，并无经过丽江、剑川、兰坪北部的说法，而今云龙表村一带及云龙澜沧江流域居住着与若若相近的人群（白族）。[⑤] 由此看

① 参见道光《云南通志·人种志》引《清职贡图》。

② 参见尤中著《云南民族史》，云南大学出版社 1994 年 11 月版，第 310、311 页。

③ 参见尤中著《云南民族史》（修订本）下册，云南大学西南边疆民族历史研究所编印，1985 年 10 月版，第 46 页。

④ 宋濂等撰：《元史》，中华书局 1976 年版，第 5 册，第 1465 页。转引自《怒族简史》，民族出版社 2008 年 4 月版，第 10 页。

⑤ 刘达成主编：《怒族文化大观》，云南民族出版社 1999 年 9 月版，第 1—4 页。

来，“若若”即“庐鹿”，与自称“罗罗”的彝族支系有较近的同源关系。

从族称和文化对比看，“怒苏”与彝族支系“诺苏”在发音、含义及文化上基本相同，其中“诺”语义为“黑”，“苏”为“人”之意，可为同一族群的不同分支。“怒苏”是怒江的久居族群，按怒苏人的家谱推断，在怒江居住可有一千余年了。明代以后的文献作者将怒苏人的自称与怒江联系在一起，称其为“怒子”、“怒人”、“弩人”，后确定为“怒族”。如《元混一方舆胜览》卷中记载：“潞江，俗名怒江，出潞蛮。”那元朝时期“怒苏”在哪里呢？有的学者认为此时怒族（仅指怒苏）的先民还未从卢蛮（傈僳族先民）分化出来，直到明代以后。[①]笔者认为，从历史、文化角度上来说，怒苏不是傈僳，他们更有可能是彝族“诺苏”的部分，属于与“罗罗”历史文化关系更近的族群，由于地域关系被文献作者们“包含”在“潞蛮”或“卢蛮”中。明代以后在文献中明确了族称的“怒人”（含怒苏的先民）与“傈僳”在元代虽然可能笼统地被称为“潞蛮”或“卢蛮”，这并不意味着他们是同一族群的不同分支，因为不论是“潞”还是“卢”，它首先是一个地名，其名之下可包括生活在同一区域的具有不同历史、文化的人。因此，笔者更倾向于这样的观点：进入怒江以后，由于与傈僳的先民卢蛮比邻而居，怒苏，也或其他“怒人”的先民极易与傈僳族的先民一起被文献作者统称为“卢”，直到明代才被从文献中分开。

对于“怒苏”与“若若”的来源，有学者认为他们同为古浪峨人的部落，属于浪宋（也写作“浪速”）人支系，与阿昌、载瓦、茶山、浪速人为同一祖先。[②] 至于“卢鹿”与古浪峨人的族群关系，阿昌、载瓦、浪峨等人群的先人寻传蛮在南诏国时期与“罗罗”或“卢鹿”的前身“乌蛮”等在东泸水（雅砻江）、磨西江（金沙江）一带杂居，

① 参见高志英《唐至清代傈僳族、怒族流变历史研究》，载于《学术探索》2004 年第 8 期。

② 参见李道生《南诏浪峨人苗裔追踪考察资料集》，载《怒江文史资料选辑》第十六辑，1990 年 12 月版，第 48 页。

说明他们是近亲。[①] 古浪速人的后裔阿昌、载瓦、茶山、浪速与彝族、诺苏、若若等同属于彝语/缅语支，有较近的同源关系。公元7世纪初期，古浪峨人入侵洱海地区，先后在洱海区域北部建立了浪穹、施浪、邓赕三诏。后三诏为南诏征服。古浪峨人应该在唐代与“乌蛮”发生分化而向南向西迁徙。从族称、语言等方面的比较来看，笔者更倾向于“怒苏”与“诺苏”同源，“若若”与“卢鹿”同源，二者同属“乌蛮”后裔但有存在明显差异的观点。

三 怒、俅及独龙

根据上述资料，今独龙族先民在景颇迁移史（唐代）及元代（《元一统志》）都有记载，而阿怒和阿俅的先民却未见提及，直到明代才有类似“怒”的族称。那么这些人群从何而来（参见图2－1）？

图2－1 独龙妇女（克钦邦葡萄县，20世纪20年代）

① 参见李道生《南诏浪峨人苗裔追踪考察资料集》，载《怒江文史资料选辑》第十六辑，1990年12月版，第189页。

从语言、社会文化特点比较来看，贡山阿怒、福贡阿侬、独龙族以及现居缅甸北部的日旺（缅甸北部与中国独龙族近似或相当的各氏族的总称）各氏族应该在某个历史时期与景颇先民同源，或属于与其先民“裸形蛮”或“野蛮”关系非常近的古老族群，而怒苏、若若应属叟、昆明族之后裔乌蛮部的部分。洪俊等学者也从语言、信仰、生活习惯、传说、婚姻制度、氏族关系等方面提出独龙族（也包含阿怒等）与景颇族同源的观点。[①] 从民族迁徙，关于独龙（日旺）、珞巴、僜人与景颇从西线迁徙的氐羌后裔（如裸形蛮）中分出的说法合乎逻辑，但仅有部分缅甸北部的日旺人认为其与景颇的发源地“木拽省牙崩（Majoi shingra bum）”相同[②]，而中国独龙族以及与独龙同源的现居在怒江流域的贡山阿怒、福贡阿侬人并无此明确的发源地和清晰的迁徙路线，也无送魂路线，但有着“来自东方”的传说[③]，缅北的日旺（独龙）有从“太阳出的地方（位于东方的中国，也说‘中江’，即澜沧江一带）”迁去的说法[④]，独龙有“来自怒江”的传说[⑤]，另据福贡木古甲阿侬的一个传说，“……怒江边有三兄弟，后来大哥顺流而上，迁往北方，二哥向西翻越高黎贡山迁入缅甸，小弟弟留在了今天的怒江边上，是阿侬人的祖先。‘大哥’迁往的方向即贡山怒族（阿怒）居住区；‘二哥’西迁缅甸，独龙族、日旺人中包含有自称‘阿侬’的支系”。[⑥] 近代有从福贡、贡山普拉底等地迁往丙中洛的传说……[⑦]笔者认为：族群的迁移路线应具有多线性、多向性、多时性以及延时性等特

---

① 参见洪俊《独龙族源初探》，载于政协怒江州委员会文史资料委员会编《怒江文史资料选辑》（第一至二十辑摘编），德宏民族出版社 1994 年 8 月版，第 48 页。

② Khin Phang Htain：*A History of Rawang Tribe*（文学硕士论文），Mandalay University. 1998，p. 2.

③ 丙中洛阿怒传说，见何林著《阿怒人 同一屋檐下的不同宗教信仰》，云南大学出版社 2008 年 9 月版，第 65 页。

④ 《独龙族简史》编写组：《独龙族简史》，云南人民出版社 1986 年版，第 2 页。

⑤ 参见洪俊《独龙族源初探》，载于政协怒江州委员会文史资料委员会编《怒江文史资料选辑》（第一至二十辑摘编），德宏民族出版社 1994 年 8 月版，第 37 页。

⑥ 杨将领、李金明：《中缅跨界独龙族：自称与他称释义》，载于《世界民族》2010 年第 4 期。

⑦ 参见《民族问题五种丛书》云南省编辑委员会编《怒族社会历史调查》，云南人民出版社 1981 年 10 月版，第 74 页。

点，即一个族群可在不同时间，从不同路线、抵达同一或不同区域，迁徙可历时千年，也有近百年的迁移，可从甲地迁往乙地，也可从乙地迁往甲地。从历史、语言、文化特点看，贡山阿怒、福贡阿侬、独龙族、缅甸日旺—独龙可能与景颇先民“裸形蛮”或“野蛮”同源或有着直接的关系，也或属于一个与景颇先民关系亲近的没有文献记载的古老的民族群体，其部分可与景颇先民裸形蛮自甘青高原南迁，后居于恩梅开江、迈立开江上游地区，再向多个方向迁移；而部分古老的近亲族群则可沿氐羌系族群东路向南迁移，先后有分支群体在不同的时间多次向西跨过澜沧江、怒江迁移，部分居留于怒江流域，部分则继续向西，与其同族在伊洛瓦底江上游之恩梅开江、迈立开江一带汇合。内地到怒江流域的道路就局限于几条线：“在北，自菖蒲桶（民国时贡山县衙所在地，位于今丙中洛打拉村——笔者注）过怒江，越碧罗山至叶枝，渡澜沧江经康普至维西；其南，自知子罗越碧罗山，在营盘街渡澜沧江至兰坪；又南，则老窝、鲁掌、六库等地，经漕涧渡澜沧江至云龙；又怒江两岸各地沿江而下，至保山、腾冲。由于道路相通，分别与各地有政治联系”。[①] 另据高志英调查，从贡山的腊早翻越碧罗雪山，至维西岩瓦为又一交通要道。[②] 笔者认为，贡山阿怒、福贡阿侬及独龙族先民之一部分，可能从北部三条线路进入怒江：一部分从维西经康普抵达菖蒲桶，部分从维西抵达贡山腊早，但目前尚无文献和口传史说明贡山阿怒及独龙族是从上述二条线路进入贡山；部分从兰坪经营盘、知子罗抵达今木古甲、古泉一带，部分向北到贡山，部分向西进入缅甸，部分即今福贡阿侬。关于兰坪—怒江线路，据今天居住在独龙河谷的老人们说，他们的祖辈很早以前是从丽江、剑川、兰坪等地陆续迁居到怒江流域的贡山一带，然后又分数支西迁到独龙江和恩梅开江上游。[③] 另据缅甸怒苏人付三益的考察，有缅北葡萄一带独龙族（日旺）的口传迁移史中记载了知子罗一带的地名，曾寻根至此。不论从哪一条路线进入贡山，

① 方国瑜：《中国西南历史地理考释》（下册），中华书局 1987 年版，第 849 页。

② 高志英：《唐至清代傈僳族、怒族流变历史研究》，载于《学术探索》2004 年第 8 期。

③ 《独龙族简史》编写组：《独龙族简史》，云南人民出版社 1986 年版，第 9 页。

阿怒先民的部分辗转又进入贡山独龙江，再有部分进入缅甸，如葡萄县一带，一支则往北迁往今西藏察隅县察瓦龙乡的松塔、龙普两村；部分今居住在缅甸独龙—日旺、阿侬却是从木古甲、古泉一带进入缅甸，在葡萄县一带居住。这些不同时期迁居缅甸北部的“怒”、“侬”、“独龙”的先民在伊洛瓦底江上游地区汇合并进行重新组合，形成了许多分离状的氏族、家族。当然，怒苏人也随后经兰坪至知子罗的路线进入怒江。至于“目前居住在福贡上帕、鹿马登一带的自称为‘阿侬’的怒族则是从贡山顺江迁徙而来的”[①] 的说法，笔者认为缺乏有力证据，也可为近现代民族迁移的个别特例。

阿怒、阿侬、独龙先民的迁徙过程一直都在进行，分布成形时间较早。根据原碧江县普乐乡怒苏人的64代家谱及居住怒江43代史的说法，怒苏人进入怒江应在唐朝后期（南诏时期）[②]，而阿怒等的先民进入怒江还要早。至于阿怒等族的先民何时进入怒江，在元、明以前的汉文史籍中难以考证，但从这些族群居住地的历史沿革来看，自汉代在西南夷地区设益州郡、永昌郡以来，独龙江、怒江流域这一带地区各少数民族便与中原的封建政权发生了政治关系，唐、宋两代属“南诏”、“大理”地方政权管辖。[③] 有地方学者也认为，有学者认为，阿怒等的先民进入怒江的迁移始于西汉时期。[④] 根据缅甸阿侬学者 Khin Phang Htain，后成为日旺的“侬”约公元前600年已在中缅边境一带居住，这些人中的一部分后迁居缅甸成为日旺人，他们经过了金沙江、澜沧江、怒江，在公元400—500年已生活在缅甸葡萄一带。[⑤] 到元代，根据有关元代的文献，“撬”或“俅”（今独龙族先民）已与贡山阿怒、福贡阿侬发生分化了（参见图2-2）。

① 刘达成主编：《怒族文化大观》，云南民族出版社1999年9月版，第5页。

② 参见《怒族简史》编写组《怒族简史》（修订本），民族出版社2008年4月版，第8页。

③ 《独龙族简史》编写组：《独龙族简史》，云南人民出版社1986年版，第13页。

④ 参见李志恩《怒族族源与迁徙》，载于怒江州政协文史资料委员会编《怒族》，云南民族出版社2007年7月版，第35页。

⑤ Khin Phang Htain: *A History of Rawang Tribe*（文学硕士论文），Mandalay University，1998，p. i.

图 2-2 缅甸侬人（克钦邦葡萄县，20 世纪 20 年代）

按照汉语文献的习惯和传统，元代“撬”或“俅”主要专指俅江之民（今独龙族），但从文化的角度来看，也包含了今独龙族、贡山阿怒、福贡阿侬及与缅甸独龙—日旺杂居的阿侬人。在缅甸，包括日旺—独龙、阿侬甚至景颇各支系族群均被傈僳族成为“俅”或“俅帕”。时至明代，居于怒江的不论是贡山阿怒、福贡阿侬还是怒苏均被统称为“怒人”。

第三节 汉语文献中的“怒人”

方国瑜说：“怒族居怒江地区，唐时已著名，抑以居怒江之民而称谓怒族耶。”① 但有关“怒”或与“怒”发音近似的族称始见于明朝

① 方国瑜：《中国西南历史地理考释》（上册），中华书局 1987 年版，第 562 页。

（14世纪末至17世纪中）初期的文献，如“怒人”、“怒子”、“怒夷”等。这一称呼的范围，在汉语语境中，历经明、清和民国时期，与当今“怒族”这一民族共同体大致相当。

明代以前关于“怒人”的记载极少见，《元混一方舆胜览》卷中仅作了模糊的记载：“潞江，俗名怒江，出潞蛮。”至明代，《百夷传》说：“怒人，颇似阿昌。蒲人、阿昌、哈喇、怒人皆居山巅，种苦荞为食，余则居平地或水边，言语皆不相同”。此怒人与阿昌杂居，显然是在今缅甸克钦邦东北部与怒江州连接地带（泸水、福贡一带——笔者注）。天启《滇志》卷三十说：“怒人，男子发用绳束，高七、八寸，妇人结布于发。其俗大抵刚狠好杀，余与么些同，唯丽江（包括今怒江地区——笔者注）有之。”尤中先生认为这部分怒人分布在丽江府西部，即今维西、兰坪、碧江、福贡、贡山一带[①]，但说明仍过于笼统。据十六、十七世纪杨慎《南诏野史》载：“怒人居永昌（今保山一带）怒江内外……妇人批发，红藤勒首。”[②] 到了清代，怒人的分布进一步明确。乾隆年间余庆远在《维西见闻录》中描写道：“怒子居怒江内，界连康普、叶枝、阿墩（子）之间，迤南地，名罗麦基，接连缅甸，素号野夷……”[③]，“雍正八年（1730年），怒人中的头人‘相率到康普（今维系县）界，贡黄蜡八十斤，麻布十五丈，山驴皮十，麂皮二十，求纳为民，永为税例’”。[④] 据《皇清职贡图》载：怒人，“其部落在维西以外，过怒江十余日，环江而居”。[⑤] 乾隆朝《丽江府志略》载：“怒人居怒江边，与澜沧江相近，男女十岁后，皆面刺龙凤花纹……其

---

① 尤中著：《云南民族史》（修订本），云南大学西南边疆民族历史研究所编印，1985年10月版，下册第137页。

② （明）杨慎撰，（清）胡蔚校订：《增订南诏野史》，光绪六年刻本，下卷，第35页A。转引自《怒族简史》，民族出版社2008年4月版，第17页。

③ 《怒族简史》编写组：《怒族简史》，云南人民出版社1987年2月版，第28页。

④ 尤中著：《云南民族史》（修订本）下册，云南大学西南边疆民族历史研究所编印，1985年10月，第306页。

⑤ （清）傅恒：“皇清职贡图”，卷七，27页A。《四库全书》，影印本史部11，地理类10，上海古籍出版社1987年版，第594册，645页。转引自《怒族简史》，民族出版社2008年4月版，第21页。

最远者名曰怒子，言语不通。”① 道光《云南通志》卷一〇七说：“凡怒江以西，西北接西藏，西南界缅甸孟杨陆阻地（今缅甸克钦邦），东与丽江府及大理府云龙州毗邻皆是。”即今怒江州及境外的克钦邦。怒人与傈僳族、俅族（独龙）交错杂居在一起。清廷官吏庆复在乾隆五年（公元1740年）十一月初十日的奏折中说：“查怒子（此处指贡山阿怒和西藏察瓦龙的门浪人——笔者注）一种，住居维西边外，在浪沧江（即澜沧江）之极西……与西藏管辖之擦哇陇（今察瓦龙）、察哇岗（即今察隅县察瓦龙地区）土番并国外所住古宗（藏族）、傈僳、野人（景颇）界址相邻……”；至“雍正七年（公元1729年），怒子野夷见该省维西新设营堡，虽远在十余站之外，情愿输诚，每年贡纳几（麂）皮等土物，赏给盐三百斤。沿边土弁带领投书，经前督臣鄂尔泰具题，奉旨准为年例在案。自此附近口外土番之怒子，仍依番夷，附近浪沧江一带者，即向康普土弁、叶枝头人羁縻，往来备无界限……”②

上述资料表明，①自明代以后汉语文献中对怒江流域除傈僳、藏以外的主体居民已经有了明确的称呼，如“怒”、“弩”等，与这些族群的自称发音近似；②上述文献作者的描述中并未对这些人群语言、社会文化以及族源流变等内容作民族学分析，因而未明确分辨“怒人”各部分的区别，仅使用一个笼统的称呼来指代这些自称中带有近似“怒”的发音的人群；③“怒人”可包括东南部（兰坪）的若若、南部（原碧江）的怒苏、中部（福贡）的阿依、北部（贡山）的阿怒等人群，居住范围北至滇藏边界，南至今保山、泸水县一带，西至中缅边境的高黎贡山，东至兰坪、维西以西；④关于人群体貌特征的描述也涵盖了上述所有民族群体；⑤上述不同作者的文献描述所指对象事实上不尽相同，但由于使用了“怒人”、“怒”及其他发音近似的汉字而使得“怒”一字具有了表示一个民族共同体的倾向性，这一倾向一直延续至民国时期，对后来人们关于“怒族”的认识甚至国家民族识别都可产生不同程度的影响；⑥上述文献在表示“怒人”的时候还有意区别了罗

① （清）管学宣修，（清）万咸燕纂：《丽江府志略》，乾隆八年刻本，上卷，《官师略·附种人》。转引自《怒族简史》，民族出版社2008年4月版，第17页。

② 《怒族简史》编写组：《怒族简史》，云南人民出版社1987年2月版，第23页。

罗（彝族）、阿昌、傈僳、俅（今独龙族）等族群，同时表现为对怒苏、阿侬、阿怒、若若先民间异同性的忽视。不难看出，“怒人”在概念上作为一个民族共同体的形成首先归功于汉语文献——“他称”的表述，即不加区分地从“阿怒”、“阿侬”、“怒苏”等取“怒”作为这些怒江居民的共同称呼，加一“人”、“子”字而称“怒人”、“怒子”等。如果从文化的视角进行考察，则不难发现这些族群的差别。尽管与怒人相关族群的族源及关系问题上仍然存在诸多的争议，但可以肯定的是，怒人各组成人群并不属于同一个民族的平行分支，而是一个在文献中被无意或故意建构的民族共同体。

至民国时期，从清末夏瑚《怒俅边隘详情》到有关 1912 年的“怒俅殖边队”、1916 年的“行政公署”、1928 年以后的“设治局”的记载，均沿用了以往的称呼。一方面不加区分地使用“怒”的统称，同时进一步区分了“怒”与“俅”，在已区分藏、傈僳的基础上，以怒江、俅江（今独龙江）来对两地居民进行地理上的划分。“怒族”经民族识别获得确认（1958—1964 年）后，这一文献传统进一步强化。首先，之后的有关作品中“怒族”完全取代了先前的“怒子”、“怒人”等称呼，作为贡山阿怒、福贡阿侬、（原）碧江怒苏、兰坪若若等人群的集合族称；其次，在一些有关“怒族”的综合性读物中，“怒族”甚至遮蔽了其各组成部分的自称，将各部的文化特点混为一谈，或以某一部分的特点覆盖其他部分的特点，虽然这些读物大多能够按学术规范就“怒族”的组成结构、各部的自称、聚居地、人口、语言文化特点等基本信息作一些说明，但往往被这“大而统”的文献风格所淹没。[①] 其结果是怒族的民族边界被强化的同时，各部的历史、社会文化特性被刻意忽视或模糊化，同时建构出一个“色拉状”的民族文化符号和文化实体。这一倾向事实上已形成了学术研究与社会文化事实相分裂的状态。笔者以为，对于怒族历史、社会文化的研究首先必须超越这一表达框架和族群边界，一方面充分理解和尊重各组成族群间的差异性，分别进行考察，同时通过对其他相近或相关民族的研究来辅助和支持关于怒族

---

① 关于怒族研究的近况参见解鲁云《近年来国内怒族研究综述》，载于《云南民族学院学报》（哲学社会科学版）1999 年（7 月）第 4 期。

研究。

第四节 怒族的中国国家建构

在20世纪50年代中国开始的民族识别过程中，有学者提出了“怒人”中贡山阿怒、福贡阿侬与（原）碧江怒苏、兰坪若若的差异，前二者与“俅”（今独龙族）的“近亲”关系以及与景颇（族）的较近关系，后二者与一些“彝族”支系的较近同源关系，以及“将独龙族和怒族合并，把独龙族和日旺族看作统一社区的一个共同体”的主张[①][②]，但最终均未被采纳。怒苏、若若与阿怒、阿侬的族源关系较远但仍被视为“怒人”，“俅”（今独龙族）与之亲近却被划为他族，这在近现代文献中似乎早已形成了一种模式，一种族属划分不完全依赖文化、历史的模式。20世纪50年代后中国的民族识别从结果来看仍然承袭了这一传统。用Stevan Harrell的话说，就是“综合考虑可以看到，民族识别的标准似乎只是将解放前分类中已经出现的区分合法化并加以确认”。[③]

根据有关资料，我国民族识别中民族的界定基本上遵循了斯大林对于民族的定义：共同语言、共同地域、共同经济生活、共同心理素质这四个基本特征的稳定共同体。民族识别的实践标准包括民族特征（如分布地域、族称、历史来源、语言、经济生活、物质文化、精神文化以及心理素质等族）、民族意愿（即“名从主人”原则）、历史依据、就近认同（对于相互近似的民族集团，即其语言基本相同，民族特点相

---

① 参见国家民委民族问题五种丛书编辑委员会云南省编辑组《云南少数民族社会历史调查资料汇编》（第三辑），云南人民出版社1987年版，第12、48页。

② 施帝恩·格罗斯著，周云水译：《族名政治：云南西北部独龙族的识别》，载于《世界民族》2010年第4期。

③ Stevan Harrell, “The History of the History of the Yi”, in Stevan Harrell (ed.), Cultural Encounters on China's Ethnic Frontiers, Studies on Ethnic Groups in China Series, Seattle and London: University of Washington Press, 1995, p. 82. 见于施帝恩·格罗斯著，周云水译：《族名政治：云南西北部独龙族的识别》，载于《世界民族》2010年第4期。

近，地域相连，而且形成密切经济联系，且有民族认同意识的，尽可能相互合为一体，认定为同一民族）等原则。[①] 在怒族的识别和确认过程中，展开了广泛的历史文化调查，但研究结果并不是唯一的或最终的识别依据。

20世纪50年代方国瑜等在从历史、区域、人口、名称、经济、社会文化、语言等方面对贡山“怒”、“俅”进行了比较研究，认为“贡山‘怒’、‘俅’应为同一民族，碧江和福贡‘怒’与贡山‘怒’、‘俅’的关系还要进一步调查研究”。[②] 从历史文化取向看，贡山“怒”、“俅”应该为同一民族，而怒苏、若若则为彝族的不同支系。另据有关资料，“……这两部分怒人（贡山阿怒、福贡阿侬——笔者注）和‘俅人’至今还相互往来，互称亲戚，互换族称，有的甚至认为彼此同属一族。历史上，他们可能同属于一个族支。福贡与贡山怒族在社会组织和其他文化特征方面也与原碧江怒族不同……以上特点反映，(原）碧江的怒族与贡山、福贡两县的怒族，在长期的历史发展过程中，可能各自吸收和融合了不同的人群。他们在进入怒江后，由于共同居住在一个区域之内，经济、文化上的相互交往，互通婚姻等，在长期的历史发展过程中，事实上已经逐步形成为一个共同族体。新中国成立后，经过民族识别，有关部门与怒族人民、上层人士等广泛协商，取得一致意见后，将该族定名为怒族”。[③] “综观（原）碧江、福贡、贡山三县怒族族称、语言、传说级文献资料记载，今怒江地区的怒族，在古代可能不止一个渊源。民族是一个历史范畴，共同体的同源或异源同流是历史 发展中的普遍现象。自称‘怒苏’、‘阿怒’（福贡阿侬)、‘怒’、‘阿龙’（贡山阿怒）的人群，在长期历史发展中，由于共同居住在一个区域内，相互交往，相互通婚，过着共同的经济、文化生活，事实上已经逐步融合成为一个共同体。因此，新中国成立后，经过广大

① 参见王红曼《我国民族识别工作的理论依据及实践标准》，载于《西藏民族学院学报》(哲学社会科学版)，2000年第3期。

② 国家民委民族问题五种丛书编辑委员会云南省编辑组：《云南少数民族社会历史调查资料汇编》(第三辑)，云南人民出版社1987年，第12页、48—51页。

③ 《怒族简史》(修订版)，民族出版社2008年4月版。第11、12页。

怒族人民同意，一致定名为怒族。”[①] 从上述资料不难看出，①“俅”与贡山、福贡“怒人”的关系较“亲近”而与（原）碧江怒苏族源关系较远；②（原）碧江“怒苏”与贡山“阿怒”、福贡“阿侬”在族源历史、语言、社会文化上经历了“异源同流的过程而形成一个民族共同体”；③“怒族”的族称是通过“定名”形成，经过“怒人”各部分的人民及上层人士、有关部门同意共同确定的。以“异源同流”作为民族划分重要依据的典型例子还有景颇族：其所属支系包括所操语言上分属景颇语支的景颇与属缅语支的载瓦、勒期、浪峨（浪速）、波拉等，其先民经历不同的迁移路线，最终抵达同一区域。[②] 笔者认为，事实上怒族与景颇族不同，其各部并不存在所谓的“异源同流”过程，相反，他们呈不连贯的串状分布在怒江各段，1950 年以前他们之间的交往交流并不频繁，通婚现象极其少见，与此相反，北部贡山阿怒与藏族、傈僳族、“俅”（独龙族）的交往还更为频繁，福贡阿依与傈僳族、俅的交往更频繁，（原）碧江怒苏与傈僳族的交往更频繁，兰坪若若与白族、普米族的交往还更多。因此，“怒族”的最终确定主要是一个历史惯性（沿用“怒人”的范畴），同时民族意愿和国家的需要起到了关键作用。法国学者施帝恩认为，这主要基于中国政府族名政治需要的。[③] 其他一些学者（例如 Harrell 关于彝族的论述）主张从 20 世纪 50 年代到 1980 年代早期的“民族识别”是对中国族群地图的一次政治建构，这次识别是中国政府在新中国成立后推行的第一场族群构造运动，它正式识别出了 56 各族群类别……而中国政府作为分类者，长期以来试图成为界定各个“民族”的“特有文化”的主体，并从 20 世纪 80 年代以来期待着最终将所有这些族群认同整合起来，成为一个单一的范畴（中华民族），从而消弭不同族群之间的差别……与正式承认了中国境内的文化差别的第一次努力（民族识别）不同，第二次努力

---

① 《民族问题五种丛书》云南省编辑委员会编：《怒族社会历史调查》，云南人民出版社 1981 年 10 月版。第 3 页。

② 参见德宏州民族语文指导工作委员会编《景颇族阿昌族社会历史调查文集》第一章，2007 年 6 月版。

③ 参见施帝恩·格罗斯著，周云水译《族名政治：云南西北部独龙族的识别》，载于《世界民族》2010 年第 4 期。

想要建立一个关于中国民族—国家的民族认同，从而超越国内的文化差异。①

事实上，民族识别和民族确认并不完全是一项大规模的学术实践活动，识别结果是由识别时的历史、社会和政治因素之间的复杂关系决定的。被“钦定”的独龙族的识别是一个典型的例子，即国家对“独龙族”的政治上的需要超越了诸多的可能性，其“名从主人”原则的强调仅仅是一种表象上貌似“科学”或“学术”的表达，即识别独龙族似乎主要基于当时区分各族的族名政治，是为了达到一定的政治效果而非仅仅顾及独龙族的族群意识。民族识别运动刚刚开始，许多学者就强调独龙族和怒族之间可感知的关系。对于一些调查人员来说，很明显，贡山“怒”、“俅”应是同一民族。另外有人认为所谓的独龙族“只不过是一般地被称为日旺的一部分，仅仅是这一大集团的一个较大的民族群体。”② 因此一种观点建议将独龙族和怒族合并，另一种观点主张把独龙族看做同一社区的一个“共同体”。但最终“怒”和“独龙”被官方公认各是一个单一的民族。③

中国民族识别和民族确认的影响是巨大的，不仅实现了族名政治的需要，同时对学术研究领域以及“怒族”内部的自我建构起着关键的作用。

第五节 缅甸“怒人”的建构

关于缅甸“怒人”的文献较中国更为缺乏，当代一些民族或族群在其自我建构进程中也主要参照中文文献，但与中国不同，汉文文献对

① F. K. 莱曼，张文义：《利奇克钦模式的得与失》（代译序），见［英］埃德蒙·R. 利奇著，杨春宇、周韵红译《缅甸高地诸政治体系——对克钦社会结构的一项研究》，商务印书馆 2010 年 6 月版。

② 云南省编辑组：《独龙族社会历史调查》（第一辑），云南民族出版社 1981 年版，第 43 页。

③ 参见施帝恩·格罗斯著，周云水译《族名政治：云南西北部独龙族的识别》，载于《世界民族》2010 年第 4 期。

缅甸“怒人”的建构作用有限。缅甸“怒人”的建构表现为民间他族的建构、西方建构、国家建构、自我建构和重构等过程。

一 “克钦”与“侬”

“克钦”(Kachin)这一范畴较复杂，有时仅指缅甸北部的景颇人(自称)，但多数情况下指一个族群统称。Kachin(克钦)最初就不是一个语言范畴。在缅语中，这一范畴最初意义含混，泛指(缅甸)东北部边境的野蛮人。Kachin 第一次在英语中出现大概在 1937 年，之后它被用以统称山地部落民，但不包括生活在八莫地区和北部兴威邦的崩龙人(中国称德昂族)。和现在一样，这一人群当时包括说各种语言的人。他们所用语言和方言包括现在所称的景颇语、高日语、木如(也写作“玛如”)语、阿儿(Atsi)、勒期语(Lashi)和傈僳语等。英国人大约在 1924 年首次与说景颇语和其他“克钦”语言的人有政治上的接触。这些人在当时被称为“新颇”和“卡库”人(Khakoo)。在 1837 年英国军事情报资料中，“新颇”被用来指代胡康河谷说景颇语的居民以及他们在阿萨姆的近亲部落，而卡库则包括江心坡和孙布拉蚌(Sumprabum)地区的景颇人，以及木如、勒期、傈僳，侬和都凉(Duleng，汉字也写作“都龙”)人。卡库被看作新颇的一个分支，但等级较低。“卡欠”(即克钦 Kachin)与缅语中的“森博”和英语中的新颇的范畴是独立的。负责部分英国原始情报工作的汉内把缅甸东部的山地人、胡康河谷和阿萨姆地区的新颇人，以及迈立开江(Mali Hka)和恩梅开江(N'mai Hka)谷地的各种“卡库”人归为一类。汉内把缅甸北部八莫所有人口划归两类：掸人和卡欠人——不同山地部落之间有着普遍的文化相似性，他们不说同一种语言，但这并不特别重要。汉内的观点至 19 世纪末一直被普遍接受，如说一种景颇方言的高日人和一种木如语的载瓦(Azi)(或阿儿)人，被认为是同一个“克钦亚部落”中“关系密切”的分支——克钦仍然是一个文化范畴而非语言范畴。在这一时期，克钦山区(Kachin Hills)一词成为英国殖民统治下缅甸官方行政术语，他们武断地认为克钦是生活在一个特定地区的人，而不是具有特殊文化特征的人。

大约自 1900 年起，语言学在族群划分中开始占主导地位，“克钦”仅用于指景颇人，即说一种单一的克钦语（景颇语）的人。在 1900 年至 1941 年的每次人口普查都按照“人种”（事实上这里的“人种”是语言的同义词）进行分类，同样在《缅甸的部落》和《缅甸的种族》等手册中，人群事实上也是按照语言来划分的。因此在 1911 年至 1941 年间所有官方编制的人口资料中，把说木如、勒期、载瓦、孟塔、庞、侬、傈僳等语言的人分列在别的章节，与讲克钦语（景颇语）的人区分开来。但传教士、军队和当地的行政当局经常沿用汉内的界定，继续把克钦当作统称来使用。英国殖民政府撤离后，先前八莫和密支那的行政区域合并成为一个半自治的政治实体，称克钦邦（Kachin State, Jingphaw Mungdan），所以该区中的所有人口，不论他们说何种语言，如果非掸人，也非缅人，那么大概就被官方认为是克钦人（景颇人）。而在仰光的大学里，克钦人仍然被认为是说景颇语的人。利奇本人按语言、地域、政治三种标准对克钦进行细分。

在克钦山区，语言或方言繁多。语言学者把它们划分为四种独立的语言，每一种有众多独立的分支：①景颇语含普通景颇语（Normal Jingphaw）、高日（Gauri）、茶山（Tsasen）、都凉（Duleng）、卡库（Hkahku）、腾奈（Htingnai）等语言；②木如语包括普通木如语（Normal Maru）、勒期（Lashi）、阿几（Asi）、孟塔（Maingtha）或阿昌（A´Chang）、庞（Hpon）等语言；③侬语在语言学上介于藏语和景颇语之间，侬语更接近于藏语，其中的日旺（Rawang）和达如（Daru）方言互不相通；④傈僳语和景颇与、木如语差别很大。

侬人居住在恩梅开江和迈立开江以北，恩梅开江上游两岸高山地带（南德迈）的人群。这个地区的交通非常困难，语言差异很大。侬人在南部逐渐与木如人融合，而在北部则与萨尔温江上游和藏区边界上各种不太为人所知的“部落”相融合。克钦山区内的侬人通常进贡给比他们强大的邻居，即萨尔温江上游的傈僳族人和倮倮（Lolo）、坎底的掸人以及江心坡北部的景颇人。和木如人一样，除语言之外，侬人的大多数文化特征都与景颇人非常接近。侬人与其他克钦人之间经常通婚。在部分地方，侬人村寨与傈僳村寨紧密混杂。侬人的组织在针对内部事务时是贡劳制，但向掸人和景颇等外部人群纳贡时，就采用贡萨制。[①]

二 缅甸怒人

缅甸“怒人”（Nung，与阿侬或侬人的自称发音相同）建构模式较为复杂。最初，“Nung”为景颇人用于指代缅北 Daru（达鲁）、Rawang（日旺）等相当于中国独龙族的族群（事实上也包含了来自怒江的福贡阿侬，笔者注），有 Daru Nung、Rawang Nung 等。19 世纪末英国人将此称呼的范围扩大，包括汉语文献中的“俅”和“怒”（“怒”主要指自称“怒”和“侬”的人群）和缅北日旺各部，指代词汇为 Nung 或 Nung - Rawang[②]，所括族群均为景颇语支族群，未含怒苏、若若等彝语或缅语支族群——一种基于语言、历史即文化的建构。事实上，Nung 或 Nung - Rawang 在缅甸北部并不是一个完整的民族共同体或统一的部落，而是一些组织松散的氏族或家庭公社，他们按居住地、祖先原居村落来命名，各部存在方言的差别，但语言、社会文化上大致相同。日旺人（Rawang）反对“英国殖民者不正确的命名”，以其历史、文化特征为依据进行了“恢复”日旺民族身份和地位的努力，Rawang（日旺）最终在 1964 年 2 月 12 日由缅甸革命委员会主席宣布为全缅 135 个民族之一。[③] 事实上，这一族群运动使得族称 Rawang（日旺）完全取代了 Nung（侬），即人口总数达十余万之众的“日旺”中包含了迁徙自怒江的福贡 Anung（阿侬）。在一些 20 世纪 60 年代中以后的文献，包括西方学者的调查资料、缅甸地方神学院的神学论文中，Rawang（日旺）已经完全取代 Nung 或 Anung 而被称为一个民族或族群 tribe，后者多被作为前者的一个小分支而存在。以前的文献中经常使用 Rawang - Nung 的说法，字面上表示“日旺”属于“侬”的一部分，现在的文献多用

① 埃德蒙 . R. 利奇著，杨春宇、周韵红译：《缅甸高地诸政治体系——对克钦社会结构的一项研究》，商务印书馆 2010 年 6 月版，第 67 页。

② 参见施帝恩 · 格罗斯著，周云水译《族名政治：云南西北部独龙族的识别》，载于《世界民族》2010 年第 4 期。

③ 参见 Rawang Literature and Cultural Central Committee：*The Definition of Word Rawang*, Putao, Kachin State, Myanmar, December 7, 2002。

Nung－Rawang 或 Hkhanung－Rawang 表示，表示 Nung 是“日旺”的一部分。Hkhanung－Rawang 这样的称呼与日旺意义相同，而日旺（Rawang）是一个官方的族群称呼。[①] 事实上，由于杂居的原因，Nung 或阿侬一方面面临被同化的问题而使得与日旺、傈僳的界限呈现模糊化的趋势，另一方面，其精英阶层及少数聚居村落的阿侬社会内部虽仍然保持了与其他族群的相对独立性，同时其官方的民族身份不可避免地被标注为 Rawang 或 Lisu。但缅北阿侬人仍然坚持认为，Rawang（日旺）、Daru 和 Duleng（达鲁、都龙，与中国的独龙族有着较近的同源关系）可属于 Nung（侬），但 Nung（侬）绝不属于 Rawang（日旺）。根据 1983 年缅甸进行人口调查时划定的民族表，缅甸境内所划分的 8 个族系，135 个民族中并无 Nung（“怒”或“侬”），克钦族（系）含 6 支（从 12 支归并而来），包括景颇语支族群景颇或克钦、日旺，缅语支族群载瓦、喇期、浪峨，彝语支族群傈僳[②]，其中也无 Nung 人的位置，而自称 Nung（侬）的族群被随意地划属傈僳或日旺，自称 Nusu（怒苏）的族群则被划属傈僳。

迁自怒江福贡县木古甲、古泉村一带自称“阿侬”（Anung）的族群，目前主要居住在缅甸克钦邦北部地区，人口共约 15000 人，以葡萄县最为集中，近 10 年已有约 1000 人移居密支那地区，他们与傈僳、日旺杂居，主要使用傈僳语、日旺语，部分使用阿侬语；而怒苏（Nusu）主要在密支那附近聚居或与傈僳、勒墨人（自称“巴尼”）杂居，人口约 5000 人，主要使用傈僳语，完全能够讲怒苏语。根据 Joel A. Khopang 等阿侬精英，缅甸怒人（Nung）有三层含义：第一层指大约 15 世纪以来迁徙自怒江福贡古泉、木古甲一带的阿侬（Anung 或 Nung），多在葡萄一带的日旺和阿侬中使用；第二层指“怒系民族”（Nungish Peoples），Nung 包括阿侬（Anung 或 Nung）、日旺（含独龙 Delong）等语言文化相近的族群，这一层含义与西方人的建构模式基本一致。第三

① Ka Ru La Ring: A Short History of the Mission to the Rawangs, Myanmar Institute of Theology（《日旺基督教传教简史》）（神学学士学位部分成果），Seminary Hill, Insein, March of 1993. p. 31.

② 参见贺圣达、李晨阳《缅甸民族的种类和各民族现有人口》，载于《广西民族大学学报》（哲学社会科学版）2007 年 1 月。

层含义是2007年缅甸阿侬与怒苏接触并开始合作后形成，与中国怒族范围大致相同，在缅甸主要包括阿侬（Anung）、怒苏（Nusu），在跨国背景下也自然地包括贡山阿怒和兰坪的若若。

缅甸阿侬承认与日旺在语言、文化上的相同性，族名上认可对日旺的包含关系，否认对日旺的从属关系，同时认同于中国民族识别所形成怒族的民族范畴并按此模式建构“缅甸怒族”。缅甸阿侬和怒苏2007年开始合作，经过数年在语言及书写文字、文献、文化的准备，至今已形成了“缅甸怒族”的基本构架，决定在汉语语境中使用与中国一致的“怒族”作为这一民族共同体的汉字标识，继续使用Nung作为该族称的英文标识。缅甸怒族寻求成为全缅甸百余个民族之一，或克钦民族“第七分支民族”的努力自20世纪70年代以后一直在进行。

第六节 结 论

在汉语文献传统及中国国家建构的背景下，区分怒族各部的目的主要在于说明其地理位置及作为自称符号的特点，如贡山怒族（阿怒）、福贡怒族（阿侬）、（原）碧江怒族（怒苏）、兰坪怒族（若若），而其在历史、文化上的差异性和特殊性往往被忽视或回避。离开这一建构框架，从文化视角则不难看到“怒人”或“怒族”各部不同的族源历史及文化特性，以及建构与文化不重叠的事实。

从上述文化视角看，阿怒、阿侬、独龙属景颇语支，同时具有景颇语支民族的一般文化特点，怒苏、若若虽有所不同，但均属彝语支，具有彝语支民族的一般特点；从历史来看，阿怒、阿侬和独龙可为同一族源，且可与景颇的族源关系较近，而怒苏、若若则可与部分彝族支系同源；从迁徙路线看，阿怒等的先民可与景颇先民一同沿氐羌民族迁徙的西线（怒江以西）自北往南迁，也可沿东线（怒江以东）迁徙，但较早向西跨过金沙江、澜沧江抵达怒江，部分又过怒江进入伊洛瓦底江上游，而怒苏、若若的先民则沿东线南迁，进入澜沧江流域，怒苏转而进入怒江；从进入怒江的时间来看，阿怒、阿侬等族群较怒苏要早得多。那么“怒人”又是从何而来呢？自唐代以来，文献中曾使用“庐鹿”、

"泸"、"卢"、"洛"、"潞"、"怒"、"弩"及其他发音相近的汉字称呼金沙江、澜沧江、怒江流域的个民族，事实上在许多地方民族和汉族口语中，"n"和"l"的发音是不区分的，极易混淆，而"怒"的形成是一个族称演化的结果。元以后，庐鹿写成了"洛"或"罗罗"（含若若）为部分彝族的自称，"卢"在明代以后演化为傈僳，明清时期怒苏也逐渐被文献作者所识别，并写作"怒子"，与此同时，位居怒苏之北，未曾在文献典籍中出现的阿侬、贡山的阿怒由不同的文献作者写作"怒"或"弩"。而独龙的先民则在元代已被称为"撬"（后写作"俅"）。于是，历史、文化不同但族称近似的"怒"就在文献作者们的笔下成形了，此后经过一些学者"统而论之"的过程，怒江地区除傈僳、藏、俅之外的一个久居族群"怒"就被建构起来了。

安德森认为，民族是一种想象的政治共同体……"想象的共同体"不是虚构的共同体，不是政客操纵人民的幻影，而是一种与历史文化变迁相关，根植于人类深层意识的心理结构。在中国的背景下，"怒人"这样一些较小的族群，其"民族"首先意味着在文献及族名政治中"被建构"的共同体，而非自我的"想象的共同体"，这一概念甚至在诸多方面左右着这些族群的"想象"，以及自我建构或重构。而在民间，人类学考察不难发现其自然持有的有别于"被建构"的历史、文化和心理结构，即一种单纯的民族身份认同，一种看似脆弱但不易改变的族群属性。因此，"怒人"关于"民族"的概念就包含了较强势的政治的与较弱势的文化的两个平行的维度。在缅甸的背景下，"被建构"的特点仍然突出，但"民族"的想象在人们心中所召唤出的历史宿命感非常强烈，同时在其族群重构的努力中，中国的"怒族"模式成为了缅甸"怒人"精英们所借鉴的范本。

第三章

族群的“想象”与族群身份

第一节　家族与氏族

一　从怒江到缅北

今缅甸克钦邦北部的阿侬（Anung）与日旺（Rawang）族各部，如达鲁（Daru）、玛旺（Matwang）、龙米（Longmi）、格能（Ganeung）、唐塞（Tangsar）、托罗（Talu）等，首先是一些家族或氏族组织。换句话说，就是在当代民族或族群框架形成之前，他们作为一些组织结构松散的家族或氏族而存在，各自拥有独立的群体自称，详细的家族或氏族迁徙传说（历史及路线），使用同一语言的不同方言，曾经共享创世传说“创世记”，但缺乏统一的大致相同的族源传说，也缺乏族群身份认同感。各个氏族之间的关系十分复杂，从族源迁徙历史来看，具有迁徙时间的非一致性，非共时性，路线各异、重复、反复等特点。关于族群或民族的划分是在英国人占领全缅甸以后才开始出现的，后来，不同族群对这些人群的他称，缅甸国家当局对他们的划分，甚至中国的民族识别和民族确认的结果都对这些人群关于族群性、族群认同等概念的形成产生影响。克钦邦北部的 Nung（侬）、Rawang（日旺）、Daru（达鲁）等人群的先民可能在不同的历史阶段可能随景颇直接从甘青高原抵达伊洛瓦底江上游的恩梅开江及迈立开江流域，也可能从云南贡山经独龙江（恩梅开江上游）或西藏察隅县察瓦龙（乡）一带进入缅甸，也可能早期从怒江福贡木古甲、古泉向西进入缅甸，再辗转抵达葡萄一带，这些在某个历史阶段族源相同的人群在这一地区历经数世纪的交往和交流，甚至融合，形成了近现代 Nung（侬）、Rawang（日旺）、Daru（达鲁）等氏族的分布格局。在这些人群中，自 15 世纪从福贡木古甲、古泉村一带进入缅甸境内的一支拥有极为清晰的族源、迁徙路线的记忆，因此他们认为自己是一个独立的群体，即阿侬，Khopang 是其中一个较大的氏族（家族）。据说，阿侬的祖先嘎卢（Garu）原来居住在今木古甲一带，其子卡胡当（Kha Ho Dang）于 1531 年迁入缅甸并居住在查拉木贡（Chala Mu Gong）、阔朗普（Kawlang Phu）一带。后来，阿侬人又分散到 Namchi Dam、Thaula Dam 和 Khinsan Pha、Maphe Chidin、Dinlang Mu Gong、Libeu La、Shiwa Tong、Siram Pha、Dikawt Wa Thong、Limache 等地。再后，一些阿侬又向南迁往 Nongmon 地区，现散布在几个村落中。1932 年，部分阿侬迁往葡萄一带并居住至今，除中国滇西北的怒江地区和缅甸北部以外，泰国、美国有少量阿侬人定居。

根据 1957 年的调查资料，福贡木古甲的阿侬，木楞、固泉（古泉）、阿尼岔等几个分支同源于一个共同的祖先扑浪青（约 500 年前）。阿侬没有图腾崇拜、公共墓地、族外婚等氏族的标志和传说。但他们和木楞、阿尼岔、古泉等村以及从这些村落迁出去的阿侬，都认为是一个“提其（源于同一始祖的人）,“提其”下则是“的康”（意为“支”,或一个大家族),“的康”以下又分“的拉”（意为几个亲胞兄弟组成的小支），每个“的康”包含三、四个“的拉”不等。木古甲村 73 户分 3 个“的康”，他们是由十一代祖兄弟三人繁衍下来的子孙组成。每个“的康”就是一个小村落，拥有公共的山林，其下的各个“的拉”又拥有专属的山林和火山地，但各个“提其”之间已无共有山林和火山地存在。这些资料收集整理者认为，这是一种“在私有制过渡中氏族特征日益消失的表现”……但从阿侬的“近亲”，贡山阿怒的特征看来，阿怒并没有发育完善的氏族制度，其社会组织形式主要表现为家族或家庭组织。阿侬社会很早就形成以一夫一妻的父系个体家庭为基础的基本经济单位，但家族（支或小支）的血缘纽带仍然在社会生活中起着一定的作用，如以血缘惯性为基础形成的伙耕，以及借地和生产生活上的互助。家族没有姓氏，也没有其他表示这一共同体的标志，家族成员中无父子联名，仅兄弟之间名字有一音相同。村落中也没有建立起农村公社和产生明显的阶级分化，因此在1949年以前还没有自己的政治组织。家族之间和家族内部的纠纷由家族中自然产生的“阿沙”解决。“阿莎”不是村寨头人，而是在一个小村范围内对具有一定威信的人的尊称。[①]

15世纪木古甲一带的阿侬西进缅甸，其形式与先后进入缅甸的傈傈族近似。阿侬进入缅甸的迁徙一般以家庭、家族为单位，他们几乎完全移植了在原住地的社会组织模式。基督教1932年由加拿大牧师马道民传入上帕，随后在木古甲建立教堂[②]，家庭公社制度面临进一步解体。阿侬人所接受的基督教教会组织为神召会系统，神学语言使用傈傈语文，语言文化以及社会结构和关系上的傈傈化越来越明显。1949年以后，代表国家政权权力的地方行政机构完全替代了原来村社头人，以及后来基督教会（教堂）的权威。而在缅甸的阿侬，一方面承袭了原有的社会模式，另一方面也因基督教的传入而改变。克钦邦北部的阿侬与傈傈族、日旺（族）人杂居，地方使用通用语是傈傈语和日旺语，而阿侬语退居次要，主要在局限于阿侬人家庭内部使用——这与木古甲阿侬的现状近似。缅北阿侬人信仰基督教，有的加入傈傈教会，有的加入日旺教会系统，因此具有傈傈、日旺不同的文化特点。不论选择那一种语言的神学系统和民族的教会，都对原有的社会、文化产生影响。许多阿侬牧师都是在傈傈或日旺神学院受过教育并用相应的语言作教会服务（如讲道）。在此背景下，阿侬的家族或家庭公社、家庭具有了傈傈、日旺文化和基督教特点。由于基督教会不同于家族或家庭公社组织，许多事情都在教会内部完成，如互助、婚姻、纠纷解决等，因而家庭公社或家族这一松散的组织面临进一步的解体，而且，在傈傈语、日旺语作为神学语言和通用语的情况下，这些与傈傈族、日旺杂居的阿侬人面临着日益严重的同化问题。现在怒江福贡县的利沙底（石月亮）、鹿马登、架科底等地的阿侬人在语言、社会文化生活等方面都已经完全傈傈

① 参见国家民委民族问题五种丛书编辑委员会云南省编辑组《云南少数民族社会历史调查资料汇编》（第三辑），云南人民出版社1987年版，第68页。

② 同上书，第73页。

化，古泉的绝大多数阿侬已经不再使用阿侬语，木古甲也仅有少数人使用傈僳族语。同样的情况也发生在缅甸。与此同时，鹿马登等地的阿侬仅仅凭借着父辈的口传话语及记忆认同阿侬，而木古甲的阿侬凭借仅存的少量语言使用者及历史记忆认同阿侬身份，他们最终被确认并划入怒族。而缅甸的阿侬，则主要凭借语言、历史记忆以及其阿侬姓氏或祖先地名 Khopang（孔旁），即傈僳语的“古泉”。可以说，阿侬的社会结构及组织已经基督教整合，教会组织作为最具能力的机构很大程度上取代了家族、家庭公社组织的功能，如婚姻婚礼、葬礼、社会互助都完全由教堂教会负责组织完成。虽然阿侬仍然能够在亲属系统中清晰地识别自己的家族，亲属关系仍然重要，但也仅仅是形式上的关系而已。而且已经出现日旺化或傈僳化的倾向，仅存的特点是部分语言使用者、族源传说及来自祖先出生地的姓氏。因此，克钦邦北部，如葡萄县一带的阿侬，其村落社会的基础主要是家庭，以核心家庭为主，还有主干家庭，少数扩大家庭，与今木古甲的阿侬家庭无异，但由于缅甸没有计划生育政策，家庭规模都比较大，一对夫妇生养十余个孩子的情况极其常见。

与阿侬不同，怒苏人的传统村落社会是较为典型的氏族社会。怒苏村寨一般由几个家族组成，如碧江一区的普乐村由腊老姚、腊宽姚、腊里姚、拉乌期等五个家族组成，老母登是由斗华苏、达华苏、米里华、米白华、亚足华、拉伍华六个家族组成。村寨周边的山林荒地为氏族共同拥有，氏族成员可以开垦使用，子孙可以继承，但不能私自买卖，一般通过与氏族头人协商，杀小猪一头，煮酒一锅请全氏族吃一顿饭，也或支付一定的地价完全取得土地，地价由全氏族按户平分。氏族头人由氏族成员共同推举产生。[①] 怒苏人的氏族内奉行父子连名制，如老母登的斗霍、达霍（也写作斗华、达华）等氏族。不同氏族有不同的氏族标志。但是，近代以来怒苏的氏族制度逐渐解体，而20世纪初基督教的传入加速了这一进程。据现居缅北的福贡棉谷人付三益（出生于20世纪60年代）说，他祖母一辈还能够清楚地背诵其家族的父子连名谱系，后来由于不常用，现在都遗忘了。怒江原碧江（现在福贡匹河一

① 参见国家民委民族问题五种丛书编辑委员会云南省编辑组《云南少数民族社会历史调查资料汇编》（第三辑），云南人民出版社1987年版，第108页。

带）的怒苏现在除了少数仍然居住在高山地带的村落外，几乎都已信仰基督教。

怒苏人西迁缅甸的时间较晚，多在1958年以后。这一时期"跑"缅甸的大多因为宗教信仰的原因。此后进入缅甸的怒苏人人数不少，但每次的规模都不大。一般是同村或相邻村落的几个人相约一起去，情况稳定后再回来再接家眷，一个或几个家庭一同前往。他们进入缅甸后，一般以几个人，一个或几个家庭为单位进行活动，或定居某地，或辗转多个地方，总之规模较小。从居住格局来看，怒苏人多与傈僳族或已被划属傈僳族的勒墨人杂居，小范围聚居。同一村落杂居或聚居的怒苏人大多来自怒江不同的村落或氏族。因此，①经历基督教的传入，教会教堂曾经在村落社会中起着完全的氏族或村落组织的功能；②在前往缅甸的过程中使得氏族、家族甚至家庭关系实质上进一步发生断裂；③由于进入缅甸的时间较晚，规模小，怒苏人未能在城镇周边获得整块的土地而形成较集中的怒苏聚居村落，他们因而多与傈僳、勒墨（语言文化上已被同化和认定为傈僳族）等族群杂居；④教会教堂以及村社行政机构（镇区、村组等），尤其是教会（教堂）承担了大多数的社会职能，如缔结婚姻、承办婚礼（尤其是婚礼仪式）、互助、神学教育、节日庆典（主要是基督教的宗教节日）、信息交流、丧葬等。因此，在需真区一带，怒苏人的氏族或家族的痕迹早已消失，父子连名制已经成为遥远的记忆，部分年长者和中年怒苏精英们还能记得原来在怒江（原）碧江县老家的村寨情况、家族规模、民间传说、"迷信"活动（如驱鬼致病等）、"如密期"等节日、父子连名的情况，但已成为遥远的记忆了。他们同时有非常清晰的自怒江迁移的历史记忆，有独立的语言怒苏语，在信仰上、衣着、生活习俗上与傈僳族近似，但否认自己是傈僳，明确自己的怒苏或怒族身份。20世纪60年代中国已经识别了怒族，完全区别了傈僳族、独龙族等。至于缅甸怒苏人有时候对"老缅"（怒苏、傈僳人对缅族人的称呼）称自己是傈僳族仅仅是权宜之计。

二 亲属称谓与家庭结构

缅甸阿侬和怒苏总体上都保持了本族语言，因而其亲属称谓制度和本族语取名仍然适用，但由于受傈僳、日旺等地方通用语和基督教神学语言的影响，阿侬和怒苏也在亲属称谓和取名中使用上述语言或同时拥有本族语名和傈僳语、日旺语名，但许多人已以基督教名为常用名。由于基督教信仰，数度的迁移以及迁居目的地的地理及社会结构等问题，其原有亲属称谓仅仅代表了该族群原有社会结构、婚姻家庭等关系的特点，在现代社会和家庭中多只具有称谓名称本身的功能。随着族群及族群认同意识的提高，争取族群身份的族群运动等原因，本族姓氏和本族名被强化。

从亲属称谓的核心结构来看，景颇语支族群语言，如贡山阿怒语、独龙语、福贡阿依语完全相同，与景颇语极为相近，就内容来看，阿怒语与独龙语最近，阿侬语次之，与景颇语相近，区别主要在于称谓发音以及使用注音汉字有异。景颇语亲属称谓较详细，除称呼对象的性别、辈分外，还区分称呼者的性别、直称与人称（一、二、三人称），被称呼者的年龄长幼、数等因素。[①] 在阿怒等族群的亲属称谓中，①父亲与父亲兄弟的称谓不同，阿怒语称“阿别”/“阿爸”（直称），阿侬语称“阿拍”、独龙语称“阿摆”，记音汉字不同，但为同一词汇的不同方言发音，而景颇语称“瓦”；②对母亲与父亲兄弟妻子的称谓不同，阿怒语称“阿弥”（他称）/“阿妈”（直称），阿侬语称“阿每”，独龙语称“阿媄”，同样为同一词汇的不同方言发音，而景颇语称“努”；③父亲兄弟与母亲姐妹的丈夫使用同一称谓：阿怒语称“阿翁”，阿侬语、独龙语称“阿旺”，景颇语称“瓦”，与“父亲”同；④母亲的姐妹、丈夫兄弟的妻子用同一称谓：阿怒、独龙语称“阿秋母”，阿侬称“几昌”，景颇称“努”（与“母亲”同）；⑤母亲的兄弟、妻子的父亲（岳父）、丈夫的父亲（公公）、父亲姐妹的丈夫使用同一称谓：阿怒语称“阿克”，独龙语称“阿肯”（与阿怒语称谓一致，属不同方言发音），阿侬语称“阿本”，景颇语称谓较详细，前二者称“阿札”，后二者称“阿古”；⑥母亲兄弟的妻子、妻子的母亲、父亲的姐妹、丈夫的母亲使用同一称谓：阿怒语、独龙语称“尼尼”或“阿尼”，阿侬称

---

① 肖家成：《景颇族的亲属称谓与婚姻制度》，载于《民族学研究》第五辑，1983年版。以下关于景颇族亲属称谓的内容也参看本文。

"阿陇"，景颇称谓较详细，前二者称"阿尼"，后二者称"阿梅"（参见图 3－1、图 3－2）。[①]

图 3－1　需真怒苏家庭

从亲属称谓看，阿依的称谓反映了与景颇近似的婚姻模式，即单向循环的姑舅表婚（或交表婚）。但事实是，在阿依社会中，这种婚姻模式在 1949 年以前就极其少见了，特别是历经傈僳语言文化同化作用、1949 年以后的政治与社会文化变革、基督教信仰的恢复以后，至今在木古甲等地已经荡然无存，即便是在中国景颇族中也难觅踪迹，而在缅甸，不论是景颇、日旺各部还是阿依人中，此种婚姻模式也仅作为一种观念模式而存在了。根据 1957 年的调查资料，木古甲阿依在选择配偶上没有固定的通婚集团，除了亲胞兄弟姊妹外都可以结婚。在一个小自

---

① 分别参考《独龙族简史》编写组《独龙族简史》，云南人民出版社 1986 年版，第 96 页；赵学先著《景颇族文化大观》，云南民族出版社 1999 年 9 月版，第 88 页。

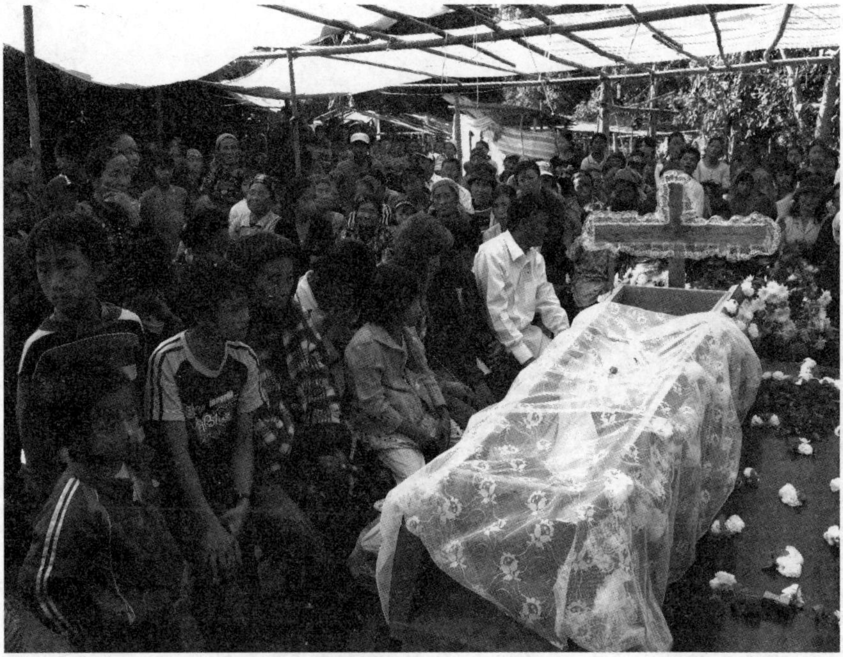

图 3-2 怒苏葬礼（密支那需真八村）

然村三十户人家普查的结果，发现有叔伯兄妹（平表）婚五对，姨表两对，不同辈次非近亲结婚的五对，另六对是与外家族的婚配。在叔伯兄妹婚中，一般需要三代以外才能通婚，也有个别亲胞弟兄之子女相互婚配的，但多受社会所反对。阿依没有姑舅表优先婚配的习惯，姨表婚为习惯所允许。但这些婚姻情况只在非基督教徒中存在，基督教教会内的婚姻只有教徒与教徒的婚姻，缔结婚姻不需要传统彩礼，婚姻事务及礼仪均由教会承担。阿依社会还保留了夫兄弟婚（转房）的习俗，舅父权没有在婚姻上得到反映（无姑舅表优先婚配的习惯），只是体现在财产继承权上，即舅父如果在族内无近亲料理善后而由外甥来埋葬时，外甥可以继承舅父的一部分财产。舅父也有抚养孤儿外甥的义务。[①] 在

① 《民族问题五种丛书》云南省编辑委员会编：《怒族社会历史调查》，云南人民出版社1982年10月版，第71、72页。

基督教背景下，以及傈僳族、日旺语言文化背景下，阿侬关于传统婚姻模式的内容都被替代，婚姻有基督教堂教会根据教会原则来进行。因而，阿侬亲属称谓与现今家庭婚姻、社会结构并不重合，相反呈分离状。

原碧江怒族（今福贡县“怒苏”人）亲属结构和关系中，①父亲、父亲的兄弟及母亲姊妹的丈夫同称“奥扑”，而父亲姊妹的丈夫则称“古谋”；②母亲、母亲的姊妹及父亲兄弟的妻子同称“奥米”，而父亲的姊妹则称“奥日”；③母亲的兄弟称“奥颇”；④母亲兄弟的妻子称“奥辟”；⑤妻子父亲、丈夫的父亲同称“啄博”；⑥妻子母亲、丈夫的母亲同称“椭荷”。[①] 此外，对父亲的兄弟及母亲的姊妹的丈夫统列“奥扑”（即父亲），其具体称谓有所区别，即把年龄长于父亲者称为“朴茂”，幼于父亲者称为“朴拉”或“朴吞”，依此类推分别称母亲的姊妹们及父亲的兄弟们的妻们为“米茂”、“米拉”、“米吞”，而“茂”、“拉”、“吞”在称谓上的意义是对应于年龄长幼而区别“大”、“中”、“小”之意，因此，如果我们把这些称谓加以直译，则“扑茂”、“朴拉”、“朴吞”就是“大父”、“中父”、“小父”，“米茂”、“米拉”、“米吞”就是“大母”、“中母”、“小母”。[②] 与阿侬一样，在缅甸密支那需真区一带的调查发现，怒苏人的亲属称谓并不反映其社会及家庭结构，婚姻模式。怒苏除了在怒苏人内部及家庭中使用的怒苏语，较近期的清晰的迁移记忆以及对怒苏作为“怒族”的身份以外，在社会生活及宗教生活中与傈僳族无异（参见图 3－3、图 3－4）。

三 取名

阿侬取名方式及内容与贡山阿怒、独龙一致，只有方言发音的差别，与傈僳族取名方式相似，称呼不同。阿侬取名首先区分男女，即区分男子名和女子名，然后按排序取名，即长子/长女、次子/次女、三子/三女、四子/四女如此类推，为区分可能出现的同名的情况，每个人名

---

① 《民族问题五种丛书》云南省编辑委员会编：《怒族社会历史调查》，云南人民出版社 1982 年 10 月版，第 39 页。

② 同上。

图3-3 怒苏葬礼（需真八村）

图3-4 怒苏葬礼（需真八村）

一般会在这个基本的排序名的前后添加若干音节而构成一个容易区分的

人名，也可直接在基本排序人名前加“阿”音即可。例如，长子名可以称作“彭”、“阿彭”、“彭松”或“彭德”等，长女可称为“阿南”、“南”、“~南”、“南~”等。中国怒江福贡的阿依由于傈僳化的原因，大多拥有傈僳名，而且傈僳名往往是最常用的名字，因此从名字无法分辨其民族属性是阿依还是傈僳。由于阿依大多信仰基督教，信徒一般还会取一教名，即一个圣经人物的名字或圣徒的名字，如“提摩太”、“约瑟”、“约翰”等，但这个名字流通范围较小，许多人并不知道其他人的教名，而且由于重名者多，教名一般只在某一特定的范围内（如一个教堂或一个团契单位）使用。至于姓氏，阿依没有类似汉语或英语的姓氏，他们一般在阿依或傈僳语名前加上居住村落名称或家族居住地名，以区分不同家族或村落的人，如 Khopang 等。1949 年中华人民共和国成立以后，出于上学和人口登记等需要，阿依人也开始取汉语名，老师或受过教育的父母一般根据其阿依名或傈僳名的谐音给孩子取名，也或按照参考傈僳族的氏族名称如蜂（一般写作“丰”）、鱼（余）、霜（双）、鼠（褚）等，如果实在不便参照上述，则根据喜好随意取一姓氏，如“王”（王记此）、“曲”（曲记友）等。至于阿依的传统取名，在木古甲一带，那些在家庭中还在使用阿依语的阿依家庭往往为新出生的孩子取一阿依名，但事实上阿依名在家庭外很少使用，以至于许多人已经记不起自己的阿依名，或是否曾经使用过阿依名而多使用傈僳名。因此从取名上看阿依和傈僳完全一致（举例），有的还取了基督教圣经中的名字。如木古甲的阿依马扒（傈僳语“老师”之意，现主要用以指代基督教传道员）开来布使用的就是傈僳名字，其中“开”指“第三子”，“来布”为辅助音节，他还有一个基督教名“摩西（Moses）”，但鲜为人知；该教堂的瓦胡扒（傈僳语意指基督教堂礼拜长）阿那兹也是傈僳名，指“第四子”之意。在缅甸葡萄一带的阿依人中，一个标准的阿依名包括原籍地名或现家庭/家族居住地地名 + 阿依名，如 Khopang Phone，其中 Khogpang 指原居住地名，代姓氏，Phone 为阿依名，为“长子”之意。但在木古甲一带已很少使用这样的完整的阿依取名方式了。

在缅甸葡萄一带，那些阿依人身份较为明确者多采用传统取名方式，包括地名（代姓氏）、阿依名和教名三部分，有的只有地名和阿依名，有的只有地名和教名，在教会内多使用教名或阿侬名，地名或姓氏只有在正式场合使用。如笔者在密支那的阿侬报告人 Wann Phone，其全名 Khopang Phone 或 Phone Khopang，教名 Reuben，全名也可写做 Reuben Phone Khopang。其中 Khopang 指其先祖原居地名，即今福贡县上帕镇古泉村。一些受过西方教育的阿侬人使用英文姓名排列方式书写自己的姓名，Jonathan Khopang 等，还有的将阿侬名和教名（英文名）整合为一个标准名，如 Joel A. Khopang 或 Joel Atsin Khopang，其中 Joel 为教名或英文名，Atsin 为阿侬名，意为"第四子"。与中国的木古甲阿侬人的光景相似，缅甸的阿侬也面临着日益严重的傈僳化和日旺化，但随着阿侬精英族群意识的强化和对争取成为全缅一单独民族或克钦支系民族"怒族"的愿望加深和努力，阿侬内部强化了阿侬名的使用，部分原有傈僳名或日旺名的阿侬人纷纷改为只使用阿侬名加教名。因此在缅甸北部，可以凭借姓氏和名区分其族群成分。例如：Redang Khin、Yungngai Yin、Jonny B. Ponesar 等为日旺名，Ahdee Wayeze、Simon Fish（余西蒙）、David Fish（余大卫）等为傈僳名，Leim Khao 为浪峨名，Hkyen Naw、Sabaw Gum Ja Awng 为景颇名等等。而缅甸怒苏人的姓名现在多在原名前加 Nu（怒）或 Nusu（怒苏），如 Nu Shalabo、Nu Ta 等，以族群名称而不是氏族名作为姓氏，其原因主要是怒苏人在缅甸人口不多（约 5000 人），虽然大多都能追溯其在中国怒江地区的祖籍村落，但氏族或氏族名称往往被忽视，目前怒江的怒苏人也如此。

表 3—1　阿侬人取名的基本要素（与阿怒语、傈僳语取名方式的比较）

排行	男			女		
	阿侬语	阿怒语	傈僳语	阿侬语	阿怒语	傈僳语
老大	（阿）彭	（阿）彭	（阿）普	（阿）南	（阿）肯	（阿）娜
老二	（阿）邓	（阿）景	（阿）的	（阿）宁	（阿）年	（阿）妮
三	（阿）贡	（阿）昆	（阿）开	（阿）寸	（阿）江	（阿）恰
四	（阿）青	（阿）青	（阿）兹	（阿）都	（阿）南	（阿）度
五	喔宁	（阿）顶	（阿）迪	（阿）孔	（阿）宁	（阿）昵

续表

排行	男			女		
	阿依语	阿怒语	傈僳语	阿依语	阿怒语	傈僳语
六		丫儿	（阿）育	（阿）更	（阿）丹、干	（阿）其
七		朗	（阿）皮	（阿）应	（阿）达	（阿）库
八		利义	切布		（阿）英	（阿）以
九			切司			兹夸（麻线）
十			阿就			么当（绕线棒）
十一			切扣			
十二			切几			

注：阿依语取名与阿怒语相同，只存在方言的区别；从调查结果来看，阿依人对阿依语传统取名要素的了解程度最低，阿怒人次之，但他们对于傈僳语的取名情况了解的最为详细。

怒苏人一生中都有三次取名：第一次是正名，出生之后即由父亲或祖父、伯父为其取名，正名不一定有特殊含义，但它将是终身使用的名字。第二次为青年名，当男孩长至谈情说爱的年龄，由同辈青年朋友、情人为其取名，青年名只能在同辈男女青年间称呼，不得在家中或长辈面前称呼。第三次取名在结婚之时，由父亲按父子连名制规则取名，即将父亲名字的最末一字或二字冠于儿子正名之前，表示受名者从此可以享有父母一定的财产继承权并承担起承递世系的任务。现匹河一带的怒苏人取名，男子名前普遍冠以“拉”，如“拉波”、“拉华”“拉加”等等；女子名前则普遍冠以“亚”或“丫”，如亚娜、亚莎、亚双等等。“拉”和“亚”在怒苏语中分别指的是虎和鸡，是古代怒族中两个互相通婚的氏族的名称和标志，也是这两个氏族的图腾物。目前，匹河怒苏的蜂氏族的父子连名制已排列到66代。如怒江州原碧江县一区（今福贡县匹河乡）九村“斗霍”胞族所属蜂氏族——“别阿起”一个家族的父子连名创如下：

①茂英充 ②充罗并 ③罗并者……㊵寿砍杜 ㊶杜几丹[①]

根据付三益，祭祀祖先的时候也按照父子连名的结构来念诵祖先的名字。首先，摆上一根笔直的青绿色的细栗树棍子，用刀在上面横切出一些痕迹，边喊念：Abajia，Jia Qiebei，que beide，da lale，lale guo，guo lale，lei xiiyua……这是第一段，为最初的祖先，然后喊第二段：Adodo，do sapo，sapo bie，biela re，lare r，r remi，mi leguo.... 这一段指较近的祖先。每一阶段完，在细栗树棍上洒上鸡血。关于近代怒苏人的取名，以付三益家为例：从祖父的祖父开始——ote，ode，lare，ladzu，tongcse，Fu - Sa - ye（付三益），Latsi、Nu Josef（怒约瑟），往后可能是：Nu Yue siye，Nu John（怒约翰）等等。

基督教内地会大约在1920年传入老姆登村后得到了较快的传播，1949年前夕已有约2/3的村民信仰基督教。基督教在怒苏人中的传播以及基督教会使用的傈僳语文神学系统使得怒苏的基督教化和傈僳化加深。至20世纪初，父子连名制度随同氏族制度在江边一带较为“开化”的地区逐渐解体，怒苏虽然一定程度上保留了其怒苏特色的取名方式，但父子连名已经逐渐消失。自1958年至今，怒苏人由于宗教信仰、生计、政治等原因迁居缅甸，人数较少，长期杂居于傈僳族社会中，他们熟练使用作为在怒江地区和缅甸北部通用语之一的傈僳语，但同时完整地保留了怒苏语。近10年来，随着迁入缅甸的怒苏人口增多，许多已经进入密支那等城市周边生活。由于怒苏在国内属怒族中人口数最大的部分，其族群意识较强。为了区分于傈僳族并力争在族群身份上脱离傈僳族，怒苏精英们已诉诸行动。缅甸怒苏人多为当代移民，他们在国内的时候拥有怒苏名、汉语名，为了区别于傈僳族，他们首先在姓名上做了文章。(1) 怒苏人1990年从CE谷莫教堂（会）分裂出后准备修建以怒苏人为主要信众的基督教堂，并于1993年将新教堂冠名为“克钦邦怒—傈僳基督教堂”，后在2009年圣诞节前夕怒苏人“少壮派”又将教堂铭牌改为“缅甸怒苏基督教堂”，引发了与“老资格派”旷日持久的教产争夺官司。(2) 怒苏人的缅籍身份证上，一方面在族群成分上写做“傈僳”，另一方面大多数人在自己的名字前加了“怒苏.

① 《怒族简史》编写组：《怒族简史》，云南人民出版社1987年2月版，第89页。

(Nusu)"或"怒（Nu)"，间接地表示自己的族属，同时也把"怒苏(Nusu)"当做缅甸怒苏人的代用姓氏，简称"怒（Nu)"。例如，需真村的沙拉波1969年才迁居缅甸，其名全称现在为"怒苏沙拉波"，简称"怒苏阿波"或"怒阿波"。其中"沙"据说其名与怒江边的沙子有关，"拉波"为男性怒苏名的基本要素。这些在怒江出生的怒苏人拥有怒苏传统名，迁居缅甸后在原名前加上"怒"或"怒苏"代姓氏，如怒苏阿五（怒苏人的第五子）等。而在缅甸出生的怒苏人，则重新取名，许多在缅甸仅取了教名，如"菲力士（Philips)"，全称写作"怒苏菲力士（Nusu Philips)"或"怒菲力士（Nu Philips)"，还有怒（苏）犹大（Nusu Yeda)、怒（苏）约瑟（Nusu Josef）等。昔董坝怒苏人付三益给自己的女儿取名时候取作"怒玛大（Numada)"、"怒玛四（Numasi)"其中，"怒"指怒苏，"玛"为傈僳语指女性，"大(Da)"、"四（Si)"为汉语，分别指"老大"和"老四"。阿波的女儿之一取名为Nu mensi也为同样的意义。以"怒（Nu)"、"怒苏(Nusu)"的族名代姓氏取名是在2007年怒苏和阿侬协定合作后开始的。由于怒苏人在近现代汉语教育的程度较高，汉名的使用也很普遍，在现在的怒苏名中也经常出现汉字或汉语发音。棉谷怒苏人付三益（出生于1964年11月4日）由父母取名，付三益（fu-sa-ye)，奶奶取名Nu-Ta，"Nu"指"怒苏"，"Ta"为花傈僳语称，与汉语"大"的意思相同，也指"长子"或"长女"，1980年12月20日在棉谷结婚时候曾取名拉萨路（Lasarong)，但现在几乎不用。总之，1949年后怒苏人逐渐改用汉名。名字多由老师或有文化的父母起。但其命名的随意性很大，也有同胞兄弟姊妹间分别使用三四个甚至五六个姓氏的，但在缅甸的怒苏人则很少使用汉语名，除了那些与中国国内同胞交往的名中往往会带有一些汉语词汇的音节，也说是花傈僳的发音（花傈僳主要来自云南省德宏州的傈僳族，他们的汉化水平及汉语教育水平较高，其傈僳语中使用部分汉语词汇，发音为傈僳方言发音，词义与汉语同，而来自怒江的俗称"黑傈僳"，汉语水平及汉语教育水平较低）（参见图3-5、图3-6）。

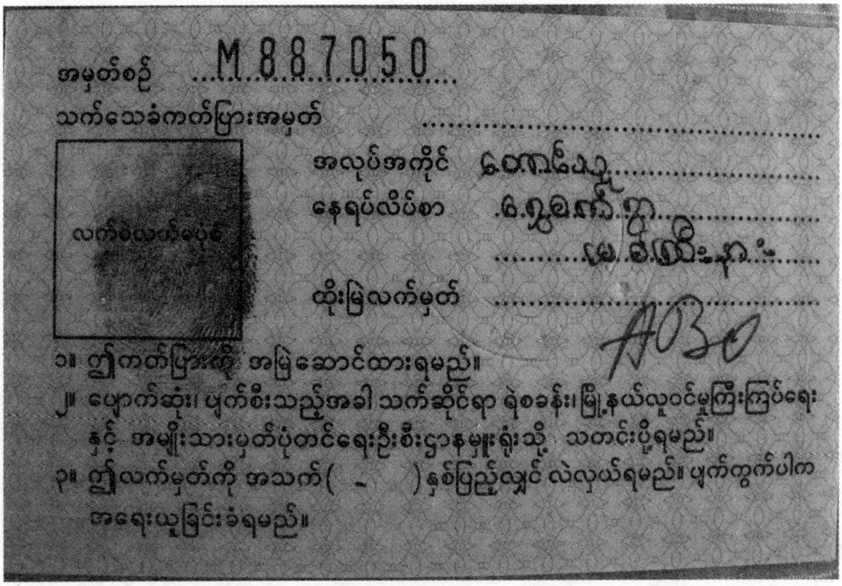

图 3－5　怒苏人缅籍身份证（背面）

图 3－6　怒苏人缅籍身份证（正面）

第二节　“怒人”的族群想象

对于“怒人”这样一些人口较少的族群，他们关于族群的“想象”，不论是在文献记载，还是国家族群建构过程中，总是被忽视，有限的资料甚至是从周边其他较大的或与汉族交往较多的族群获得，即以这些族群的描述代替了“怒人”的表达。“怒人”传统上未曾有过“民族（nation）”或“民族国家（Nation State）”这样雄心勃勃的“想象”，甚至在大多数的文献中表现为“沉默”。但这些小族群事实上有着非常丰富的关于自身的族群的想象。人类学民族学方法更“方便”发现这些资料。中国民族识别、缅甸人口普查等国家族群建构过程，对“怒人”所产生的影响其结果不同，却都使得他们走上前台，在有限的空间内对自身的族群属性进行表达。福贡阿侬、贡山阿怒、原碧江怒苏（今属福贡县）及独龙族等对于族群和族别的认知可以从几个层面来看：首先，在自我认知方面最初主要以氏族或家族为单位，以家族或氏族名称、族源历史和迁徙传说为内容构成最基本的群体范围，但民间一般缺乏作为一个现代族群的概念；其次，以同一区域内语言、族源历史、风俗习惯等文化特征相同的家族、氏族集团构成一个近似“族群”雏形的“社会心理学上的社会事实”；最后是以“社会事实”（族群）的自称为“界碑”划定族群边界，以简单而有效地区分自己与其他族类（如阿侬与俅、傈僳、勒墨等）。但中国境内的“怒人”关于现代族群或民族的概念和认识，是在中国20世纪50年代开始的国家民族识别后逐渐形成，而缅甸“怒人”则是在西方人对缅甸族群的定义和国家族群建构过程中实现了他们从以氏族或家族为核心的认知到现代族群意识再到自我族群重构。

一　作为“界碑”的族群自称

从传统的关于族群或族群性的定义来看，构成族群的各项文化因素，包括语言、历史、宗教信仰、文化心理素质等都必不可少，但对族群考察的焦点应该集中在族群组织，尤其是族群边界和界限的维持上，而不是进行有关族群组织基本特征此类的文化分析，因为，族群差异不是缺少流动、联系和信息，而是包括排斥和接纳的社会过程；族群单位的持续性本质取决于边界的维持。边界维持的文化特征可以改变，成员的文化特征同样可以转换，实际上，甚至群体的组织形式也可以改变……[①]目前，缅甸北部“怒人”（阿侬、怒苏）可以用于区别于其他族群的因素主要有族群自称、语言、近代迁徙史等不多的几个指标，其他文化特征，如族源传说、亲属称谓制度、家庭组织形式及婚姻模式（交表婚）等都只能作为参照。从文化比较的角度来看，阿侬在语言上与俅（日旺或独龙）属同一语言的不同方言，共享“创世记”等族源传说，亲属称谓制度与婚姻模式相同，族群迁徙历史与俅有相互交错的地方，甚至在较早期的某些阶段完全重合，阿侬和俅历史上交往频繁，完全了解他们之间历史文化关系，但在族群属性上从未认同对方，即侬是侬，俅是俅，族群自称是一个无法逾越的界限。阿侬迁居缅甸与俅杂居后虽然交往频繁关系密切但仍然维持这一状态。因此，“怒人”与俅的族群边界并不是以文化相似性为依据的。根据笔者的历史考察，被称为“俅”的人群应与贡山一带的阿怒、福贡阿侬具有较近的同源关系，他们在不同的历史时期（从公元7世纪或更早至公元15世纪不等）翻越高黎贡山进入恩梅开江或迈立开江流域后仍然以大小不等的家族或家庭公社为单位生活，拥有家族或家庭公社的自称（包含一些自称“侬”、“怒”的家族），没有形成一个族群意义上的共同体，他们被傈僳、藏族等族群统称“俅”（史料中也称“俅”），阿侬、阿怒和怒苏等也称他们为“俅”。至15世纪前后仍然居住在怒江的自称“侬”、“怒”的人群，一方面拥有家族、氏族（怒苏）的自称，但同时拥有具有一定族群范围和特征的自称，如阿侬、阿怒、怒苏等。根据阿怒、阿侬、怒苏的传说，曾有怒人翻过高黎贡山去了独龙江和缅甸，“变成”了“俅”（独龙族）。贡山阿怒有丙中洛（乡）甲生村人

① 弗里德里克·巴斯著，高崇译：《族群与边界》（序言），载于《广西民族学院学报》（哲学社会科学版）1999年1月。

因受不了喇嘛寺的捐税而移居独龙江四村成为俅人（甲贡村）[①]；怒苏有原来碧江一区九村（今福贡县匹河乡托坪村）“斗霍”氏族的一部分人多次向西越过高黎贡山迁往恩梅开江定居……已转化入另一民族集团——俅族（独龙族，自称“巴屋”），他们仍然保留怒苏语言及社会文化特点，与九村亲戚保持密切关系，相互视为亲人。[②] 木古甲阿侬也有“三兄弟”之老二向西迁往缅甸成为了“俅”的传说。[③] 缅甸被称为“俅”的族群事实上包括了上述家族，但仍然被其在怒江的“亲戚”或后来才移居缅甸的族人称为“俅”。他们是否会回归原本族属，很大程度上取决于缅甸“怒人（Nung）”是否能够获得国家承认的族群身份和影响力。明代、清代及民国时期进入缅甸的阿侬，一方面保持了其家族名（如“古泉”Khopang、木古甲、阿尼岔、木楞等），同时拥有“Nung”的族称，也有其他一些更早期自称“Nung”的人群在英国统治时期认同并回归。阿侬在区别了自己与“俅”的同时也区别了位于北部贡山阿怒、南部的怒苏等人群，直到20世纪50年代中国国家民族识别后其精英们又据此进行了新的认知或自我建构。族群自称的形成原因不尽相同，“怒人”的族群自称多为地名，往往根据历史事件、地理风貌等取名，一旦形成即集中体现为一个族群的稳固的象征性的标识，族群边界也以此为基点在该人群的“想象”中形成，并在历史进程中不断强化维持（参见图3－7）。

“怒族”各部均拥有属于自己的族称，如原碧江怒苏、兰坪若若、福贡阿侬、贡山阿怒以及西藏察瓦龙的“门浪”等。不论是否出现于某一历史时期的文献中，他们不论是作为某个民族集团的一部分还是一个相对独立的群体都是存在的。其自然建构首先来源于他们对自我以及周边人群的认知——自称与互称、族源及迁徙传说、交往关系。在诸多文献中，“怒苏”（$nu^{35}su^{55}$）的“nu^{35}”意指“黑”，“su^{55}”指“人”，

---

① 洪俊：《独龙族族源与传说》，《民族学》1992年第2期。另据其他学者调查，独龙江流传此传说。

② 《民族问题五种丛书》云南省编辑委员会编：《怒族社会历史调查》，云南人民出版社1981年10月版，第37页。

③ 杨将领、李金明：《中缅跨界独龙族：自称与他称释义》，载于《世界民族》2010年第4期。

图 3-7 怒苏头人（密支那需真区）

而怒苏人反对这一说法，他们认为这是“外人”发音不准所造成曲解致，“纳”或“诺”（方言差异）才是“黑”的意思，“怒”的发音在怒苏语中确切地指“背后”即“山背后”之意，“怒苏”应该是“山背后的人”的意思。据今福贡匹河怒苏老人说，他们在数十代原居住在丽江、剑川一带的，后来逐渐迁移到兰坪的澜沧江两岸，最后又进入怒江地区居住的。今匹河乡普乐村怒苏老人自称他们是在第二十一代祖时从兰坪县的弥洛衣迁居怒江，至今（20 世纪 50 年代）已有四十三代。[①] 现匹河怒苏还有从兰坪兔峨迁移至此的说法，但由于语言差异的问题，他们与兰坪若若的交往有限，也无与其“近亲”，彝族诺苏人的交往频繁的记忆，自视怒江的久居民族，也自称怒族。兰坪怒族自称

① 《怒族简史》编写组、《怒族简史》修订本编写组：《怒族简史》（修订本），民族出版社 2008 年 4 月版，第 8、9 页。

“若若”（$zo^{33}zo^{31}$），意指“小麦人”，主要居住在兰坪县兔峨乡一带。根据若若的传说，此地原为“白衣”（傣族）居住，而若若人早期居住在大理一带，后经洱源、剑川迁至兰坪县的兰州、金顶等地，最后迁居兔峨，已在此居住至少二十代以上。①若若居于澜沧江流域，与怒江怒族各部交往甚少，本身并无对其“近亲”彝族罗罗等族群的认同感，也无迁居缅甸的情况。贡山怒族自称“阿怒”（$a^{31}nuŋ^{55}$），“$nuŋ^{55}$”是一个古老的族称，应源于地名，至今已无法考证其初始含义。但据缅甸日旺—怒（Rawang Nung）人的自撰资料“经金沙江，频繁过澜沧江，再经怒江进入缅甸伊洛瓦底江上游地区”的迁徙传说②，其自称之 Kha-nung 中 *Kha* 指“土”，*Nung* 指“泥”，而另一自称 Rawang 指“中间的江”，即三江之“澜沧江”。因此 Nung 作为族称应指“多泥沙的澜沧江”人。而在丙中洛一带阿怒的“创世记”中说，洪荒过之后得以存活的兄妹俩先后生下了九对男女，分别由父母分配到天下的九条大江，于是成为了九个不同的民族。其中年幼的一对在母亲怀抱的襁褓中来到现在的怒江，过怒江的时候他们不停地喊着“怒、怒、怒”（发音为 $nuŋ^{55}$，在阿怒语中是“奶”或“吃奶”之意），于是父母就把这对要奶吃的儿女叫做“阿怒”（$a^{31}nuŋ^{55}$），怒江（阿怒语：阿怒日美）也因此得名，福贡怒族自称“阿侬”（$a^{31}noŋ^{31}$），与贡山阿怒自称相同，方言发音略有差异。福贡木古甲阿侬还有关于与阿怒、独龙族源关系的传说，“……怒江边有三兄弟，后来大哥逆流而上，迁往北方，二哥向西翻越高黎贡山迁入缅甸，小弟弟留在了今天的怒江边上，是阿侬人的祖先。‘大哥’迁往的方向即贡山怒族（阿怒）居住区；‘二哥’西迁的缅甸，其独龙族人‘日旺’中包含有自称‘阿侬’的支系”。③近代阿

---

① 参见云南民族调查组怒江分组《兰坪县兔莪区若若人调查》，载于《民族问题五种丛书》云南省编辑委员会编《怒族社会历史调查》，云南人民出版社 1981 年 10 月版，第 120 页。

② Rawang Literature and Cultural Central Committee: *The Definition of Word Rawang*, Putao, Kachin State, Myanmar, December 7, 2002.

③ 杨将领、李金明：《中缅跨界独龙族：自称与他称释义》，载于《世界民族》2010 年第 4 期。

怒有从福贡、贡山普拉底等地迁往丙中洛的传说……①，他们与缅甸的独龙或日旺交往频繁，承认（彼此）之间的语言、文化（的）相通性，但视之为另一民族“俅”。西藏察瓦龙松塔、龙普两村的怒族自称“门浪”（$mə^{31}laŋ^{35}$），意为“（怒江）上头的人”，与贡山阿怒，“门赛”（$mə^{31}se^{35}$）（“怒江下头的人”）相对。② 独龙—日旺内部自称复杂，原无统一族称，有“侬”、“玛旺”、“龙米”、“达鲁”（独龙）、“格能”、“托洛”等，中国部分在1958—1964年民族识别后以较大的氏族自称“独龙”为族名，而缅甸的部分则由本族人于1962年2月13日通过自决使用“Rawang（日旺）”为统一族称并于1964年获得缅甸官方确认。部分缅甸北部的日旺人认为其与景颇的发源地“木拽省牙崩（Majoi shingra bum）”相同③，而中国独龙以及与独龙同源的现居在怒江流域的贡山阿怒、福贡阿侬人并无此明确的发源地和清晰的迁徙路线，也无送魂路线，但有“来自东方”的传说④，缅北的日旺（独龙）有从“太阳出的地方（即东方的中国）”迁去的说法⑤，独龙有“来自怒江”的传说⑥。事实上，贡山阿怒与西藏“门浪”自认同族，交往频繁，经济及社会关系（如通婚）密切，与福贡阿侬自称相同，但交往较少，与独龙江独龙族交往密切，知晓相互间的语言、文化密切关系，自认为“兄弟”，相互间称呼总体上也借用他称互称“怒”与“俅”，也互以民族名称称呼对方。由此看来，中国怒江的阿侬、阿怒与独龙江（旧称“俅江”）的独龙族（“俅”），他们一方面承认之间较近的历史族源

① 参见《民族问题五种丛书》云南省编辑委员会编《怒族社会历史调查》，云南人民出版社1981年10月版，第74页。

② 参见段伶《西藏察瓦隆怒族社会考察散记》，载于政协怒江州委员会文史资料委员会编《怒江文史资料选辑》第一至二十辑摘编（上卷），德宏民族出版社1994年8月版，第103页。

③ Khin Phang Htain：*A History of Rawang Tribe*（文学硕士论文），Mandalay University. 1998. p. 2.

④ 丙中洛阿怒传说，参见何林著《阿怒人 同一屋檐下的不同宗教信仰》，云南大学出版社2008年9月版，第65页。

⑤ 《独龙族简史》编写组：《独龙族简史》，云南人民出版社1986年版，第2页。

⑥ 参见洪俊《独龙族源初探》，载于政协怒江州委员会文史资料委员会编《怒江文史资料选辑》（第一至二十辑摘编），德宏民族出版社1994年8月版，第37页。

及语言、文化关系，另一方面相互视为不同的族群，重复前面的话说，即是这一语言、历史与文化意义上的共同体，“居怒江者为‘怒’，俅江者为‘俅’”。笔者认为，“俅江”的范围不仅限于今独龙江一带而应包括整个伊洛瓦底江上游地区。这一固定的称谓随着傈僳、阿侬、怒苏的迁徙带到了缅甸。在傈僳人看来，克钦邦北部除“老缅”（缅族）、掸人等族称及范围早已确定的较大族群外，包括景颇各支系、日旺各部、阿侬等人群通通可称为Ɔo（发音与“俅”同），如将“克钦邦”称为“Ɔ o m Ω ”（即“俅邦”或“俅国”），对其内部各支又有更详细的称呼，如葡萄一带的傈僳对“侬”的称呼有“Huche Pha”或“Guche Pha”（古泉帕，即“古泉人”），有的也称“怒帕”；在景颇人那里，阿侬和日旺各部、达鲁各部等非缅非掸非景颇的山地人群均被称为“Nung”（侬或怒），日旺是侬的一部分，即日旺—侬（Rawang - Nung）；在日旺人看来，日旺各部、达鲁以及阿侬等所有的氏族都是“俅”，侬是“俅”（20世纪60年代后使用“日旺”作为统称）的一个氏族或支系，称“侬—日旺”（Nung - Rawang）；在阿侬人先后承袭了景颇和西方人的说法看来，原居高黎贡山以西伊洛瓦底江流域的是“俅”，来自怒江的非傈僳人是“怒”，“侬”也就是“怒”，二者为同一发音，而日旺各部、达鲁等属于“俅”；怒苏人的看法与傈僳相似，直到2007年与阿侬合作以后了解其来源并承认其为“怒”，即来自怒江并与之同为“怒族”。

在中国的怒江地区，以木古甲、古泉为中心的阿侬与以匹河为中心的怒苏人村落之间主要为傈僳族居住，二者历史上的往来并不比与傈僳的往来频繁，虽被统称为“怒”但缺乏认同甚至民间的交流，由于不同地域的关系，他们在缅甸的正式交往还是在2007年经约瑟牧师牵线以后。出于共同的目标和需要，阿侬和怒苏开始了正式的合作：①同意双方联合组成缅甸“怒族”，使用共同的族称Nung（有时也用Nu）相互承认为怒族共同体的“阿侬支系”和“怒苏支系”，待时机成熟后联合向缅甸政府申报为一个单独的国家法定民族“怒族”（Nung）；②双方在拼音文字的创制、培训、翻译、神学、经济、组织等方面相互支持并展开广泛合作；③由于在缅甸有着较好的政治、经济、社会及宗教等方面的基础和条件，阿侬给予怒苏多方支持，怒苏则通过与在中国具有更大影响力的同胞的联络，促成中缅怒族（怒人）的合作。缅甸阿依与怒苏的合作甚至某种程度的“合并”，①首先在族称上没有遇到障碍或困难，汉语称“怒族”、英文称 Nung 以及分别使用阿依语称（Nung 或 Nu）或怒苏语称（Nu 或 Nung）均与双方自称近似，而且“怒”（Nu）以作为一个族名政治称号或符号在中国具有政治法律地位并在怒族中被广泛接受；②这一建构模式与中国“怒人”的文献建构模式和“怒族”的国家建构模式相同，容易获得中国国内怒族同胞的认可和支持；③双方在历史、语言、文化上的差异通过“支系”的界定来解决，即把阿依、怒苏界定为缅甸“怒族”的两个“支系”，形式上和族名上是一个民族共同体，内部可包含两个具有差异性的社会文化系统（语言文字、文化、神学、教会组织等方面），通过合作与共同的发展来使双方在文化上走得越来越近，这也与中国怒族精英们关于民族发展的方向一致，即逐渐形成真正统一的文化共同体；④对于双方而言，“缅甸怒族”将使得双方的族群边界在形式上得到扩大，但不存在谁属于谁的从属关系，是平等的关系，各方保持充分的独立性，即可按照各自的计划进行发展，包括拼音文字创制、宗教经典翻译、教会及神学系统的构建等方面。因此，阿依与怒苏的合作或民族重建具有充分的基础和条件。

二　创世传说与族群关系

云南许多少数民族，包括福贡阿依、贡山阿怒、原碧江怒苏（今属福贡县）及独龙族都有“创世传说”。福贡县普乐、果科怒苏人的“创世纪”中说，洪荒之后，幸存的阿铁夫妇漂流到了澜沧江边，后生下四男四女，他们互为夫妻，天上一对、地下一对、俅江（独龙河）一对、内地一对，从此人口便日益繁衍开来……有“麂子”、“黄蜂”两个氏族居住在怒江，后来“麂子”氏族迁往俅江（独龙江），“黄蜂”氏族留在怒江。[①] 在阿怒、阿依和独龙族共有的“创世记”中说，

① 见《怒族简史》编写组、《怒族简史》修订本编写组《怒族简史》（修订本），民族出版社 2008 年 4 月版，第 10 页。

"洪荒"之后，"兄妹婚配"生下九男九女，他们又互为夫妻，分别到全地九条大江去生活，他们后来成为了天下九条大江的主人，即天下的九个民族，如"汉族、藏族、傈僳族、白族、纳西族、僜人、怒族、独龙族等的祖先"。[①] 从这些情节相似的古老传说或经过当代修饰的传说中不难发现阿侬、阿怒、怒苏等人群：①明确区分了一片较特定区域内的"我族"与"他族"，并在观念层次上形成了较清晰的族际边界；②对世界的认知及其空间范围主要局限在金沙江、澜沧江、怒江、萨尔温江上游一带；③确定了自己与其他"不同"人群的关系：人类同源，具有"兄弟姐妹"的亲缘关系，但否认同族。在区域族群关系中，观念中所谓的"亲缘性"事实上是不存在的或被族群间的差异性所覆盖。怒苏人一方面承认与迁居俅江最终成为"俅人（独龙族）"的"麂子"氏族的关联性；另一方面并未在族群身份上认同对方，怒苏仍然是怒苏，俅人仍然是俅人。木古甲一带的阿侬与高黎贡山以西的俅人（独龙族）虽然拥有共同的"创世传说"，语言和习俗，但事实上这两个人群仍以族称区别彼此：侬和俅。而从"距今三百八十年前"怒人（阿侬）成为俅人的主人"俅官"，俅人向阿侬缴纳"俅贡"的传说和历史事实来看，此二者不仅是两个不同的族群，而且曾存在着族群身份的从属关系：俅从属于侬。而在怒江上游贡山一带的阿怒与高黎贡山西边的俅人，虽然承认其较近的同源关系，互称兄弟（姐妹），交往密切[②]，但以自称为标志区分彼此，相互视为两个不同的族群。[③] 上一章提到，虽然中国汉语文献中"怒人"的建构在明代以后逐渐形成并不断强化，但事实上对"被包括"的人群，不论是阿侬，阿怒还是怒苏，在其民间并不认同甚至缺乏"怒人"概念，对族群的认知也仅限于自己及邻近的几个族群，如傈僳族、藏、俅等。在近代，特别是基督教的传入使得怒江地区的家族、氏族社会结构逐渐走向瓦解，这一方面为这些人群的族群观的形成创造了条件；另一方面其族群自称、语言、族源历史、

---

① 参见洪俊《独龙族传说与族源》，载于《民族学》1992 年第 2 期；《独龙族简史》编写组：《独龙族简史》，云南人民出版社 1986 年版，第 7 页。

② 参见洪俊《独龙族传说与族源》，载于《民族学》1992 年第 2 期。

③ 何林：《多元统一的民族观与民族关系——一个丙中洛阿怒人的实例》，载于《西南边疆少数民族研究》第 5 辑，云南大学出版社 2007 年 8 月版，第 311 页。

风俗习惯等文化特点成为区别族群以及族群身份认同的最为重要的标识。20世纪50年代以后在中国大陆"民族"的概念逐渐深入人心，"怒族"覆盖或取代了自称，而自称则成为了有必要区分"怒族"各部时的辅助称呼，以临时性地区别"怒族"各部。

三 中国族群建构中"怒人"的想象

明代以后的文献始有"怒"的统称，但事实上对当今怒族各部民间的影响很小。由于他们之间缺乏交往，且接受汉语教育的程度极低，因此并不了解有关文献的内容。至民国时期，除有关文献作者外，仅部分政府官员在官方行文中使用这些称呼，如夏瑚等。而在民间，这些被称为"怒人"的人群其族群边界仍仅限于各自的自称范围，因而并无统一的"怒人"的概念。20世纪50年代以后，随着国家权力的深入以及民族识别和民族确认，"怒族"的概念深入民间。首先，来自"怒族"各部精英的国家干部、民间上层人士认可了这"异源同流"的"历史发展中的普遍现象"及"怒族"的国家建构模式，民间也逐渐接受了"怒族"这一正式的族称。但在田野考察中发现，"怒族"一词多在汉语语境中使用，即当问及怒族各部群众其民族成分时，汉语回答均为"怒族"，但在其本族语境中则多使用自称。在问及"怒族"与各部自称之间关系时，怒苏人说，"怒族"就是"怒苏"，"怒苏"就是"怒族"；而贡山阿怒则说"怒族"就是"阿怒"，"阿怒"就是"怒族"，其他各部也如此说。这意味着"怒族"这一正式统称对于不同部分的"怒族"人来说均分别指代他们自己，同时缺乏与其他"怒族"组成人群的认同，即由于文化等原因，还未接受"怒族作为一个民族共同体"的概念。这也说明，"怒人"在文献中的"被建构"及"怒族"的国家建构与基于语言、历史、文化的族群自然建构是两条平行线，即人们对族名政治中"怒族"和各部语言、文化差异的自称的双重承认，二者在不同的语境和范畴中起作用。

但与此同时，以怒族各部精英为核心力量的"怒族"自我建构或重构一直在进行，并呈现出如下特点：①重构在国家建构的框架内进行，为国家建构在民间的延伸和强化过程，目标是使怒族成为一个完全的共同体；②这些精英包括任职于政府机关、国家企事业单位的公职人员（含离退休）及部分民间人士；③从组织上看，2003 年 12 月成立了云南民族学会怒族学专业委员会，其各分会以县级行政区划为单位，体现了行政及地理位置的特点，事实上淡化了各部的自称及文化特点，如福贡怒族学会（2006 年 4 月成立）、贡山独龙族怒族自治县怒族学会（2006 年 10 月成立），泸水、兰坪两地分会也将以县为单位，学会负责人也多在政府机关、企事业单位担任或曾担任领导职务；④从当代地方文献看，上述怒族精英们的有关著述中均使用“怒族”这一统称涵盖所有各部的称呼，或使用“贡山怒族”、（原）碧江怒族、福贡怒族、“兰坪怒族”此类族称以区分各部的地理位置或代替其自称，相比之下，怒族各部自称的使用要少得多，主要是为了交代目标族群的背景、写作方式及内容，但仍然以“怒族共同体”为指导性概念。这一模式随着精英们的交往而传至境外，最终为渴望获得民族重构的缅甸同胞所接受并在其民族建构或重构中起着重要作用。

四　缅甸“怒人”的建构

缅甸北部的 Anung 或 Nung 一方面认同于中国境内福贡木古甲及古泉等地的阿侬，同时区分了傈僳、俅帕（独龙）等族，另一方面则以家族，如福贡的木古甲、木楞、古泉等家族名称为标识，以家族聚居。这些阿侬最大的一支为 Khopang（孔旁），即古泉村（Khopang 为阿侬语称，“古泉”为傈僳语称呼）。缅甸北部现统称为 Rawang（日旺），相当于中国史书上记载为“俅”的人群事实上并无统一的自我统称而只有他称“俅”，可含数十个不同的家族，如玛旺、龙米、达鲁、格能、托洛等，阿侬也作为一个家族与这些被称为“俅”的家族混杂居住，甚至被视为这些家族群体之一。

首先是景颇人将这些人群通通称为 Nung（侬），如 Anung（阿侬）、Rawang - Nung（日旺侬）、Daru - Nung（达鲁侬）等。虽然对这些人群自我认知仍然基于家族称呼，甚至对这种称呼持反对态度，但事实上不得不受这一建构方式的影响。19 世纪末 20 世纪初的英国人统治缅甸时期，景颇式的称呼得到延续甚至被强化，一方面 Nung 的范围得到扩大，甚至包括了中国怒江的“怒子”或“怒人”，使之成为一个包括“怒”、“侬”、“俅”等文化亲缘关系较近的族群共同体，同时使得Nung或Nung－Rawang成为一个在西方英语文献中固定的词汇，其所指代的人群也开始为世界所知。这一建构模式具有一定的学术性、政治性和文化取向，其中的Anung（阿侬）首先接受了这一划分方式及结果，逐渐形成了Nung Tribe（侬部族）的概念。而非Nung的各家族群体，如日旺，其内部并无一个统一的族称，而是以各家族或部落的名称作为一个小群体的标识，他们对这一称呼并不认同，相反认为上述族名是殖民者强加的。基督教传教士以较大的一个部落玛旺（Matwang）的语言为基础创造了日旺文，并形成了一套完善的圣经文本、赞美诗歌及神学系统，这些人群更愿意以Rawang（日旺）来作为这一族群共同体的称呼，认为Rawang包含了Nung。相对而言，Nung的人口较少，约为原整个群体人口的十分之一。在这样的背景下，Anung（阿侬）精英们自然不愿接受这一结果。在1964年缅甸宣布Rawang（日旺）为缅甸135个民族（Tribe）即克钦民族6个分支之一后，他们开始了建构缅甸Nung（即缅甸怒人或怒族）的努力。至此，缅北阿侬人的族群视野已经超越了原有的家族范畴，Khopang等取自其先祖之地的姓氏一直在沿用，但不论是Khopang，还是木楞、阿尼岔，不同姓氏的阿侬精英们已经达成共识，以Anung（阿侬）或Nung（侬）作为其统一的对外交往的标识。中国国内的福贡阿侬与缅北阿侬间的往来从未间断，1950年以后西迁缅甸与怒苏、傈僳族等经历了同样的过程，因此中国“怒族”的概念对缅甸阿侬不无影响。特别在2007年与较晚迁居缅甸的怒苏人接触后，中国的民族建构模式得到一致赞同。现在，阿侬脱离日旺，与同样居住在缅甸北部的怒苏人合作，以期最终成为缅甸一个单独的民族或一个克钦支系族群。

怒苏人在族群身份上区分了傈僳、俅（独龙族），同时没有认同稍远的阿侬和阿怒，也没有关于与较远的诺苏甚至若若的历史文化关系的传说。怒苏拥有区别于周边其他族群的独立自称，在追溯族群历史和迁徙传说仍然缺乏涵盖整个自称范围的全族性的传说而以民族族源和迁徙史为中心，如怒苏“创世记”、“茂英充传说”等、“达霍苏氏族传说”等。[①] 怒苏人多是20世纪50年代以后进入缅甸，之前较早的少数移民已经融入了缅甸傈僳等民族中了。1950年以后进入缅甸的怒苏人，他们有着非常明确的“怒族”的概念，知道自己是怒苏，怒苏就是怒族，而且是怒族中人口最多的群体。怒苏人进入缅甸并不是全族性的大规模迁徙，而是出于政治、宗教、生计等原因，以个人、家庭为单位，几个人、一户或几户人家相约“跑”缅甸的，也或由少数几个人首先进入缅甸探一下情况，再举家迁移。在此过程中，完全出于个人、家庭自身利益或生存考虑。怒苏人在缅甸由于人口较少，没有形成大聚居，而与傈僳族及勒墨人[②]杂居，在一些村落中有小规模的聚居，也由于进入缅甸的历史较短，所以，他们作为个体或单个的家庭起先并无明确的族群意识，也无族群身份要求。由于信仰基督教，使用傈僳文，与傈僳族和已经被“傈僳化”了的勒墨人杂居、通婚、参与基督教（堂）会活动，一方面使用村落通用语傈僳语，使用傈僳文基督教经典，在基督教新教背景下与傈僳族生活习俗相同；但同时保存并在家庭或怒苏人中使用怒苏语，拥有独立自称，以及不同于傈僳族的氏族族源及迁徙史。怒苏人一直都保持十分明确的怒苏或怒族的族群身份认同，由于是较新的移民，与国内的往来较多，在缅甸寻求成为“怒族”或“怒人”的诉求形成较晚，直到2007年与阿侬建立联系以后才纳入议事日程。

第三节 族群身份：认同及重构

克钦邦北部的阿侬和密支那周边的怒苏，很少形成单独的村落而主要与日旺各氏族或/和傈僳杂居，从村落视野来看，一方面族际边界呈现出一定程度的模糊化，阿侬或怒苏甚至在多数情况下被视为日旺或傈

① 参见《怒族简史》编写组、《怒族简史》修订本编写组《怒族简史》（修订本），民族出版社2008年4月版，第10—12页。

② 缅甸勒墨人基本上丧失其传统的语言及文化特征而与傈僳族相同，仅在部分精英中保存了关于其不同于傈僳族的族源及迁徙史。

僳的一些氏族或家族；另一方面仍能根据口传家族迁移史和家族/氏族名称区别于日旺、傈僳等族，因此阿侬、怒苏人，不论在观念层次还是在族群关系现实中，都能够十分清楚地分辨自己是谁或不是谁，因为独一无二的族群自称、母语、氏族历史以及残存的文化特点无时无刻不在提醒并区别于其他人群，这在其精英群体中尤为明显。阿侬与日旺、傈僳，怒苏与傈僳（含勒墨）等族群杂居，熟练使用日旺、傈僳语及缅语等地区通用语，在基督教信仰背景下风俗习惯也几乎相同，即便属于不同的教会（差会）系统，均以“（基督里的）弟兄姐妹”相称，同时对族群身份的认同是比较清晰，与宗教信仰的认同并不相混淆。现在，怒人精英们总对其族群身份及族群的前途充满了担忧，因而在一定的条件下，关于自身族群身份的意识就会凸显出来，自然的语言差异已不足以区分于其他人群，他们甚至通过一些行动刻意强调自我的特殊性，借以区别于其他人群，甚至在村落社会中重新建构自我族群身份。在基督教信仰背景下，虽然属于不同差会或教会系统，一些族群使用其他族群的语言文字作为神学或教会语言文字，生活习惯也与这些族群相一致，但并不影响他们的族群身份认同。相反，“怒人”、日旺、傈僳均认为，基督教信仰更能够体现基督教里人人平等的思想，人群与人群之间独立平等的关系，充分承认和尊重不同人群的独立性和差异性（参见图3－8）。

一　从聚居到杂居

不论是阿侬还是怒苏，也或贡山阿怒，在怒江流域多以家族、氏族或村落为单位聚居，并与周边傈僳族、藏族村落互为邻居。但西迁缅甸以后则多形成一些小聚落与傈僳、日旺等族群在同一个村落中杂居，形成单独的聚居村落较少。根据缅甸阿侬的迁徙路线，早期从福贡木古甲、古泉一带西迁进入缅甸的阿侬一般以家庭或家族为单位，首先在查拉木贡（Chala Mu Gong）、阔朗普（Kawlang Phu）一带居住，后继续迁往其他地方，目前仅有位于葡萄地区的 Khinphang（肯旁）村为阿侬聚居村落，其余人口分别与日旺、傈僳、景颇等杂居。他们在不同村落中分别使用通用语日旺语、傈僳语、缅语以及景颇语等进行交流，相互通

图 3－8　集中学习的阿依儿童（密支那）

婚，参加教会活动。肯旁村（Khinphang）由来自怒江古泉村（阿依语称“Khopang”）阿依头人 Tho Aja Khindi 于 1959 年建立，现人口 140 人，均为阿依人居住，村中有一座基督教堂，属基督会（Church of Christ）。该村所有人都会讲阿依语，同时熟练掌握使用日旺语、傈僳语和缅语，他们使用阿依文和傈僳文圣经和赞美诗歌本，大部分阿依在族群内部通婚，但有部分与傈僳、日旺、缅族等族群人通婚。阿依人认为傈僳、日旺是友好邻居和好朋友，他们的居住距离很近，一起劳动，相互帮助。

早期从中国怒江流域进入缅甸的怒苏人多已融入傈僳等族群中，其现状已难考证。据需真区八村的怒苏人沙拉波说，几百年以前来的，只有少数一些人从普乐一带迁到缅甸地界，1949 年以前就到缅甸的怒苏人一般都和傈僳人去了抹谷（缅甸重要的宝石产地）了，现已很难从傈僳中区分或已经“变成”傈僳了，这些人至多有 30—40 户。1950 年以后，怒苏人多从丫皮山口越过边境进入缅甸。他们首先在高黎贡山西侧一些地方居住一段时间，再辗转往缅北腹地渐进。原先分散居住在距离边境较近的地区，属于高山密林地带，生存条件较差，而且在1989年以前由于边境一带曾经为（缅共）山兵控制，经常面临民族地方武装征兵的问题，因而大部分返回怒江的老家，一些怒苏人出于投靠亲戚的目的选择进入缅甸内地，如密支那等地。怒苏人成群结队进入缅甸的时间较傈僳族、勒墨人要晚得多，自1950年，特别是1958年以后有较大规模的迁移。怒苏人进入缅甸，如果能够进入密支那周边地区，他们首先选择和同族人或在来源地地理位置较近，因交往频繁而语言文化较为“亲近”的傈僳人为邻。在迁移过程中，这些怒苏人甚至对那些前来盘查的“老缅”（缅族人）宣称自己是傈僳人以蒙混过关，因为他们都能够熟练使用傈僳语，且相貌上几无区别。在这样的村落中，怒苏人的社会文化环境与在怒江无太大差别，在村落交往中也多使用通用语傈僳族语，信仰基督教，与傈僳族共用傈僳文的宗教经典和教堂。由于零散到来的怒苏人多选择在较为成熟的傈僳或勒墨人村落及附近居住，很难在一片地区形成怒苏人聚落，而且较晚到来，村落附近的土地多为原居民（如傈僳、勒墨人等）所占有，怒苏人一般选择在傈僳族或勒墨人村落中的空地或这些村落周边另辟一块地建盖房屋居住，也有的通过借地、购地或要地盖房居住。至于耕地，他们可以选择到距离较远的地方开垦荒地，但事实上怒苏人与大部分傈僳一样，对耕种土地并不感兴趣，虽然密支那一带土地平坦，但其他的生计方式更对他们更具有吸引力。在需真区一带占有土地较多的是勒墨人，他们种植水稻和蔬菜并在地方市场上售卖。

笔者的报告人沙拉波，1953年出生于今福贡县匹河乡老母登村，他说：“1958年父亲因为在教堂担任马扒（傈僳语：老师之意，现主要指基督教传道员）的原因（剥削）被送劳教，5年后回来。我和父母1969年一起跑缅甸。跨过怒江，翻过高黎贡山的丫皮山口，最先到达缅甸的Solo（索罗县），后在八颗庄（村落名）居住，直到1972年。1973年才到达密支那的需真村，全村这一带当时才200户人，现教堂会（即位于卡伦诺临江公园西南边的怒苏—傈僳基督教堂）的地方没有人住，当时怒苏人才 10 多户，住在谷莫教堂（今 CE Kuo Moo 教堂，位于需真八村东北约 1 千米处）附近。至于全家人跑缅甸的原因，首先是应为宗教信仰的原因，而且因为在缅甸有父亲一方的亲戚，来去方便。我们没有土地，首先给别人打工，在别人的庄园帮人种甘蔗，种了 10 年。帮着一家一家种，后收割送厂，全家人去帮忙搞。开始来的时候我们只会傈僳话、怒苏话，不会讲景颇族话、老缅话，其他工作又不会。后来我去做生意，先是背盐巴去索罗卖，父母他们砍旱谷地，生活还马马虎虎，搞了 2—3 年，我又去帕干挖玉石，搞了 2 年。1975 年去印缅边境的 Naga（那加）挖金子 1 年，1976 年回来结婚。妻子是勒墨人，首先自己也喜欢，就请当时由教堂的妈妈担任介绍人，写了一封信请代转，她同意后就准备结婚了。1978—1979 在 Naga（那加）开了一个铺子，买卖杂货，一家三口都去了（当时大女儿已经出生），父母在密支那，我一个礼拜回来一次带点钱回来。1980 年父亲去世，母亲回怒江四河七村后 1986 年去世。在需真村怒苏人较为集中的需真八村，人口共有 80 户，包括怒苏 27 户，其余主要约 50 户是‘勒墨—傈僳’（傈僳化的勒墨人）需真区的人口以傈僳最多，傈僳语是一种通用的社区语言，同时缅语、景颇语、浪峨语等都在该地区使用，许多人同时掌握多种语言，我们使用傈僳文圣经，风俗以傈僳的为主，人们相互通婚，参加教堂的活动，互相帮助。”

阿依人在葡萄县一带，与人口较多的日旺、傈僳等族群杂居，生计仍然与其在怒江流域的阿依同胞一样主要依靠种植为主，辅以养殖、采集和狩猎，社会维持着一个以传统农业为主的乡村社会，一个自然村为一个完整的社会生活系统，社区生活以村落为单位。除内部联系以外，阿依人与杂居的傈僳、日旺、载瓦等族群在村落中互助、相互通婚，语言上在家庭内部和同族人中使用阿依语，在村落范围内使用傈僳语或日旺语，村落通用语多以某一族群人口数有关，如在人口数量占绝大多数的日旺村落中通用语自然是日旺语，在傈僳人口较多的村落中，人们的公共交流使用傈僳语。使用何种语言为通用语还可从该村落教堂（会）

使用的圣经文本、赞美诗歌以及教堂讲道所主要使用的语言可以看出。以日旺人为主的或传统的日旺村落一般使用日旺文的圣经文本、诗歌和讲道语言，必要时辅以阿依语等人口较少人群的语言讲解。在以傈僳人口为主或传统的傈僳村落则主要使用傈僳文和傈僳语。在阿依人聚居的肯旁村20世纪80年代前主要使用傈僳语文，之后逐渐为阿依语文所代替。但由于阿依语文的圣经文本和神学系统主要是基于傈僳语和傈僳文，傈僳族语文仍然作为必要的参照文本和神学教育的参照。在此背景下，阿依作为一个人口较少的人群面临逐渐被同化的境况——傈僳化或日旺化。首先，村落已经形成了一种具有地方特色的傈僳式或日旺式村落社会文化模式，不论是傈僳、日旺还是阿依，均遵循于此，不分彼此；其次，阿依语正受到越来越多的年轻人的轻视，因为傈僳语可以借以实现几乎所有的社会文化生活；从宗教信仰来看，教堂通用语傈僳语等事实上排斥了阿依语；此外由于相互通婚，虽然不论阿依还是傈僳还是日旺，其族系仍以父系为主，但相互通婚的结果是使得阿依语逐渐散失，嫁入傈僳或日旺家庭的阿依女子能够使用阿依语，教给自己孩子的语言首先可能是阿依语，但她们孩子将来的族群身份认同是傈僳的或日旺的；而那些嫁入阿依家庭的傈僳或日旺女子几乎都只会傈僳语，与母亲最为亲密的孩子其所习得的语言首先是傈僳语或日旺语，这将意味着阿依语的不断散失。在这样的背景下，一方面，在阿依精英中，缅北阿依人的族源历史，及来自怒江木古甲一带的口述历史仍然清晰，其自称和迁徙路线是明确的，阿依语在阿依人中仍然存在；另一方面，在社会生活事实中阿依人的文化特征已为傈僳或日旺的特征所覆盖。因此，阿依精英们极为担忧，从而爆发出了特别强烈的反作用力，即刻意的对自我族性的强调和重新建构。

居住在密支那北郊需真区的怒苏人与阿依的生计模式及社会状况不太相同。城市郊外的村落仍是乡村社会，村组是最小的社会生活系统，但并不如中国怒江木古甲、老母登等地怒族人主要靠种植玉米为主，辅以狩猎采集的生计方式，而是主要依靠非农业的经济活动，因此其生计与居住地生态环境的关系并不如在怒江地区那样紧密。由于需真区居民的生计方式各异，有依赖种植水稻和蔬菜的勒墨人，也有以其他非农业方式为主的怒苏人和傈僳族，因此在生产生活的社区合作情况与国内不尽相同，互助方式以及与此相关的村落社会关系也不同，即在生计上人们比较缺乏互助或主要以行业为特点进行互助或合作，一方面人们由于季节性外出而使得村落人口结构在一定时期表现为不完整，因而以村落为整体的活动会受到一定程度的影响，如宗教节日等；另一方面如淘金、沉香苗种植、砍伐、狩猎、小商业等行业中可存在小范围的合作，但对村落整体关系并无太大的建构作用。而在社会生活方面，人们的生活主要以教堂（教会）为中心实现合作或互助，因此在一个怒苏人口相对集中的村落中，其个人、家庭之间的关系及其活动主要是在这一层次上实现，如婚姻缔结、葬礼、婚礼等。但由于怒苏人口很少，全缅甸约为5000人，现在能够统计的怒苏人口在密支那周边地区约3000人，他们或其先民零散地到达缅甸，主要依附于傈僳（含勒墨人）社区，讲傈僳语，与勒墨人和傈僳通婚，参加傈僳（语）系列教会，在维持怒苏人的语言、文化传统特征甚至族群身份的认同均面临较大的困难，因此，年轻的怒苏精英们试图通过一种人为的甚至是激进的方式来实现，如成立怒苏语言文化委员会，在个人身份上强化"怒族"的概念、创制怒苏文字、建构怒苏神学系统，建立独立的怒苏教会，更改教堂名称，在克钦邦的社会背景下，这些行动都容易得到其他包括傈僳等民族的理解，而怒苏人"少壮派"（传统上属O. M. F教派）与"老资格派"（传统上属路德派）在是否认同并回归怒苏人身份的问题上产生矛盾，最终集中在争夺教产（怒—傈僳基督教堂房产）的问题上，越演越烈，双方先后将对方起诉到地方法庭，官司至今仍未了解，这一事件在地区影响很大。（详见第四章）

二　同化与分化

西迁缅甸以后，阿依、怒苏人在怒江流域的居住模式从以村落聚居为主变为与傈僳、日旺等族群杂居，语言上以上述族群语言为通用语而本族语使用范围受限，村落社会文化上已形成遵循以傈僳、日旺社会文化为基础的村落社会文化系统，宗教信仰上分别使用傈僳、日旺语文为中心的神学系统，国家民族划分上阿依、怒苏分别被划为傈僳或日旺。在这样的背景下，阿依、怒苏的日旺化、傈僳化是极其明显的，主要表现为阿依、怒苏的年轻人（主要是第二代及以后的移民）熟练使用傈僳、日旺等地方通用语而越来越忽视自己的母语，族群性的认同越来越模糊。这一倾向事实上加深了部分阿依和怒苏人，特别对其族源历史了解较多的文化精英们的忧虑。他们担心，有一天他们这一支人完全成为了日旺或傈僳而自己的族群特征完全消失，或像需真一带的勒墨人一样，明知自己是勒墨人，是来自怒江泸水县洛本卓金满村一带的勒墨人，但完全散失了勒墨语、勒墨人的传统文化习俗、服饰，能够提醒自己是勒墨人的，则只有用傈僳文记录的勒墨人迁徙路线图。勒墨人的苦痛使得与其杂居的怒苏人极为警惕。而在葡萄一带，那些仍然坚持阿依族群属性的人能够凭借的是有别于日旺人和傈僳人的语言或方言、族源历史及迁徙路线，他们已经和自己在怒江木古甲、古泉、鹿马登、利沙底一带的阿依同胞一样完全散失了自己的村落文化传统、服饰，阿依语也正在快速消失（鹿马登、利沙底一带的阿依在20世纪50年代民族调查时就已经没有人使用怒语了）。阿依人由于在缅甸的历史悠久，自14、15世纪就有之，其族人受教育程度普遍较高，在葡萄、密支那一带精英分子中担任高官、牧师、大学教师者较多，如Yo－Sa－Ye这样成功的商人甚至在缅甸傈僳文化委员会中担任职务。而怒苏进入缅甸的时间和历史较短，人口较少，在缅甸受教育程度较低，成功的商人、牧师也比较少，但他们完全秉持中国关于“怒族”、“怒人”的范围和概念，其族群想象中怒苏就是“怒族”的观念根深蒂固，因此明确地知道与傈僳族的区别，一方面与傈僳族一同生活，相互通婚，在村落中相互帮助，使用傈僳文圣经，属于同一个傈僳教会（派别），甚至许多接受了傈僳文神学教育并在傈僳族教堂担任牧师，身份证也标注为“傈僳族”，但他们并不认同傈僳。因此，在村落社会文化傈僳、日旺化的背景下，阿依、怒苏人在开展反同化或异化的行动，即以一系列的行动刻意地表明自己的族群属性，同时按照克钦邦族群建构的特点进行必要准备，如文字创制、神学系统及教会的建立等。在克钦邦背景下，傈僳、日旺等族人对阿依、怒苏的行动反应平淡，许多教会的领导人表示理解和支持。

1. 村落中的族群关系：历史与现状

在阿依等人群的创世传说中，其与周边各人群是“源于同一父母亲的兄弟姐妹”，但在其社会现实中，怒江地区的傈僳族、俅（独龙族）等与阿侬、阿怒、怒苏等族群的关系一方面联系紧密，另一方面却是小族群对较大族群的从属关系，大族群对小族群的欺压和掠夺，因而族群间关系总体上并不好。距今约三百八十年前，居住在高黎贡山以西的俅族（今独龙族）和木古甲的阿侬发生了“纳贡”关系，阿侬“机智地”获得了俅人的“主人”身份并向其收取“俅贡”。这一约定成规一直延续到傈僳族进入怒江流域。在傈僳族16世纪至19世纪初进入怒江以后，随着傈僳族势力的壮大，阿侬日益成为被压迫的小族群，阿侬一方面要向碧江境内的傈僳族“主人”纳贡，另一方面又随时受到迁入本村附近的傈僳族的侵犯和掳掠。距今约一百七十年前，傈僳族开始迁入邻近木古甲的木楞（含窝埂、窝冷家族）、古泉（含俄尼、槐尼家族）两村，此后两三代以后傈僳族便借故和阿侬发生械斗，侵占阿侬的土地财产。古泉、木楞两村的阿侬和傈僳族之间在历史上发生较大的械斗就有过四次，其中有一次前后延续了三年之久。争斗的结果多以阿侬的土地、牲畜被侵占，人口被杀或被掳而告终。上述冲突直到1912年国民党（先是怒俅殖边队，后是国民政府设治局）进入怒江后傈僳族畜怒主、头人的势力受到限制。① 怒江怒苏人较阿侬人口较多，没有与傈僳族发生大规模的冲突，但在怒苏民间多有“山上的傈僳经常下山来偷、抢粮食牲口，抢夺人口（妇女、小孩）”及由此引发的冲突的故事，此类说法在贡山阿怒人中也不少。另据怒苏人说，事实上在基督教在20世纪初传入怒江以后傈僳族对阿侬、怒苏等人群的压迫逐渐减轻。据付三益说，大家信教以后，历史上他们抢夺我们的女人的事情我们也渐渐的不提了，因为大家都成了“弟兄姐妹”。

先后进入缅甸后，由于缅甸北部地区受中央政府的控制较弱，地广人稀，资源丰富，人口竞争较弱，而且由于共同信仰基督教的原因，合作多于争斗，总体上阿侬、怒苏与日旺、傈僳的关系很好。以日旺、傈僳神学系统为基础建立的教堂、教会已成为村社组织中的核心部分，不同来源的族群持通用语日旺语、傈僳语，互称“弟兄姐妹”，在教会内

① 《民族问题五种丛书》云南省编辑委员会编：《怒族社会历史调查》，云南人民出版社1981年10月版，第52—54页。

部实现互助、互相学习、交往交流、通婚等。因而不论是阿侬、怒苏还是日旺、傈僳，关系都比较好。一方面，作为社会生活的整体，持不同民族语言的人事实上在一般社会事务中并不区分民族身份，即语言上是傈僳族的，信仰上是基督教的，行政上是缅甸的，但在某些部分仍然保留着一定的特殊性。

2. 族群身份的重构

20 世纪 60 年代以前，在 Nung 的族称下包括了现在日旺、达鲁各氏族及阿侬等人群，虽然阿侬正在经历着日旺化和傈僳化的过程，但由于已经拥有了克钦邦主体族群景颇及西方人认可的以 Nung 为名的族群身份和地位，阿侬人对其族群身份的要求不需要诉求，但 20 世纪 60 年代以后由于 Nung 的名称已为日旺所代替，阿侬人精英中反响十分强烈，在进行文字创制、族群身份诉求的同时，他们在村落社会中开展了族群身份的建构活动。较晚时候，怒苏人的族群建构也在进行，2007 年阿侬、怒苏实现合作后族群身份的建构全面开展。这些活动主要体现在书写自己的历史、确定取名方式、在自有的木船上标记 Nusu 字样、设计服饰、确定怒苏节日、创制文字、建立民族组织、明确教派归属、与中国同胞的交往与合作等方面：①在需真村东侧的伊洛瓦底江西岸江边的沙滩上，停着一条巨大的木船，船头部位用英文字母标记了 NUSU 字样（参见图 3 -9）。此船属于需真七村怒苏人斯大宝（小阿波），为其本人几年前购买的运沙船；②自 2010 年，怒苏人开始举办怒苏元旦节，活动内容包括布道和聚餐。首届元旦节有怒苏人 500 多人参加，包括居住在密支那城里的怒苏人，此外周边各教堂（教会）都来按照地区传统前来庆贺，傈僳族人（包括勒墨人）也有 200—300 人参加，他们白天来向怒苏人表示庆贺，晚上回去各自的教堂举行活动。③大约 2007 年，在新西兰牧师约瑟的帮助下，阿侬与怒苏人建立了联系，此后为缅甸怒族的建构实现了合作。约瑟一直在帮助怒苏人创造拼音文字，而当时负责怒苏文字创制的主要有怒苏人约瑟、所提尼、付三益等人，后由于所提尼和约瑟相继去世，2007 年以后主要由付三益一人负责怒苏文字的创制工作。同年，约瑟在与阿侬人举行活动的时候给阿侬牧师 Jonathan Khopang 等看了怒苏的拼音文字方案。Jonathan 说：“他们搞得不错，只是使用的字母数量太多了，难以记住，因此我建议他们减少字母的使用数量，后来约瑟又建议我们两家合作搞文字，他说怒苏和阿侬是‘一家人’，在中国也是一家。阿侬人 10 年前在密支那只有 3、4 户，后逐渐有人迁来，现已有 1000 多人了。10 年前我刚迁到密支那居住的时候听说周边有怒苏人居住，只是没有直接的交往。”

图 3－9　伊洛瓦底江西岸的怒苏运沙船

基于相同的境遇、共同的目标、相似的历史背景和中国怒族建构模式的参照，阿侬与怒苏实现了合作甚至是形式上的合并。Jonathan 说：“我们和怒苏都使用同一套拼音文字，只是两种语言的词汇和语法不同，我们通过相互学习对方的语言文字，10 到 20 年以后两个‘支系’应该可以合在一起了。”密支那的怒苏多是新移民，而阿侬的社会文化基础较好，因此在合作中阿侬首先给予了怒苏较多的帮助：①资助包括上述沙拉波、斯大波女儿在内的 4 名怒苏青年到印度学习神学和英文，作为将来怒苏文推广的后备力量；②资助付三益创制怒苏文字；③资助付三益在密支那以东约60公里的西董坝购买了52亩土地用于修建教堂和村落；④Jonathan等直接参与了怒苏拼音创制和培训的指导工作。在缅甸怒苏人的努力下，缅甸阿侬、怒苏以及中国怒江的怒族开始了合作，2009年8月7—8日在云南六库召开的云南民族学会怒族学专业委员会2008年年会、2011年11月的泰国会议中，中、缅、泰三国怒族精英及学者讨论怒族各部的拼音方案/文字的创制和统一的问题并达成一些共识。

目前，阿侬、怒苏人的努力和期望主要集中在防止民族语言的流失、文化传统的恢复或重塑、国家民族身份的获取等方面，在独立的民族身份得到国家承认前不会考虑参与政治的问题。对于国家政治生活的参与，目前也主要是在傈僳族内部以傈僳族的身份参加活动，如上述阿侬商人Yo－Sa－Ye等。如果最终能够获得国家承认并成为缅甸“怒族”，也不排出有人步入政坛的可能。根据Jonathan，阿侬人中有十余人在政府任职，拥有多位牧师，如Kingpan Phone和Johanation等曾经在缅甸和美国接受过神学教育，Johathan还获得曼德勒大学史学学士学位。随着阿侬人受教育程度的不断提高以及在国内社会中的地位不断提高，这种可能不是不存在的。

对于能否将“怒族”（Nung）成功申报为缅甸又一个单独民族的问题，阿侬和怒苏都比较乐观。Jonathan说很有希望被确定为克钦民族的支系民族和缅甸的法定民族的，因为缅甸从未举行过真正意义上的民族识别活动，现缅甸政府的官方文件并未宣布缅甸“只有135个民族”而是“百余个民族”（hundreds of ethnic tribes），因此缅甸国家民族确认的大门并未关闭。民族的人口数也不是问题，因为有一些人群人很少，如Slong人、因达人（Inda）等，他们自己并未主动申报民族成分，政府仍然保留了他们的民族身份。但现在需要按照目前克钦邦默认的民族标准作准备，如语言文字、文化传统、神学、教会等，条件成熟的话自然就会被公认为一个克钦民族“支系”。与其他民族一样，阿侬人对2010年缅甸大选持有很高的期待。怒苏人也同意Jonathan的看法。怒苏人沙拉波说，“将来国家一定会承认‘怒族’的，缅甸国家已经承认傈僳族和傈僳族教会，如果傈僳族人支持我们的话就要容易一些，如果我们人口达到400—500户，就可以去申请一个席位（民族成分）。如果将来文字搞出来了，怒苏文的圣经也翻译出来了的话，就好搞了”。

从傈僳/日旺的角度来看，他们都能够理解阿侬、怒苏与傈僳族在社会文化，特别是族源、历史、语言的区别，同时也愿意认同阿侬、怒苏为克钦支系民族的观点。一位傈僳头人说：“我们人多，他们人少，我们接受他们为小兄弟，不会欺负他们，一个统一的傈僳族很好的，特别是在基督教信仰的背景下，淡化民族成分是有意义的，因为教派并不以民族不同位划分的，因此更愿意接受当前政府的民族划分。”对于怒苏、阿侬的行动，有的对怒苏人内部搞不团结的事情不满意，有的无所谓，有的甚至支持，说只要他们不乱就行。“如果我们从傈僳中分裂出来的话，我认为他们（傈僳族）不会在意的”，沙拉波说：“开始的时候，他们可能有点不愿意，但我们拥有我们的语言，他们也会理解的，他们也会说，‘这是上帝给你们的，你们就用吧’。将来我们的准备充分了，宣传工作做好了，他们也就不会有意见了。曾经有克钦邦官员来找傈僳头人，说克钦中有一种怒族，你们同意不同意，傈僳也签字同意了。”调查发现，从语言、族源历史、文化传统来看，缅甸傈僳族人了解其与阿侬、怒苏的差异，本质上不存在反对阿侬、怒苏成为一个单独民族的理由；从基督教信仰的角度来看，他们也能够尊重阿侬与怒苏人的文化、语言文字甚至其独立的神学系统；出于维护教会传统及组织完整的原因，部分傈僳族人不愿意见到教会和社会分裂的情况发生；事实上，大部分的傈僳族人并不反对阿侬、怒苏使用自己的语言文字，拥有自己的神学和教会，但认为要淡化民族或族群的概念，排除一切的搅扰，真正地“信靠主耶稣和耶和华神”。由此看来，怒人的将来会怎样主要取决于他们自己。

第四章

怒文与怒语神学

怒人，包括中国怒族之贡山阿怒、福贡阿依、福贡怒苏、兰坪若若四个主要组成部分以及缅甸的阿依、怒苏两部，均有自己独立的语言或方言，其中阿怒语、阿依语与独龙语、缅甸日旺语属同一语言的不同方言，而怒苏语、若若语均属彝语支，语言差别较大，基本不能通话。怒族各部均无传统文字或书写系统，其文化传统、知识主要依靠口传心记来进行传承和延续，关于这些族群的历史记载主要见于少量汉语文献中。在以村落为基本地理单位，家族、氏族为社会生存单位，地理空间、社会文化系统相对独立、封闭和完整的背景下，这些人群数千年来依靠非文字手段进行记录和信息传递的方式完全可以满足其基本生存的需要，但近代以来，由于民族或族群的迁徙及交往，对其他族群文化的吸收，特别是基督教的传入，无文字生活模式开始发生变化。在对外来文化的要素进行整合的过程中，怒人同时从那些人口较多，拥有完善的传统文字或近代才创制文字系统的族群借用文字或语言书写系统来满足自己的需要：数量极少的阿怒藏传佛教僧侣（自 18 世纪后期）和天主教徒（自 19 世纪末）使用藏文，人数众多的阿怒、阿依、怒苏基督徒在宗教活动、日常灵修中主要使用傈僳语和傈僳文（自 20 世纪初），近代以来特别是 1949 年中华人民共和国成立以后随着国民教育的发展越来越多怒人使用汉语汉文。怒人也逐渐形成和发展了对于文字的认知和渴望。根据阿怒、怒苏的传说，他们曾经与汉人、藏人一样拥有文字，只是由于一些偶然的原因而失去了文字，结果导致了与这些民族的差距。1949 年以后的中国大陆，是否拥有文字曾一度被视为判断一个民族社会文化发展乃至文明程度的重要指标或标志，因此，为没有文字的少数民族创制文字已成为一项基本国策，作为体现民族平等和民族团结，保障民族地区改变落后面貌，发展民族教育的重要措施和重要活动（包括针对一些少数民族文字进行的改革和完善）。从某种意义上说，这些由国家为主体所进行的从上而下创制的少数民族文字，其政治意义和象征意义更为重要。一些已获得创制的文字，如新傈僳文（1957 年由中国科学院专家以拉丁字母形式创制的新文字）等，曾经作为官方民族语言记录方式在许多领域，如民族自治地方有关机构的文字标识、官方文件、民族刊物、宣传媒体（如广播等）中普遍使用，但由于使用主要集中在官方层面，在民间尚缺传统基础，需求动力不足，缺乏长期推广机制、相关政策和社会支持，许多新创制的文字逐渐淡出人们的视线，其中以新老傈僳文的比较最为突出。在新傈僳文主要作为官方民族文字而在民间未被广泛接受的同时，由传教士创制的傈僳文（也称老傈僳文或西傈僳文，以拉丁大写字母及其变形体创制的拼音文字）则作为宗教语文在傈僳族、怒族和独龙族基督教的传播和信徒的信仰实践中得到巩固和繁荣。20 世纪 80 年代以后，新、老两套傈僳文在中国大陆事实上已形成“并存并用”的局面。此种背景下，中国的怒人已获得了作为一个族群的政治、社会身份——民族，即怒族。同时，他们对其族群语言的逐渐丧失，对是否需要拥有独立的书写系统还是在信仰活动中继续使用傈僳语文，在对外交往中使用汉语汉文等问题反应并不十分强烈。但在缅甸怒人中，境况却不大相同。首先，族群自称是其族群边界的“界碑”，语言、历史是其保持族群边界形状的重要因素。缅甸怒人（阿侬、怒苏）自近代以来族群意识的产生和强化，族群建构中族群身份的丧失以及族群想象中的失落和对族群前途的忧虑，加之基督教信仰的特点，他们对于怒语书写系统的拥有充满了强烈的渴望和期待。在缅北克钦邦，克钦民族（系）每个“支系”族群都有专属的语言，自 19 世纪后期至今都已陆续拥有自己专属的文字书写系统，进而形成单独的神学系统。一方面，文字已成为一个族群的必需品，是官方和社会对一个族群认可的重要标志，对于怒人、勒墨人等这些还未获承认的族群尤为重要。另一方面，拥有文字意味着可以拥有专属的神学语言、本族文字书写的宗教经典，在他们看来，文字不仅可以反映和保持族群特征，保存族群文化传统，在缅北基督教信仰的背景下，还被视为领受神（上帝）话语，获得上帝所命定的福分的重要通道和工具，这也是领受基督教的正道，防止信仰发生偏离的保障。因此不论是个人灵修学习还是神学教育，都需要本族专属的文字。对于缅甸怒人来说，怒语书写系统或文字是他们文化上保持其族群特征，政治上获得其他族群特别是国家的承认，社会意义上实现族群自我发展，在神学领域实现族群复兴的重要途径。而对于中国的怒族来说，怒语书写系统或怒语拼音方案是多一种的选择，政治上作为民族平等、名族团结和民族发展的具有象征意义的标志，其次可以更为准确地用以宣传有关农业技术、生活常识、国家政策法规，再次也将可作为基督徒的宗教神学语言来使用。

第一节　没有文字的怒人

怒人（或怒族），包括阿怒、阿侬、怒苏、若若四个主要组成部分，不论是从历史还是现实状况来看，都没有产生过或拥有传统的书写文字系统，至于出现于缅甸北部的基于英文字母的阿侬语、怒苏语书写符号，分别为20世纪八九十年代以后由本族人始创的试验性拼音记录系统，距离完善的文字系统还有很大差距，影响也很小。在开始接触并能够借用其他民族文字（如汉文、藏文等）之前，怒人各部对书写文字的认知极其有限，但在一个相对封闭、完整的有限时空内，其非文字的学习、记录和传播技术条件基本能够满足其社会文化生活的需要。首先，与生计相关的生产生活技术以及与自然界的交流方式可以通过言传身教在实践中传承，前者包括渔猎采集、种植等生计方式中的工具制造与使用、栽种技术、节令认知、生产组织、食品加工与储藏等，每个人须按家庭或社会分工掌握所有必需的技能，后者有祭祀、巫术、禁忌等，由所有或特定的人以一定方式习得、掌握并负责操作，内容包括器物、行为、言语或歌唱等；其次，社会习俗与制度也在社会实践中得到传承，内容包括社会结构、等级及运行制度、亲属称谓、婚姻制度及操作方式等；再次，家庭、家族以及族群的历史以传说故事和诗歌等形式通过重复传讲、传唱并加添加使之成为全民的知识并得以传承；最后，用于个人记事、民间事务中的重大事件（如借贷、诉讼、协议等）的记载方式与其他无文字的民族大致相同，一般采用结绳、刻木等方式进行，此外怒人还采用石子、竹签作数字记录：如将石子或竹签分大、中、小三种，在讲理或诉讼中，十个小石子（或小号竹签）代表十条小理由，一个中石子（或中号竹签）代表一个中等理由或十个小理由，一个大石子（或大号竹签）代表一个大理由或十个中等理由，以十进位计数。① 而且，怒人关于族群的想象并不依赖文字记载，如前所述，这样一个较小人群往往可以基于其族群自称、家庭（家族）及族群的源流历史、迁徙过程、语言或方言来进行自我界定并区别于其他族群。

在与周边较大的族群，如汉族、藏族等拥有文字的族群的交往中，怒人也逐渐产生了对文字的认知，并通过传说故事等方式对自身无文字的事实进行解释，同时表达了对拥有文字的渴望，因此在其不断得到更新的传说中添加了关于文字的描述。根据怒族阿怒人与独龙（族）共有的“创世记”传说，天下九大民族（喻指所有民族的祖先）为同一父母所生的兄弟姐妹，他们曾经都拥有“书”（喻指文字），但最终只有作为“哥哥姐姐”的汉、藏等族继承或保留了这本“书”。……洪荒之后，幸存的兄妹俩先后生下了九对儿女（即九个民族的祖先），其能力与地位按照长幼先后排列。九对儿女长成以后，大哥大姐向着太阳出的地方走去，来到金沙江边，在那里定居下来，成了汉族。临走时，由于他们俩把“书”带走了，他们的后代都能读书识字，管理天下大事。二哥二姐赶着羊群带着“经书”走了，来到澜沧江边定居，成了藏族——他们会放牧，也会念经。三哥三姐来到怒江，带走的是包谷、渔网，成了怒族（阿怒），他们会种地、打鱼。四弟四妹留在独龙江，成了独龙族，他们男的专编箩箩，女的专织麻布。五弟五妹去了迪子江，六弟六妹到托落江，七弟七妹去了迪不勒江，八弟八妹和九弟九妹去了江心坡……②从上述“创世记”的有关片段可以看出，怒人、独龙认为，人类拥有共同的祖先，在从“父母”那里分离前曾经拥有文字，但只是汉族、藏族继承了文字，而其他民族，如怒、

① 刘达成主编：《怒族文化大观》，云南民族出版社 1999 年 9 月版，第 24 页。

② 洪俊：《独龙族传说与族源》，载于《民族学》1992 年第 2 期。

独龙等族继承和拥有的是其他一些生产生活工具和技能。而在今贡山（县）的怒族（阿怒人）传说中说，阿怒原来与汉族、藏族人一样是有文字的，在与“兄弟姐妹”分家的时候同样分得了写在羊皮上的“书卷”，但由于他们在迁徙的过程中，写有文字的羊皮被饥饿的狗给吃了，他们从此失去了文字。根据怒苏人关于“怒族没有文字的传说”这样一个近似于汉族“牛郎织女”的传说，怒苏人原来拥有学堂、老师、书（一个与汉族地区的事实极其相似的想象和描述），书本记载了天上的奥秘，但终被毁于大火。传说是这样说的，……出于同情，天上七星姐妹中的六星姑娘嫁给了贫苦的孤儿为妻，生有一子。几年以后，儿子进学堂念书，聪明好学。后来六星姑娘被迫返回天上，离开了丈夫和儿子。儿子在老师的帮助下从书本中发现了关于母亲的秘密并找到了母亲。六星姑娘（孩子的母亲）不得不再次以及永久地离开孩子，她赠与孩子装有“水”与“火”的两个瓶子，最终使之毁掉了能够借以获知天上奥秘的学堂和书本，怒苏人自此失去了文字，失去了“找寻天上母亲”的方法，也割裂人与天的联系。① 怒人关于文字的传说在于表达这样的观点：他们现在没有文字是因为偶然失去的结果。

从有限的历史记载可知，怒人直到近代也未产生书写文字，在与汉、藏等民族交往中逐渐形成了文字的概念，同时也借用了汉、藏文记载。1950 年以前，在阿怒人口最为集中的丙中洛地区，类似学校的教育大致可分三类，一类为丙中洛普化寺的藏文（经文）教育，一类为丙中洛（重丁）天主教堂建堂后开办的教堂夜校，一类为清政府或后来的国民政府开办的小学校。由西方传教士（富能仁等）所创制的傈僳文在怒人中的传播始于 20 世纪 20—30 年代。藏传佛教噶玛噶举派（地方俗称“喇嘛教”）于清乾隆三十八年（1773）传入丙中洛，此后逐渐成为该地区的主体宗教信仰，一些怒族阿怒喇嘛教信徒家庭也将男孩送进入寺庙做僧侣，学习藏文和佛教经典，藏文的

① 陈荣祥、李根祥：《怒族没有文字的传说》，载于《华夏地理》1987 年第 5 期。此文尾注之“流传地区”似有笔误，此传说应流传于今云南省怒江傈僳族自治州福贡县匹河乡一带的怒苏人中而不是贡山县丙中洛一带，因为贡山丙中洛一带的怒族自称“阿怒”，而福贡匹河一带的怒族自称“怒苏”。——笔者注

使用也主要集中在这一很小的人群，使用范围也仅限于宗教活动（如驱鬼、法事活动等），在藏传佛教传入前怒人使用藏文的极少，相比较而言，他们对汉文的使用及对汉族农历（而不是藏历）的使用还比较普遍；对丙中洛地区的汉文教育始于清宣统二年（1910），清政府以“借民房、充公寺”的方式在贡山的菖蒲桶（今丙中洛，校址位于今丙中洛打拉自然村）、茨开两地各创办了一所汉语学堂，此后一直惨淡经营至1949年中华人民共和国成立。由于地方群众对汉文学堂的认识不足，教育也未带来实质性的好处，当地的孩子多不愿上学，家长也很勉强，即便地方行政机构采取一些“优惠”措施，也收效甚微。例如，地方民国政府曾规定“子女较多的家庭，如果供养困难，每户可送一人进学堂接受免费教育”。但从客观上来说，学校教育却培养了部分地方民族精英，他们在1950年以后的地区建设中起着重要作用。1950年以后至今，汉语汉文的国家教育体系已经成熟。与此同时，重丁天主教堂修建以后（1935年），教堂开办了教堂夜校，设小学一所，但仅针对该地信徒，教会教育的文字使用汉文、藏文经书，用阿怒语进行讲解。[①] 总而言之汉语文在怒人中的使用，至1949年前夕远超藏文，而傈僳文作为基督教宗教神学语言在信徒中占据主要地位。

1949年中华人民共和国成立后，为没有文字的少数民族创制文字已成为一项基本国策，作为体现民族平等和民族团结，保障民族地区改变落后面貌发展民族教育的重要措施和重要活动。1951年2月5日，中央人民政府政务院在关于民族事务的几项规定中指出：“在政务院文化教育委员会内设民族语言文字指导委员会，指导和组织关于少数民族语言文字的研究工作，帮助尚无文字的民族创立文字，帮助文字不完备的民族逐渐充实其文字。”随后，在北京成立了以邵力子为首的民族语言文字研究指导委员会。1954年5月，中央人民政府政务院文化教育委员会、民族语言文字研究指导委员会及中央人民政府民族事务委员会向中央做出了“关于帮助尚无文字的民族创立文字问题的报告”。该报

---

① 何林：《国家介入与村落视野中的国家——清末至1949年前夕的丙中洛》，载于《西南边疆民族研究》第7辑，云南大学出版社2010年6月版。

告指出："几年来由于少数民族在政治、经济、文化方面获得很大的发展，没有文字的或没有通用文字的民族现在迫切要求解决文字问题，而为了创立文字，就必须首先确定有关制订少数民族语言文字问题的基本原则。"指出："根据以上分析，大致可以确定：对于没有文字或没有通用文字的民族，根据他们的自愿自择，应在经过一定时期的调查研究之后，帮助他们逐步制订一种拼音文字，或帮助他们选择一种现有的适用的文字。"该报告还同时指出：各民族新创拼音文字的字母形式，鉴于采用拉丁字母较现行汉语注音字母有若干便利，在汉语拼音方案公布之前，目前基本上可以拉丁字母作为试行或记音符号。自1956年起，在大量调查研究的基础上，陆续为壮、布依、侗、黎、苗（3种）、哈尼（2种）、傈僳、纳西、载瓦、佤、彝等10个民族创制了14种拉丁字母形式的拼音文字，其中壮文于1957年12月10日经国务院批准为正式文字推行，其余13种文字均经国家民委批准试行。后来又为景颇族的载瓦支系制订了拉丁字母形式的载瓦文方案，为土族制订了拉丁字母形式的土文方案，20世纪80年代根据本民族的要求，又为白、独龙、土家、羌、基诺等民族设计了拼音文字方案。1957年，中国文字改革委员会在吴玉章主任的领导下，曾数次开会，讨论少数民族创制文字的字母形式问题。同年10月，文字改革委员会讨论通过了中国科学院少数民族语言研究所提出的关于少数民族文字方案中设计字母的几项原则，并上报国务院。对于创制或改革少数民族拼音方案的字母基础的问题，1958年1月10日，周恩来在中国人民政治协商会议全国委员会举行的报告会上提出了"汉语拼音方案可作为少数民族创制和改革文字的共同基础"的建议。这一建议体现了许多兄弟民族"要同汉族在字母上取得一致"的愿望，同时便于交流文化、学习汉语和吸收汉语的名词术语。①

关于创制怒族文字问题的讨论，起步较晚。鉴于怒族长期有创制文字的要求，经云南省怒江傈僳族自治州（简称怒江州）人民政府批准，怒江州语委于1986年6月27—29日在州府六库召开全州怒族语言文字

---

① 摘编自孙宏开《汉语拼音方案与少数民族文字的创制与改革》，载于《语言文字应用》2008年第3期。

工作座谈会。会议根据怒族窦桂生等九人提出创造怒族文字的申请，征求全州各地怒族各界代表对怒族语言文字工作的意见。参加会议的有怒江州五县选派代表和州直属机关特邀怒族代表16人，有关单位代表及州语委（州语言文字工作委员会）人员8人，时任州人大副主任丰祥生、副州长李益甫、云南省语委（云南省语言文字工作委员会）办公室副主任和丽峰、编译科副科长普学旺等共28人出席了会议。会议内容包括：①与会人员学习党和国家有关少数民族语言文字政策，听取领导对语言文字工作问题的讲话和州语委办公室关于怒族语言及语言使用基本情况的汇报，第一次就有关怒族语言文字适宜进行商讨。②从民族发展的利益和民族语言的实际情况出发提出加强怒族语言文字工作的必要性：认为使用汉语汉文进行学校教育符合本民族利益，同时提出怒族也应该拥有自己的文字，用以记录其可贵的文化遗产并发扬光大，解决学习汉语缺乏语言使用环境的问题，充当汉语学习的辅助工具，用本民族语言文字准确完整地宣传贯彻党的方针政策。③关于创制怒族文字的用途、字母样式及方法的意见：主要用于记录、整理民间文化遗产（故事、歌谣、祭词、语言、历史等），帮助教师了解学生的语言以便更好地教授汉语文，暂不考虑扫盲和进学校；将创制的怒语记音及书写系统称为“拼音方案”而不是“文字”，根据怒族各部所使用的语言实际创制四种拼音方案，分别称为“怒族××语拼音方案”；关于字母形式和基本拼写规则，四种拼音方案要统一（大多数代表提出以汉语拼音方案为基础，少数提出以老傈僳文字母形式和拼写方法为基础）；关于几种拼音方案的标准问题，根据多数语种基本统一的原则，少数语种的方言差异各自商议解决，不强求统一，可以先搞一个方言的拼音方案；关于创制方法，提出由州语委牵头，由州语委专业人员和怒族知识分子结合族称研制小组，审核原来调查归纳的音位系统并进行研制初步方案，贡山怒族代表根据贡山怒语的实际，提出由州语委协助，在独龙语拼音方案的基础上进行增减，确定符合贡山怒语语音体系的拼音方案，同时提出由政府出面，聘请中国科学院有关专家帮助研制。④怒语拼音方案的创制将在政府的支持下，依靠怒族知识分子进行，州语委给予必要的支持（如经费等）。[1] 从1986年会议纪要看来，怒语（含四种语言或方言）拼音方案的创制已在怒族精英中达成共识，就其必要性和可行性通过了在其精英及政府部门的论证，在政策、人力、物力及资金等方面获得了支持，从而具备了必要条件。但直到2003年12月怒族学会成立后，怒语拼音方案才作为一项实事被列入议事日程，至2011年已经取得一些进展。作为一项自上而下的活动，除了行政、人事、资金支持等方面的实际困难外，民间基础的欠缺也使之缺乏推动力。即1986年会议解决了怒族精英和政府对于创制怒语拼音方案的需要并在大局上得到协调，但在民间，村落精英及普通群众的需求不足也使这一事项缺乏推动力及相应的支持。首先，以怒江地区为例，国民教育体系及行政体系中并无相关的规定，中小学也无相应的课程设置，双语教学多体现为部分教师临时性地使用怒语对汉语汉文进行讲解。换言之，人们从学习、推广怒语文中不能获得实惠，如获得学历、晋升等，因而民间对怒族书写系统的需求也并不强烈，因为只有通过唯一的以汉语为基础的国民教育系统的教育才能得到相应承认。这一现实在已经创制了语言的民族，如怒江的傈僳族中也如此。1956年以后，国家为傈僳族创制了傈僳文（俗称"新傈僳文"），举办了相应的培训班，培养民族知识分子使用，该傈僳文也在官方文件、广播等方面得到应用，但在民间的推广行动举步维艰。与此相反，20世纪20年代由传教士（富能仁等）创制的傈僳族文（俗称"西傈僳文"或"老傈僳文"）则随着20世纪80年代以后基督教信仰的逐步恢复而广为传播，甚至覆盖了同一区域的怒、独龙等民族。究其原因，老、新傈僳族文所处的社会文化环境不尽相同，前者主要在普通群众中，特别是基督教信仰群体中广为使用，而后者主要应用于官方系统，包括傈僳族官员及精英群体，很大程度上还得到了官方和傈僳族精英们的大力支持和推动，但最终没能在广大群众中扎根。其关键的原因在于：老傈僳文自20世纪20年代以后即作为怒江地区广大傈僳族、怒族和独龙族群众的基督教神学语言（含文字）和地区通用语，而傈僳文则作为必需品在几乎所

[1] 怒江州语委办公室整理：《怒江州怒族语言文字工作座谈会纪要》，1986年7月2日。资料由云南省民族学会怒族学专业委员会提供。

有教派基督教会系统内自行得到推广的。比较而言，新老傈僳文的创制初衷、目的和过程是不同的，这也就决定了其命运的不同。就怒语书写系统而言，其创制目的在中国境内和缅甸的也不尽相同：在中国将主要作为语言记录的工具，在抢救濒危语言，发扬民族文化，宣传国家政策及知识等方面发挥作用，而在缅甸则首先作为基督教神学语言文字使用，其次是其他各方面的应用。值得注意的是，双方自2007年以来开始合作，共同创制统一的书写系统（拼音方案）。因此，怒语拼音方案的推广在中、缅背景下的主要应用领域和推广途径存在差异。

承袭了1986年会议的精神，孙宏开先生认为，目前搞文字已经基本上不符合国家的民族语文基本方针政策，但是搞一个拼音方案是可能的；在全球经济一体化进程和市场经济发展过程中，少数民族语言尤其是一些使用人口较少的语言，越来越走向濒危，语言作为非物质文化遗产的重要内容，一定要加以认真保护，联合国教科文组织呼吁保护语言和文化的多样性，我国也在加强措施和力度保护；怒语拼音方案具有其必要性和可能性；研究机构和语言专业人员将给予全力支持；要解决拼音方案采用什么字母，拼写哪些支系的语言（方言），拼音方案的使用目的（传承语言文化、双语教学、宗教信仰及活动），制作方案，编写课本，编撰词典，用现代化手段做语言档案等等。[①] 在云南省民族学会怒族学专业委员会2008年年会[②]上，讨论了两个怒语（怒苏语）拼音方案（见本章第三部分），一为“专家版”，即由中国社会科学院孙宏开研究员等主持编制的“怒族怒苏语、若若语拼音方案”初稿，采用汉语拼音字母形式拼写怒苏语和若若语；二为“民间版”，即由怒苏民间人士以棉谷（今福贡县匹河乡棉谷村）口音为基础，采用26个罗马

① 孙宏开：《关于怒族语言拼音方案问题——在2008年怒族学专业委员会年会上的讲话》，载于《怒族研究》2009年总第5期，云南民族学会怒族学专业委员会，2010年1月，云南六库。

② 云南省民族学会怒族学专业委员会2008年年会于2009年8月7日至8日在云南省怒江州州府六库举行，著名语言学家孙宏开研究员、语言学博士罗自群教授以及美籍旅泰怒族同胞，语言工作者恩尤·阿此博士等应邀参加了年会并作学术交流。有关资料见云南省民族学会怒族学专业委员会编：《怒族研究》2009年总第5期。

字母组合创制而成，这一版本的怒苏、若若拼音方案得到阿侬语言学者尤恩·阿此的技术支持。会议赞同使用一套统一的怒语拼音方案，并根据怒族四个主要组成部分的语言（含方言）的特点创制四套怒语“分支”拼音方案，包括贡山阿怒、福贡阿侬、福贡怒苏和兰坪若若语，即用相同的字母表，标准相同的发音规则表示四种不同的语言或方言，编撰一本涵盖四种语言或方言的怒语词汇对照表（或辞典）。对于贡山阿怒语拼音方案，根据1986年怒族文字会议纪要精神，专家建议考虑与独龙语拼写方案会同解决，但参会怒族代表不同意这一解决办法，但赞同使用统一的怒族语拼音方案。1986年怒江州怒族语言文字工作座谈会的三个月后，由怒族干部彭恩德（已故）、施文兴（已故）、彭义良三人组成的贡山独龙族怒族自治县怒族语言文字编写组完成了贡山怒语拼音方案（草案）的起草、编制工作，这是一套以汉语拼音字母为基础的怒语拼音方案（见本章第三部分）。此外，阿侬语拼音方案主要由古泉阿侬后裔尤恩·阿此等根据怒江木古甲、古泉怒语口音，以26个英文字母为基础进行创制，与现“民间版”怒苏语拼音方案大致相同，已在缅甸葡萄、中国木古甲等地试用已有二十余年，相对成熟。根据怒族学会亚娜会长，学会将对目前已有的四套方案进行取长补短，制定一套基于中国怒族四个“分支”（组成部分）语言或方言的标准统一的怒族语拼音方案，各“分支”将在此基础上编制适合的词汇表，最终汇集形成一套完成的“怒语对照辞典”。至于缅甸怒人之阿侬与怒苏，他们可以根据自己的需要作出修订。据笔者2010年在缅甸北部的调查，阿侬、怒苏精英们都表示愿意甚至渴望接受一套来自“祖先之地”的文字书写系统。

此外，在怒语拼音方案推广中，不容忽视的一个现实是，基督教的传播以及以基督教传播为目的书写系统的创制，自近代以来乃至当今，在中国西南边疆地区（以云南西部尤为突出）和缅甸北部，为各族书写系统创制中的主要因素。因而本书对缅甸怒人文字书写系统的考察将主要集中在神学语文及神学系统的建构等方面。

第二节　基督教与各族文字

这天国的福音要传遍天下，对万民作见证，然后结局才来到。(太 24：14)

我又看见另有一位天使飞在空中，有永远的福音要传给住在地上的人，就是各邦国、各支派、各方言、各民族的人。(启 14：6)[①]

而在缅北和中国滇西传教的基督教新教教会，不论属于何种教派，除信奉基督教的基本信条外，大致遵循如下核心原则：

①唯信得救。信徒可直接与上帝联系沟通，获得神恩，而不需要神职人员的中介，平信徒皆为祭司，仅依靠个人对上帝的信仰便可得救。

②圣经是信仰的唯一准绳和最高权威。要求信徒阅读、理解和解释圣经，在此基础上产生信仰，并要求教会的信条、礼仪与体制均应以《圣经》的规定为准。

③教会是基督徒的团契（fellowship），一般信徒与教牧人员平等。

④建立本民族教会，教会可用本族语言举行崇拜。[②]

西方基督教（除非特别说明，均仅指新教，以下同）传教士在向缅甸北部和中国滇西其他民族传教中大都经历这样的过程：学习目标民族的语言，为没有文字的民族语言创制文字，用该民族的语言文字翻译宗教经典（圣经、赞美诗歌等），在其所属教派或差会组织的框架下建立该民族的神学系统和教会组织，培训本土教牧人员等。其中，创制文字和翻译神学经典是整个传教中最核心的部分。中国在 1949 年中华人民共和国成立以后开始了为国内没有文字的少数民族创制文字的运动，而在中国西南边疆及东南亚相邻区域的诸多少数民族中，文字或书写系统的创制自近代以来发展迅速，且与基督教在该区域的传播及西方传教

---

① 见《圣经》中文新译本。

② 参见于可《当代基督新教》，东方出版社 1993 年 7 月版，第一章。

士的工作密切相关，这些文字或书写系统有：斯戈克伦文（美国传教士威尔博士，1830 年，缅甸）、波克伦文（传教士博叶丹，1840 年左右，缅甸）①、景颇文（汉森 O. Hanson、库森 Cushang，1893 年，缅甸）②、柏格理苗文（英国传教士柏格理 Samuel Pollard，1904 年）、胡托苗文（英国传教士胡托 M. H. Hutton，民国初年）、柏格里苗文式彝文（英籍澳大利亚传教士张尔昌，1917 年）、框格式傈僳文或“东傈僳文”（1913 年）、老傈僳文或西傈僳文（英国传教士傅能仁 J. O. Fraser、缅甸克伦族传教士巴拖 Rev. Bathow，1913 年）、变形哈尼罗马字、载瓦文（法国传教士威廉，1927，缅甸）、拉祜文和佤文（1907 年，缅甸）、独龙文或日旺文（1917 年，白吉斗·蒂其吉，缅甸）、纳西文（1930 年前后）、花腰傣文（德国传教士贝理泰等，20 世纪 40 年代末）等。③ 上述文字的创制首先由西方传教士主导或直接参与完成，后在相应的族群中随着基督教的传播而不断修订和推广。由于这些族群在中国西南边疆地区跨境而居，或散居在中国、东南亚各国及其他国家或地区，基督教在这些族群的传播及文字或书写系统也具有了很强的国际化特点，往往通过跨境、跨国的人口流动来实现，进而形成了一个跨境或跨国的网络。如上所述，至 1949 年前夕，西方基督教传教士已经为中国和缅甸等国的一些区域性主体民族/族群创制了文字和/或翻译了宗教经典，对于一些人口较少的民族/族群，创制文字的计划由于政治及社会变革等原因而中止，但这些传教士及其后继者们一直没有放弃，因为为每一个目标民族及其所属的语言或方言创制文字和/或为之翻译宗教经典是各个不同教派或差会组织的既定计划。从缅甸北部克钦邦的情况来看，由于 20 世纪 60 年代中以后境内所有的教派团体与境外的母会之间的联系被迫中断，从而使得一些族群中止了创制文字的进程。因此，在缅甸背景下，多个民族/族群主要依靠自己的力量以罗马字母为基础自行创制了文字和翻译基督教神学经典，如浪峨、喇期等。阿侬、怒苏以及勒墨人长期以来主要参加傈僳（系）教会，使用傈僳语和傈僳文，

① 秦钦峙、赵维扬：《中南半岛民族》，云南人民出版社 1989 年，第 19 页。

② 韩军学：《基督教与云南少数民族》，云南人民出版社 2000 年，第 57 页。

③ 邓章应：《传教士所创民族文字概说》，载于《内江师范学院学报》2007 年第 3 期。

他们也在相同的背景下开展了创制民族/族群文字和翻译神学经典的尝试。

一　传教士创制的早期各族文字

20世纪30年代，基督教已传播到缅甸的缅、孟、若开、克伦、克钦、掸、佤、傈僳、那加等民族中，尤其以在克伦人、克钦人和那加人中的传播最为广泛，传教士已基本上完成了这些民族文字的创制和《圣经》的翻译。19世纪20年代以后，基督教开始了在缅甸克伦族中的传播，1830年美国传教士威尔博士采用部分缅文字母创制了斯戈克伦文，1840年左右传教士博叶丹又创制了波克伦文。基督教在克伦族中的传播取得成功。

基督教在克钦人中的传教始于1877年。景颇文最早由美国传教士库森（Cushang）于1876年开始在缅甸创制，他在中缅边境一带的景颇人中收集了1000个景颇语词汇，用缅文按照拼音方法合成景颇文，但因语音的差异而失败了。1890年，美国传教士欧·汉逊（O. Hanson）在缅甸八莫地区收集了大量景颇词汇，采用拉丁字母拼音方式，开始了景颇文的创制工作，并于1892年编印了一本教学课本，1895年以后开始在八莫等地教会学校中推广使用，同时还编写了《英景词典》。1915年，英国人英若（Imram）在汉逊的教学课本基础上编写了教学课本1—4册，经缅甸政府审定后于次年在缅甸克钦族地区正式推广使用。由于载瓦语与景颇语差异较大，法国传教士威廉在缅甸载瓦人聚居区采用拉丁大写字母及其变体符号创制了载瓦拼音文字，并在美国出版了教学课本，供当地教会使用。1927年，缅甸载瓦人春雷弄拉编写了一套教学课本，并翻译了《圣经》（参见图4-1）。[①]

1915年前后，缅甸独龙族白吉斗·蒂其吉曾创制了一种拉丁拼音文字，并以其所在的日旺氏族命名为“日旺文”，后由美国传教士莫尔

---

① 参见邓章应《传教士所创民族文字概说》，载于《内江师范学院学报》2007年第3期；陈真波《基督教在缅甸的传播及其对缅甸民族关系的影响》载于《世界民族》2009年第3期。

图 4-1 景颇文圣经

斯父子主持大力推广，印刷了大量《圣经》译本和宗教读本，曾在云南独龙族地区实行推广。[①] 日旺文主要是在信教群众中推广和使用，独龙江南部的少数信教群众也掌握老傈僳文和日旺文，但由于语音差异而未能普及。50 年代初，贡山独龙族木里门·约翰到缅甸学过日旺文，回来后根据独龙话与日旺话的语音差别，对日旺文作了增删，用来拼写独龙话。[②] 1979 年，约翰在原来日旺文的基础上改制了一套适合我国独龙族群众使用的独龙语拉丁文拼音方案，1983 年 12 月在云南省民族语言指导工作委员会上讨论通过并编写出版了《独龙语和汉语对照课本》，从 1984 年起在独龙族机关干部和当地群众中试教推行。[③] 1950 年，基督会从中国撤离后在缅甸葡萄附近建立了一个基督教传教中心，

① 洪俊：《独龙族的原始习俗与文化》，载于《云南少数民族社会历史调查资料汇编（一）》，云南人民出版社 1986 年版，第 221 页。

② 邓章应：《传教士所创民族文字概说》，载于《内江师范学院学报》2007 年第 3 期。

③ 李金明主编：《独龙族文化大观》，云南民族出版社 1999 年 9 月版，第 47 页。

主要在傈僳和日旺人（含阿依氏族）中进行多种方式的传教活动，同时为克钦日旺人改进拼音文字，编写印刷基督教文献，包括大部分《圣经·新约》章节等。日旺文同时在属浸礼会的日旺人中推广使用。减少日旺语言流失、书写文字的创制和几乎所有《圣经·新约》翻译等工作，大多在罗伯特·莫尔斯（Robert Morse）的主持下完成。[①] Robert H. Morse 在日旺人的协助下完成罗马字母为基础日旺字母的修订。1965 年 12 月 21 日缅北基督教传教委员会（North Burma Christian Mission Committee）成立并由民族领袖主持所有的传教工作，他们开办了圣经学校培训新领导人以继续福音工作，其中包括翻译日旺语不同方言的圣经及赞美诗歌并推广使用（参见图 4－2、图 4－3）。[②]

图 4－2　日旺文圣经

① Herman G. Tegenfeldt: A Century of Growth: The Kachin Baptist Church（《一个世纪的成长：克钦浸礼会》）, Published by the William Carey Library, 533 Hermosa Street, South Pasadena, Calif. 91030, 1974, pp. 284—286.

② Ka Ru La Ring: A Short History of the Mission to the Rawangs, Myanmar Institute of Theology（《日旺基督教传教简史》）（神学学士学位部分成果）, Seminary Hill, Insein, March of 1993, p. 80.

图 4 -3　日旺文赞美诗歌本

在中国滇西及缅甸北部的傈僳、怒、勒墨等族群中广泛使用的（老）傈僳文的创制、修订、推广与中国内地会（China Inland Mission，CIM）有着直接的关系（1964 年以后称海外基督使团，the Overseas Missionary Fellowship 或 OMF International）。在 1920 年至 1925 年间，傅能仁和他的助手摩西（龙陵县傈僳族）与巴拖合作创制了拉丁化的傈僳文，并翻译了傈僳文《圣经》、《赞美诗》等，其中 1921 年至 1932 年间共出版《圣经》单卷本 4 种，1938 年出版《新约全书》译本，1950 年又出版了《新约附诗篇》一部。至今广为流传。[①] 1930 年，内地会派美国牧师杨思慧（A. B. Cooke）来到泸水、碧江一带传教。杨思慧操流利的傈僳语、拉祜语及汉语，曾用傈僳文大量印制《圣经》和

① 《傈僳族简史》编写组编：《傈僳族简史》，云南人民出版社 1983 年 10 月版，第 66、67 页。

《赞美诗》，在傈僳族中广为散发。[①] 内地会大约在1920年传入怒苏人聚居的老姆登村后得到了较快的传播，1949年时已有约三分之二的村民信仰基督教。[②] 傈僳语不仅是怒苏人与傈僳族的通用语，也是共用的神学语言。（老）傈僳文在1949年以后被限定在基督教范围内使用，中国政府另外组织中国社会科学院的语言学家发明了新傈僳文。20世纪80年代以后，新、老两套傈僳文在中国大陆已形成“并存并用”的局面。由于老傈僳文久已深入人心，较为通行。

缅甸克钦邦傈僳基督教会（Kachin State Lisu Christian Church，傈僳文简写作“ꓛLꓘ”）与缅甸傈僳基督教会（Myanmar Lisu Christian Church，傈僳文简写作“LLꓘ”）同属海外基督使团（O. M. F），位于密支那雷贡（Lay Gone）区克钦邦傈僳族基督教会对O. M. F及其前身中国内地会在对傈僳文字的创制及《圣经》的翻译、修订工作作了如下记录（摘录）：

◇　Dr. James Outram Fraser（A－YI－S），即傅能仁博士，傈僳语称“阿益萨”，第一位傈僳传教士及基于罗马字母的通用（花）傈僳文创制者（英国圣公会）。其主持编撰的傈僳语手册由仰光的缅甸政府批准印刷（Myanmar G. B. P. O No. 421 Sec 9.（6）15. 7. 1922）。

◇　Rev. A. B Cooke（A－YI－T），即杨思慧，傈僳族语称“阿益大”，1929年雨季开始参与傈僳文圣经及注释工作，1929年至1962年曾在云南和缅甸浸礼会服事。

◇　Dr. Feztwilliam（LI：Ma Pha），傈僳传教士，第一个载瓦文牧师（1930年）（参见图4－4）。

……

◇　傈僳语圣经简史：

通用傈僳语赞美诗歌由富能仁完成翻译；

富能仁1906年翻译了傈僳语《圣经·新约》

傈僳语注释1927年由杨思惠翻译

---

① 肖耀辉、刘鼎寅著：《云南基督教史》，云南大学出版社2007年11月版，第172页。

② 过去本地区的结婚时彩礼较高，一般少则需3—4头牛，多则8—10头牛方可，许多人甚至结了婚让下一代来还彩礼。

图 4-4 老傈僳文圣经

新傈僳语通用本 1978 完成

和合本圣经 1985 年由 Carlson 翻译完成

傈僳语辞典 1990 年由 Rev. Andy G. Thomson 翻译

傈僳语（红皮）新约书信由 Rev. Samuel 于 1999 年在泰国拿撒勒教会（Nazareth Church）完成

傈僳语圣经学习本将由 Andy G. Thomson、Dr. Gaemseng 和 Dr. Daniel 在 1998—2016 年期间完成

傈僳语圣经修订版将由 O. M. F 的 Dr. Ted hope 于 2007—2014 年期间在泰国完成

旧约和新约傈僳语新版 1986 年由基督会的 Jessie 完成

——至今已有二十余位外国传教士投入到此项工作中。[①]

二　当代缅北各族文字的创制

缅北各族，如傈僳、景颇（大山）、载瓦（小山）、喇期（茶山）、日旺（达鲁或独龙）、浪峨（浪速或浪宋）等与“怒人”各部，均有自认独立的语言（或方言）系统，但无传统文字或书写系统。在相当长的历史时期，有无文字被视为“文明”还是“野蛮”的标志。19世纪末20世纪初以来，一些族群由基督教传教士创制了拼音文字或在传教士的帮助下完成文字的创制，而喇期（茶山）文、浪峨（浪速）文经长期准备，近十年才由本族人完成创制并开始圣经文本的翻译。阿依、怒苏“怒文”的创制计划要晚一些，根据怒苏人付三益的记录，1948年美国牧师杨思慧提出创制怒苏文的设想，但由于怒苏人内部的方言之争而搁置，直到1985年杨思慧的原助手妈妈阿杜在缅甸克钦邦葡萄县再提创制怒文事宜，有关准备工作才算开始（参见图4-5、图4-6）。

图4-5　克钦各族拼音表（部分，密支那克钦邦博物馆）

① 以上资料由克钦邦傈僳基督教会会长 Rev. David Fish 和昔董坝傈僳儿童发展中心主任 Ku - Lu Jerrimy 提供。

图 4-6　克钦神学院

在缅甸克钦邦，作为克钦民族/族系六个“支系”族群的景颇、载瓦、喇期、浪峨、傈僳、日旺等，除了拥有专属的族群自称、别于他族的语言（或方言）、历史及社会文化特征，目前均拥有自己的文字书写系统。在基督教信仰背景下，拥有属于本族群文字的同时将意味着拥有以自己语言文字为基础的神学系统和教会。其中浪峨（Lhaovo）、喇期（茶山）文创制时间较晚。浪峨人（Lhaovo）1970 年开始成立翻译会，以罗马字母为基础形成浪峨文字，翻译圣经及赞美诗歌，1989 年建立 2 所浪峨教堂（会）。2011 年正式成立浪峨浸信会圣经学院（位于密支那需真村）。根据浪峨神学院院长 Rev. Dr. Leim Khao，虽然载瓦语与浪峨语非常相近，1/3 的载瓦语来自浪峨语，但他们分别建立了各自的文字和神学系统。喇期（茶山）已在近十年中完成创制了自己的文字，并已翻译和推广使用喇期文神学经典。可以说，在缅北的克钦邦，一个克钦支系族群的“标准”特征包含：每个族群独一无二的自称、作为基本要素的语言、作为关键因素的文字、作为重要内容支持的基督教神学系统，其中独立的文字及神学系统已经成为缅北克钦邦一个当代族群的“必需品”。喇期、浪峨则成为“怒人”效法的榜样。阿侬人甚至认为，日旺人之所以能够成为一个独立的族群而阿侬被忽视，除人口数量等因素外，是否拥有书写文字、经典和神学系统起到了关键的作用。因此建构自己的文字和神学系统已成当务之急。而且，一套完整的本族语言文字系统及神学系统具有极其重要的现实意义，不论是 19 世纪末 20 世纪初由传教士帮助创制的文字还是近几十年来才由本族人自己创制的文字，其作用是显而易见的：①使本族的语言文化得以保留、持续和发展；②使作为一个当代族群的特征和身份得以强化；③增强一个族群的自豪感；④防止一个族群因主要使用其他族群的神学语言文字及经典而丧失本族的语言文化特征甚至被同化；⑤这些族群同时认为，使用自己的神学语言将使该族得到更多的“祝福”，因为更利于本族人学习和理解宗教经典，便利获取“从神而来的真道”。在缅北，尤其是基督教信仰背景下，许多较小族群（如怒人）已经严重丧失了自己的语言、历史传说和文化，他们将在创制文字的基础上，重构基督教特征的族群文化，如基于圣经与族群迁徙传说的族源和历史传说、服饰、音乐舞蹈等，以增加并强化作为一个族群的

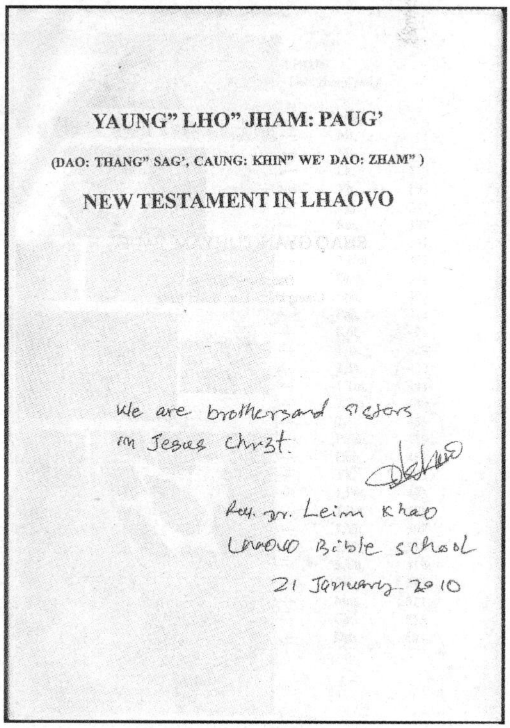

图 4－7　浪峨文圣经（新约）

内容（参见图 4－7、图 4－8、图 4－9）。

图 4－8　傈僳族圣经学校（授课中）

图 4－9　约瑟与需真怒苏人

第三节　怒语书写系统

一　缘起与尝试

怒人，中国的四个组成部分也或缅甸北部的阿侬、怒苏两个部分，均属人口较少族群，在中国境内（如怒江地区）主要呈现以村落为主的小聚居和区域范围（如怒江地区范围）内大杂居的地理分布格局，在缅北则以与傈僳、日旺等族的杂居为主，大部分熟悉并使用傈僳族语或日旺语等区域性通用语。20 世纪初以来西方基督教传教士首先为目标区域内的主体族群（如景颇、傈僳、日旺等）的语言创制了以基督教传教为目的文字或书写系统并翻译了神学经典，而怒人等较小族群各部在皈依基督教以后也主要依附于上述族群的教堂（会）和神学系统，形式包括拥有独立的教堂（会）或与傈僳、日旺等族群共用教堂（会）。在传教士的传教计划中，都包含有为每一种目标语言（或方言）创制特定文字的项目，时间上或先或后。例如，内地会传教士杨思慧（A－YE－T）于 1948 年曾主持召开关于创制怒苏文字方案的会议，但由于怒苏人内部的争论而搁置，后由于 1949 年中华人民共和国成立和 1950 年中国“三自”爱国运动，外国传教士被驱逐而一度中断。但为“怒人”（怒苏）创制文字的备忘录一直被记录在杨思慧第二任妻子阿子勒（A－ZI－LE）的日记中，1985 年杨思慧的助手妈妈阿杜还召集了怒苏、阿依人代表在葡萄讨论有关“怒文”创制的事宜。中国政府为怒族创制文字的工作同样开始得比较晚，在“新”傈僳族文、“新”独龙文完成之后的 1986 年 6 月 27—29 日，怒族代表们提议并召开了“怒江州怒族语言文字工作座谈会”，讨论怒族各部语言创制的有关事宜。后这一工作处于停顿状态，直至 2008 年以后才旧事重提。没有文字的事实对于中国国内怒族各部分的不利影响是比较有限的。由于已经获得了族名政治身份，其对于族群的归属的需要已经解决，不论是共享的“怒族”族称还是各部自称，这些发音近似的族称易于得到其精英和普通民众的认同，而对于本族文化的消失、语言的流失等问题，也主要是精英关心的问题，当然不是急需解决的问题。而缅北的怒人则没那么幸运，从族名政治身份到族群的心理归属实体以及语言、文化内容，都面临完全散失的危险，因而对于创制本族文字的问题是极其关注的，精英们更愿意成为这一事务的推动者。在完成文字或拼音方案创制的基础上，中国怒语拼音方案首先将主要用于对民族文化内容的记录整理、用怒语宣传有关卫生知识、农业技术等知识。而在缅北的社会、文化及宗教背景下，创制书写文字的目的首先是为了创建“怒语神学”，并将在维持怒人族群的社会文化存在以及最终获得政治族群身份中起决定性的作用。在克钦邦，除缅语外，使用人数较多的“通用语”有景颇语文和傈僳语文，阿侬和怒苏目前主要使用傈僳族文作为神学语言文字，“怒文”及怒语神学完成创建后，将可形成与傈僳或日旺语文及其神学共存共用的局面。

Nung（侬）在20世纪60年代以前曾作为缅北克钦邦非缅族、非景颇（各部）以及非傈僳的包括现在日旺各氏族、阿侬等人群的统称出现在有关文献和西方传教士的文献中，1964年日旺被宣布为全缅135个民族之一（克钦族六个“支系”之一）后，Nung或“阿侬”也就“降格”成为日旺族下的一个氏族或傈僳的一些部分。族群身份的散失，加之与他族杂居的分布格局以及在社会生活中的同化作用使阿侬精英们十分担忧。因此创制阿侬语文字，建构阿侬语神学系统，恢复或重塑社会文化传统等行动作为维持阿侬这一族群共同体的形式，防止族群丧失以及最终获得国家承认的重要行动。此后的数年中，阿侬人一直在准备。阿侬人1974—1975年在克钦邦葡萄（县）成立阿侬文化与文献委员会（Anung Culture & Literature Committee，以下简称“阿侬协会”），同期开始了创制怒语书写系统的计划，但由于缺乏有关语言学的专业知识而进展缓慢，直到1980年本族学者尤恩及语言学专家承担此任后才有了进展。他们1985年开始试用以罗马字母（使用英语26个大写英文字母），基本成型后选择性地翻译了《约翰福音》、《马太福音》并在葡萄一带小范围培训试用。怒苏人内部1987年达成一直意见，决定实施怒苏文字创制工作，首先参照老傈僳文编制，但未成功，因为怒苏语与傈僳语发音不同，试用相同的字母可导致发音的混乱。1992年，他们在中国汉字、汉语拼音、老傈僳文、罗马字母四种字母方案中选择一个适合的文字方案，最后确定以较方便使用的罗马字母为基础创制“怒文”。1994 年，拼音方案完成初稿，但由于存问题较多而尚未进行试用。怒苏文字创制参与者付三益说，当时所试用的表音字母过多，连自己都记不住。2007 年以后，阿侬、阿怒开始合作并计划研制一套统一的拼音方案，即在两族语言不同的情况下使用同一套罗马字母（含大小写）拼音方案，阿侬、怒苏分别形成独立的语言文字系统。在缅甸阿侬、怒苏合作制定文字方案的同时，中国境内的怒族也在准备为其四个部分分别创制拼音方案。2009—2011 年，中、缅、泰“怒人”领袖经多次协商和讨论，最终达成创制“怒文”的基本方针：使用罗马字母方案，为怒族四个不同的语言（方言）分别创制拼音方案；参考现有的阿侬、怒苏文字创制的经验积累，结合中国的特点进行创制；鉴于怒苏语方言差异较大的特点，决定以怒苏语言特征较传统且位于各方言之间中心位置的棉谷口音为基准创制怒苏拼音；怒族语拼音方案将以中国怒族各部语言或方言为基础，以中国怒族学会为主持机构开展工作，吸取多方研究经验及成果，最终形成一套为各方所接受的方案。在中、缅“怒人”或怒族的交流与合作中可以看出，缅甸“怒人”表现出对祖国的诸多期盼，甚至希望能够使用一套完全来自中国的“怒文”系统，其此前的努力主要在于推动这一进程，即在中国获得支持并完成怒语书写拼音方案的制定后，中国怒族各部根据需要建构或重构其文化体系，为怒族的经济、社会及文化的发展贡献力量，同时以此支持并促进对缅甸怒人作为一个社会文化族群的建构，最终获取作为一个政治族名身份的确认，即“缅甸怒族”或克钦族系之“怒族”（参见图 4－10）。

二　阿侬文

（一）阿侬尤恩与“侬文”

阿侬在缅北定居的时间较早，其族人在地方经济和政治舞台上有一定地位，20 世纪 60 年代以后的民族认定激发了阿侬人的族群认同感，因而阿侬在创制本族文字上开始的时间较早，其文字创制的初步完成与其族人，旅居泰国的美籍阿侬人尤恩·阿此有着很大的关系。与许多阿

图 4－10　怒苏文圣经知识读本（封面）

依人一样，尤恩的祖父 1932 年从今云南省怒江福贡县古泉村（阿依语：Khopang）一带迁往缅甸北部并辗转抵达葡萄一带生活。尤恩生于一个基督徒家庭，为家庭的第八个孩子（第四个男性），他在葡萄圣经学校学习两年，19 岁到泰国清迈学习圣经。1973 年完成学业并加入缅北基督教传教会，担任福音传道员。他走村串寨在泰国北部的拉祜人中传教，在此期间，参与旧版傈僳文新旧约圣经的修订和注释增补工作（参见图 4－11）。

根据有关尤恩・阿此的介绍，阿依人曾从北方蒙古高原经西藏、云南迁徙至缅甸北部，大部分在日旺、傈僳、藏人聚居的村落定居。由于与其他族群杂居，阿依人正在失去其族群语言及族群身份，目前只有少数老人还在使用他们的语言并持守传统习俗。这令尤恩十分担忧，同时激发了他强烈的责任感和恢复阿依人族群身份的冲动，他想让他的族人

图 4－11　阿侬文字办公室（克钦邦葡萄县）

重新成为一个族群并恢复其族群自豪感。尤恩决定为其族人首先创制书写文字。由于发音和语调符号的原因，许多族群文字无法使用标准字母进行键盘打字录入。尤恩认识到，如果使用标准英语字母表为基础创制书写文字，将可方便使用电脑进行有规律的输入而不需要创制或更改文字符号，而且输入简便，文字录入和印刷成本更低。尤恩在泰国清迈师从著名的语言学老师吉米哈里斯（Jimmy Harris）博士学习语言学。1977 年，哈里斯博士为尤恩的坚持所感动并愿意帮助他。他们合作创制了一套比较适合的字母表和发音符号系统。尤恩开始着手撰写阿侬语初级读本。在首批初级读本印制出来后，尤恩开始尝试教授这些文字。那些受到培训的族人回到家乡并开始将阿侬字母表教给年轻人和不想落伍的老人们。从那以后，他已经开发了一套儿童图解词典，还翻译了赞美诗歌以及新旧约圣经。

尤恩 1979 年和玛丽琳（Marilyn）结婚。玛丽琳来自莫尔斯家族，其祖父母为贾斯汀·拉塞尔·莫尔斯和格特鲁德·莫尔斯夫妇。老莫尔斯夫妇曾经于1921年在西藏，后在云南、缅甸和泰国传教。尤恩和玛丽琳1979年秋在（密西西比州）奥扎克基督教神学院学习，一年后返回泰国工作。1984年重返该学院完成学业。1987年毕业后回到泰国工作至今。此间尤恩一直致力于阿侬语文的翻译工作。1988年，尤恩和他的叔父阿拉姆·孔旁（Aram Khopang）着手将《圣经·新约》翻译成阿侬语，翻译工作花费了两年时间，内容包括圣经串珠、圣地地图及使徒保罗的传教路线图等。新约翻译完成并录入后又经数次校阅，地图多次查验，最终得以完成。迦太基、密苏里等地的多个教会为此书的出版捐献了印刷款。这是以阿侬语（文）印刷的第一本图书。此后不久，人们要求翻译阿侬语赞美诗歌集。尤恩和阿拉姆又开始了此项工作。几年后，700多首赞美诗歌被翻译成阿侬语以及554首新增诗歌于2003年印刷并在阿侬人中流传使用。2004年，旧约的翻译工作开始，尤恩和他的叔父阿拉姆和堂弟乔纳生（Jonathan Khopang）、鲁本（Rueben）一起从事翻译工作。目前旧约《圣经》的翻译已基本完成，待筹集到必要的经费后即可开始印刷。1999年，尤恩和耶西·杨米（Jesse Yang-mi）在泰国清迈附近的清达（Chiang Dao）创办了傈僳圣经学院（Lisu Bible Institute，LBI），尤恩在该校担任教师兼学生部主任、行政主管及财务主管。5年以后，尤恩2006年辞去在LBI的工作并开始了在泰国红拉祜人中的传教工作至今。自从阿侬文1977年完成创制以后，缅甸北部70%的阿侬人可以阅读和书写他们的语言。至此，尤恩的同胞阿侬人在当地现在已经被承认为一个拥有自己的语言的单独的族群，而不是总是被吸纳入其他族群的"外人"。最重要的是，他的族人能够用自己的语言阅读神的话语，并用他们的语言歌唱赞美上帝（参见图4-12）。[①]

---

① 此部分内容仅记载了缅北阿侬人基于阿侬语文字书写系统的创制的尝试，已取得了一些成果，即基本形成一个版本阿侬语书写系统的雏形，但从阿侬与怒苏以及与中国国内怒族合作创制文字的角度来看，距离形成真正的实用的"怒文"还有相当的差距。资料来源：摘编自 Joel and Marilyn Khopang North Burma Christian Mission（《孔旁尤恩 & 玛丽琳——缅北基督教传教会》），网站 http：//www. joelkhopangnbcm. com/about. html（/translation. html）。

图 4-12　阿侬文字与文化中心（克钦邦葡萄县）

（二）试用侬文

1974—1975 年阿侬文化与文献委员会（Anung Culture & Literature Committee）在葡萄成立。由于与他族杂居，阿侬人觉得他们自己的民族身份正在失去或正在变成其他族，同时被其他族群（tribes）所遗忘。因此，他们希望通过努力重新组织成为缅甸的一个民族。阿侬协会成立后即开始了有关阿侬文创制等工作。阿侬文在形成后就开始了在缅甸葡萄一带的试用和培训。阿侬书写文字首先在葡萄一带开办语言学校展开培训。根据现居密支那的 Jonatan Khopang 牧师，阿侬语拼音表大约从 1980 年开始编制，3—4 年后完成，于是就开始在葡萄一带各个村中教授阿侬拼音。Jonathan 本人也于 1985 年到泰国学习了这一拼音表，后回到家乡一边教授拼音表一边选择性地翻译赞美诗歌本、圣经文本，如约翰福音、马太福音等。这一活动至今已愈 25 年，现已有一些各个年龄层次的阿侬人能够阅读和书写阿侬文字。由于阿侬人不属于缅政府认定的民族，阿侬文的培训也不公开举行，当然在缅甸政府也不太在意此类活动。阿侬人只等其文字系统已经成熟并具有相当的群众基础后再向缅政府申报民族成分。由于与傈僳、日旺人杂居，一些原属阿侬的人并不很清楚自己的身份，随着培训的开展，越来越多的人要求参加培训，也有一些原来申报为傈僳或日旺的人希望并要求回归阿侬。现在在葡萄一带，Jonathan 牧师和其堂兄 Wang phone 等每年要举办一次两个月的阿侬语文培训班，地点在阿侬人口较为集中的葡萄一带，培训人数每年达数百人次。调查发现，一些自称是阿侬的人认为，傈僳族的身份也没有什么不好，讲傈僳话也没什么不好，反正使用傈僳语的人多，而年轻人更愿意使用傈僳语，因为傈僳语是地区通用语种之一，同时是教堂（会）通用神学语言，又是一种拥有较多文化产品（如纸质出版物、音像制品等）的语言。Jonathan 说这种情况在几年以前更突出。自 1985 年后，随着阿侬语文培训的举行，许多人逐渐认识到自己还是阿侬人。1985 年春夏之交，阿侬协会派了首批阿侬人到泰国去学习阿侬文，有现已移居密支那的 Jonathan、Wangphone 和其他来自葡萄的 3 人共 5 人一同前往，学习两周后返回，再到葡萄向阿侬群众培训，第一期参加培训的人不多，有 30—40 人。Jonathan 说，阿侬文学起来容易，有语言基础的 1—2 周即可学会，基本上可以阅读和书写。但有的由于受教育程度低，甚至连 ABC 都不会，因此学习起来困难一些。根据 Jonathan 的说法，阿侬语文的培训将面向每个人，覆盖所有的阿侬人。现在比较缺乏的是教师的培训，因为教师培训目前还没有在本地举办。首期阿侬文培训于当年的夏季在葡萄的一个村举行，附近村子的人也来了，然后到其他更远一些的村子举办培训班，培训中人们都使用阿侬语称呼而尽量避免使用傈僳语。现在 Khinphang 村有一个寄宿学校可常年举办培训，学校前立有明显的标志牌。当然葡萄的地方政府已经知道这些情况并持默许态度。在过去的 30 年中，每年都举办一期培训，为期 2 周，每次培训几乎都在夏天举行，人数从第一次的 30—40 人开始逐年上升，2009 年的培训班已有百余人参加。由于葡萄是阿侬人较为集中的地区，每年培训都在葡萄举行，密支那的阿侬人较少，还未举办过阿侬文培训班。2010 年的培训在 3 月份的第三周开始，为期 2 周。由阿侬协会组织的阿侬语文培训班的经费来源十分广泛，有大众的捐献，几乎每户人都会送来大米、鸡等供应培训期间的伙食；阿侬协会每期须自筹资金搞培训，阿侬商人，如 Yo-

Sa-Ye 等，以及其他为数不多的富裕阿依人捐献现金；目前还没有境外捐献，因为缅甸政府并不乐见协会向海外筹集经费，因此期待未来政府更开放以后可从境外筹资到一些经费。与中国的情况不同，像阿依协会这样的民间组织或基督教宗教团体是得不到缅甸政府的任何资助的，Jonathan 说，缅政府只资助佛教，基督教被视为“外国教”而得不到任何优惠政策，即便是浸礼会这样有影响的机构也如此。历经二十余年的试用，阿依文初步方案已在缅北这一地区培训和试用中日渐成熟（参见图 4－13、图 4－14）。

图 4－13　阿依文培训（克钦邦葡萄县）

近 10 年来，已有约 1000 余阿依人从北部的葡萄一带迁居到缅北的中心城市，克钦邦首府密支那，开展有关阿依语文推广、教会以及族群事务等活动。Jonathan、Wang Phone 等阿依精英在傈僳教会、基督教神学院开展活动。

图 4－14　阿侬文培训班（克钦邦葡萄县）

（三）阿侬语拼音[①]

根据阿侬葡萄木拉什底阿侬文识字本（参见图 4－15、图 4－16）（Anung Shiuwa Shiureu Chen Demc Boc），阿侬语拼音方案简况如下：

阿侬语字母表（参见表 4—1、4—2）

元音（大小写）：A a　AE ae　E e　ER er　OE oe　I i　IU iu
U u　EU eu　O o

辅音（大小写）：K k　KH kh　G g　GH gh　NG ng　S s　SH sh　Z z
TZ tz　TS ts　T t　TH th　D d　J j　CH ch　P p
PH ph　B b　N n　NY ny　F f　V v　M m　Y y
W w　L l　R r　H h　QH qh　Q q

① Anung Shiuwa——Shiureu Chen Demc Boc（阿侬拼音识字本），Mulashidi Putao.

图 4-15　阿侬文习字本（封面）

图 4-16　阿侬文习字本（正文）

音调：高音 - [C]　中音 - [　][1]　低音 - [X]　升调 - [F]

① 方括号内容空白，表示中音不做任何音调标示。

降调 - [Z]　声门塞音 - [Q]

语调：问号 - [?]　惊叹号 - [!]　句号 - [.]　逗号 - [,]

引号 - [“　”]

表 4—1　　阿侬语拼音字母表

	A	AE	E	ER	OE	I	IU	O	U	EU
K	KA	KAE	KE	KER	KOE	KI	KIU	KO	KU	KEU
KH	KHA	KHAE	KHE	KHER	KHOE	KHI	KHIU	KHO	KHU	KHEU
G	GA	GAE	GE	GER	GOE	GI	GIU	GO	GU	GEU
GH	GHA	GHAE	GHE	GHER	CHOE	GHI	GHIU	GHO	GHU	GHEU
NG	NGA	NGAE	NGE	NGER	NGOE	NGI	NGIU	NGO	NGU	NGEU
S	SA	SAE	SE	SER	SOE	SI	SIU	SO	SU	SEU
SH	SHA	SHAE	SHE	SHER	SHOE	SHI	SHIU	SHO	SHU	SHEU
Z	ZA	ZAE	ZE	ZER	ZOE	ZI	ZIU	ZO	ZU	ZEU
TS	TSZ	TSAE	TSE	TSER	TSOE	TSI	TSIU	TSO	TSU	TSEU
NY	NYA	NYAE	NYE	NYER	NYOE	NYI	NYIU	NYO	NYU	NYEU
T	TA	TAE	TE	TER	TOE	TI	TIU	TO	TU	TEU
TH	THA	THAE	THE	THER	THOE	THI	THIU	THO	THU	THEU
	A	AE	E	ER	OE	I	IU	O	U	EU
D	DA	DAE	DE	DER	DOE	DI	DIU	DO	DU	DEU
J	JA	JAE	JE	JER	JOE	JI	JIU	JO	JU	JEU
CH	CHA	CHAE	CHE	CHER	CHOE	CHI	CHIU	CHO	CHU	CHEU
N	NA	NAE	NE	NER	NOE	NI	NIU	NO	NU	NEU
P	PA	PAE	PE	PER	POE	PI	PIU	PO	PU	PEU
PH	PHA	PHAE	PHE	PHER	PHOE	PHI	PHIU	PHO	PHU	PHEU
B	BA	BAE	BE	BER	BOE	BI	BIU	BO	BU	BEU

续表

	A	AE	E	ER	OE	I	IU	O	U	EU
F	FA	FAE	FE	FER	FOE	FI	FIU	FO	FU	FEU
V	VA	VAE	VE	VER	VOE	VI	VIU	VO	VU	VEU
M	MA	MAE	ME	MER	MOE	MI	MIU	MO	MU	MEU
Y	YA	YAE	YE	YER	YOE	YI	YIU	YO	YU	YEU
W	WA	WAE	WE	WER	WOE	WI	WIU	WO	WU	WEU
L	LA	LAE	LE	LER	LOE	LI	LIU	LO	LU	LEU
R	RA	RAE	RE	RER	ROE	RI	RIU	RO	RU	REU
H	HA	HAE	HE	HER	HOE	HI	HIU	HO	HU	HEU
QH	QHA	QHAE	QHE	QHER	QHOE	QHI	QHIU	QHO	QHU	QHEU
HW	HWA	HWAE	HWE	HWER	HWOE	HWI	HWIU	HWO	HWU	HWEU
GW	GWA	GWAE	GWE	GWER	GWOE	GWI	GWIU	GWO	GWU	GWEU
KW	KWA	KWAE	KWE	KWER	KWOE	KWI	KWIU	KWO	KWU	KWEU

表 4—2 **音调表**

	C	X	F	Z
KA	KAC	KAX	KAF	KAZ
	C	X	F	Z
KHA	KHAC	KHAX	KHAF	KHAZ
GA	GAC	GAX	GAF	GAZ
GHAE	GHAEC	GHAEX	GHAEF	GHAEZ
NGAE	NGAEC	NGAEX	NGAEF	NGAEZ
SAE	SAEC	SAEX	SAEF	SAEZ
SHE	SHEC	SHEX	SHEF	SHEZ
ZE	ZEC	ZEX	ZEF	ZEZ

续表

	C	X	F	Z
TSE	TSEC	TSEX	TSEF	TSEZ
NYOE	NYOEC	NYOEX	NYOEF	NYOEZ
TOE	TOEC	TOEX	TOEF	TOEZ
THOE	THOEC	THOEX	THOEF	THOEZ
DOE	DOEC	DOEX	DOEF	DOEZ
JI	JIC	JIX	JIF	JIZ
CHI	CHIC	CHIX	CHIF	CHIZ
NI	NIC	NIX	NIF	NIZ
PIU	PIUC	PIUX	PIUF	PIUZ
PHIU	PHIUC	PHIUX	PHIUF	PHIUZ
BIU	BIUC	BIUX	BIUF	BIUZ
FIU	FIUC	FIUX	FIUF	FIUZ
VO	VOC	VOX	VOF	VOZ
MO	MOC	MOX	MOF	MOZ
YO	YOC	YOX	YOF	YOZ
WU	WUC	WUX	WUF	WUZ
	C	X	F	Z
LU	LUC	LUX	LUF	LUZ
RU	RUC	RUX	RUF	RUZ
HEU	HEUC	HEUX	HEUF	HEUZ
QHA	QHAC	QHAX	QHAF	QHAZ
HWA	HWAC	HWAX	HWAF	HWAZ
GWA	GWAC	GWAX	CWAF	GWAZ
KWA	KWAC	KWAX	KWAF	KWAZ

鼻音：

1. A HIC′; 2. DACGOX′; 3. PHEUYA′; 4. ASHO′; 5. PHEUTH′

鼻音前缀：

1. SHOQ' – O LIX；2. THIHWIT – N LIX；3. TUT – LIX；4. YET – N LIX；5. WET – N LIX；6. SHEP – M LIX；7. SHIULIP – M LIX；8. WAP – M LIX；9. MEUYEP – M LIX

数字：

1 – THIC；2 – ANYIU；3 – ASIUMX；4 – ABIUX ；5 – PHONG-WAX；6 – AKOK；7 – SIUNGIT；8 – ASHET；9 – DEUGEUX；10 – THITSEC；100 – THIC SHA；1，000 – THIC CHINGO；10，000 – THIC MANG；100，000 – THIC SEUK；1，000，000 – THIC SEUNGC；10，000，000 – THIC GOJANGX.

月份：

1 月：CHUNGX THIX；2 月：CHUNGX NYIUX；3 月：CHUNGX SIUMX；4 月：CHUNGX BIUX；5 月：CHUNGX NGWAX；6 月：KOK LA MEUX；7 月：NGIT LA MEUX；8 月：SHET LA MEUX；9 月：GEUX LA MEUX；10 月：GONGC MEUX；11 月：ZAKOP；12 月：NAGUC SIULAC。

三　怒苏文

（一）尝试过程

1948 年，内地会传教士杨思慧（A. B. Cooke，A – YI – T，阿益大）在今福贡县匹河乡的九村（包括今托坪、架究两个村委会）的鲁门（今架究村委会下辖的鲁门村民小组）召集怒苏人开会（第一次有关会议），讨论创制怒苏文字方案，但当时由于优夺罗（今属瓦娃村委会）和托坪两村代表都坚持要求以其方言（口音）为基础来创制文字，双方争论不休，会议无果而终。这件事被记录在杨思慧妻子（A – Zi – LE，阿子勒）的日记中。后来美国妈妈阿杜说阿子勒告诉她，世上还有怒苏人，要给他们创制文字，这件事情还没有完成。注：杨思慧夫妇在怒江的大部分时间都居住在路德村，即今福贡县架科底村委会里吾底自然村，但曾有一段时间在怒苏人聚居的原碧江四河的棉谷一带居住。

1985 年，妈妈阿杜召集了怒苏马扒约瑟（也称“怒约瑟”，2007 年去世）和所提尼（2006 年去世），还有阿依代表在缅甸葡萄聚会，讨论“怒文”的事宜。会后怒苏代表返回密支那。

1987 年，怒苏人对要不要创制怒苏文的问题进行讨论，并最终达成创制怒苏文的一致意见。

1988 年，怒苏人在密支那需真区（Shwe Zet）召开会议，决定实施创制怒苏文的计划，即首先以老傈僳文字母为基础创制怒苏文。

1989 年，1990 年分别在密支那北郊的需真和卡仑诺（Karing Naw）开会讨论怒苏文事宜。

1991 年，在奥姆尼召开年会，来自怒江棉谷的怒苏人付三益等参加会议。

1992 年，在卡仑诺开会，传达有关消息，与会者讨论在中国汉字、中国拼音、老傈僳文、英语字母四种文字符号系统中选择一个适合的方案创制怒苏文，最后决定以英语字母为基础创制怒苏文。

1994 年，英语字母拼音方案基本完成，但仍存在一些问题。

1996 年 10 月，在需真、布扎卡开会讨论怒苏文字方案，新西兰的约瑟牧师也参加了会议并表达了对创制怒苏文的支持。

1998 年，在需真召开会议，会上提交了以傈僳族字母为基础的怒苏文《圣经·新约》。

从 1999 年 7 月 27 日开始，怒苏人付三益、约瑟、所提尼一起工作，开始创制一套新的怒苏文拼音方案。

2000 年，怒苏人在卡仑诺开会，为完成怒苏文确定时间表，即决定 2002 年前完成圣经翻译工作。

2001 年，的卡仑诺会议上，通报了有关怒苏文的情况：进展顺利，将近完成初稿。

2002 年 1 月 12 日，在卡伦诺阿克帕家召开，以礼吾、所提尼等都参加了会议，表示一定要将怒苏文创制完成。

2002 年 5 月 20 日，付三益与约瑟一起设计怒苏文方案。

2003 年 9 月 5 日，怒苏头人们在怒约瑟家开会，老犹大说，他不反对怒苏人搞怒苏文字，但警告不要企图占有现在的怒苏—傈僳基督教堂（即 No – Lisu Christian Church）。

2007 年 7 月 14 日，来自怒江福贡县匹河乡棉谷的旅缅怒苏人付三益获得来自阿依人的资助，开始投入怒苏文的创制工作，至 2010 年已经基本完成怒苏语拼音方案初始脚本，完成了初级习字本的编撰工作，（内容涉及创世记、民族基本思想道德等），分上下两册，上册为拼音部分，下册为看图识字，另已翻译了 71 首赞美诗歌，以及《圣经·新约》完成了 9 章（册）。这些资料将在得到怒族学会审阅通过后再开始试用。

2008 年 4 月 25 日，密支那需真村怒苏人在怒—傈僳基督教堂完成第一期怒苏文试培训，有 30—40 怒苏人参加培训，阿依牧师 Jonathan 也列席了培训活动。根据缅甸怒苏协会会长沙拉波，需真区计划每年举办一次，以测试这一拼音方案的可行性，如果这一拼音方案获得通过的话，预计在未来的 20 年内可培训近千人（参见图 4 – 17、图 4 – 18、图 4 – 19）。

图 4 – 17　第一届怒苏文培训会（密支那需真八村）

图 4－18 怒苏文培训结业证

图 4－19 怒苏—傈僳字母对照表（封面）

2009 年 8 月 7—8 日，云南民族学会怒族学专业委员会 2008 年年会在六库召开，会长亚娜女士及协会有关人员、美籍旅泰阿侬同胞尤恩·阿此、中国社会科学院民族所孙宏开研究员、中央民族大学教授罗自群教授等参加了会议，对怒族语拼音方案的制定提出了建议：①中缅在怒语拼音方案的适用上存在一定的差异，但可以通过合作进行资源整合共同完成一套统一的涵盖怒族四个部分的拼音方案；②拼音方案不仅使用大写字母，也应该包括小写字母；③这一统一的拼音方案应该以中国怒族同胞为主，吸纳境外怒族同胞的经验完成，最终形成一套以中国怒族为主的怒语拼音方案。

（二）付三益与怒苏文

付三益（出生于 1964 年 11 月 4 日）为云南省怒江州福贡县匹河乡棉谷村上棉谷人，是继所提尼、约瑟之后怒苏拼音文字创制的主要执笔人。付三益 1979 年 8 月 28 日从红旗中学（碧江一中）初 12 班毕业。1978 年基督教信仰在怒江地区开始恢复后的 1980 年开始信仰基督教，1981 年 12 月 20 日结婚并举行教会婚礼，由于受过教育，便到片马圣经学校学习。后学医，在中缅边境一带从医，期间开始知晓并接触有关创制怒苏文字的事务。在最早接触并参与怒苏文创制工作的怒苏马扒（传道员）所提尼、约瑟相继去世后，付三益负责主要的文案工作。2007 年 7 月 14 日辞去医生工作后开始在昔董坝担任马扒（传道员），在当地傈僳族、怒苏人中传教，同时完全接手怒苏文字的创制工作。后到仰光格雷谬的神学院学习，与妻子一起获得 BTH（神学学士学位）。在昔董传教期间受怒苏人的推举正式肩负创制怒苏拼音的编写工作。怒苏文首先采用傈僳文字母表进行创制的试验，后在多次的会议中被否定，究其原因，主要在于①傈僳语发音与怒苏语不同，及傈僳字母无法完全表示或记录怒苏语发音；②傈僳语及傈僳文在怒苏人中已广为使用，因而在推广中具有一定的优势，字母易学，但由于怒苏语与傈僳语属不同语言，傈僳字母表示的怒苏文将易于与傈僳文混淆，更为重要的是，极易产生“怒苏是傈僳分支”的印象，因此为了强调与傈僳语的不同和独立性，怒苏精英们还是决定放弃傈僳字母而采用英文字母方案，2007 年与阿侬人开始合作后借用并参考了阿侬的经验，即使用英文字母表示怒苏语（参见图 4 - 20）。

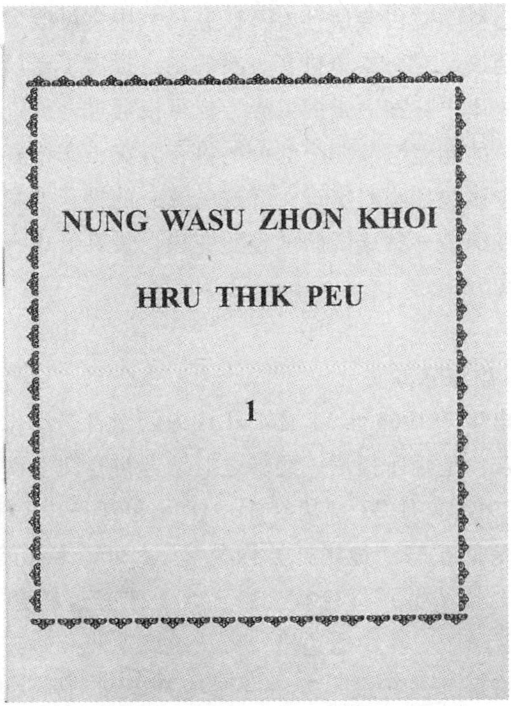

图 4 - 20 怒苏字母表（封面）

付三益认为，虽然现在怒苏人几乎都会听傈僳话，但水平参差不齐，许多人表达存在困难，发音不准，而来自中国保山、德宏一带的花傈僳族语与来自怒江地区的黑傈僳方言不同，使得怒苏人在通过傈僳语了解圣经中存在困难，甚至出现曲解的问题。总的来说，一般的怒苏人对傈僳族语傈僳文的理解是不到位的，在学习傈僳文圣经中对意思理解得也不深刻。在老母登曾经发生过有基督教徒由于对傈僳语的理解问题而在信仰上走上邪路，人搞得疯疯癫癫的情况。因而创制独立的怒苏文和翻译怒苏文的圣经、赞美诗歌势在必行。因此翻译怒苏文的圣经对于基督教在怒苏人中传播正道，抵御邪教非常重要。

付三益曾多次参加中缅怒族合作的会议，作为棉谷人，他支持在中国搞统一的怒族拼音方案。怒苏语在匹河一带共有 27 个聚落（自然村）的人在使用，同一种语言可大致分为 3 类方言：棉谷、老母登、六村（日勒）、知子罗、沙瓦、铜口为一类，普乐、托坪、果科为一类，七村、瓦娃、角车、优夺罗等地为一类，1948 年杨思慧组织有关怒苏文创制会议的时候曾因托坪和优夺罗两村代表为争夺标准怒苏语而互不相让，最终致使创制怒苏文的计划流产。后经过多次会议讨论，一致同意以棉谷方言口音为标准音创制怒苏文。选择棉谷口音的理由有二，一为棉谷在地理位置上处于怒苏人分布较为中心的地带，方言上也处于托坪口音和瓦娃（优夺罗）口音这两种差异较大的方言的交汇处，因而易于被接受，而且，在历史上杨思慧曾经离开路得（里吾底）村到棉谷居住了一段时间，原打算以棉谷口音创制怒苏文。阿依人对怒苏文的创制给予了一定的经济支持，如技术、设备、资料印刷、补贴、差旅费等。在付三益等创制的怒苏拼音文字基础上，阿依人如尤恩等给予大力的技术支持，以使之完善。如下怒苏语拼音方案由付三益等创制，在阿依专家尤恩·阿此的帮助下形成一个完整的版本并在 2009 年提交给怒族学会讨论。

（三）怒苏语拼音表（缅甸北部、中国云南省）[①]

语族：藏缅语族，语言：怒苏语，文字名称：怒语文；字母：罗马字母表；研究人员：尤恩·阿此·孔旁，顾问：Sigrid Wichmann Lew，Payap，清迈大学

辅音字母及音位

后位字母：　k　kh　ɡ　ɡh　ny　nɡ

软腭音音位：k　k^h　ɡ　γ　ɲ　ŋ

S 字母：s　sh　z　zh　tz　ts

齿擦音：s　ʃ　dz　z^h　ts　ts^h

舌音字母：t　th　d　c　ch　j

① 见 Nusu Orthography（Northern Myanmar and Yunnan Province，China）（《怒苏语拼音字母表》），资料来源：云南省民族学会怒族学专业委员会。

齿槽音： t t^h d tç $tç^h$ ʥ

唇音字母：p ph b w f v

纯音音位：p p^h b w f v

鼻音字母：m mh mn n nh nr

鼻音音位：m m̊ ˀm n n̊ nˤ

弱音字母：l lh lr r y

流音音位：l ɬ nˤ ɹ j

喉音字母：h qh hn q

喉音音位：h X x ʔ

拼音举例：

清鼻音：（mha zer） [m̊a. dzɚ]

鼻化音：（mnacmaxmnac）[ˀmá. mà. ˀmá]

侧擦音：（lhac） [ɬâ]

Stiff 音：（wasulrak） [wa. su. lˤâʔ]

软腭擦音：（hnak） [xâʔ]

（参见表 4—3、表 4—4）

表 4—3　　元音字母及音位

大写字母	小写字母	音标
A	a	a
AE	ae	ɐ
E	e	e
ER	er	ɚ
OE	oe	Y
I	i	i
IU	iu	ɨ

续表

大写字母	小写字母	音标
U	u	u
UR	ur	ʉ
EU	eu	ɯ
O	o	o
IV	iv	ɤ

双元音

大写字母	小写字母	音标
AI	ai	ai
Au	ao	ao
OU	ou	ou
ON	on	on
OM	om	om

鼻音：元音上方的省略符号：pheuya´, mege´, ko'se

表 4—4　音调

高	中	低	升	降	闭塞音
－c		－x	－z	－f	－q

四　怒人、怒族的合作

（一）阿侬与怒苏

中国怒江的阿侬与怒苏，虽历史上被傈僳族统称为“怒帕”，在汉语文献中与贡山的阿怒一起被称为“怒人”，但居于今福贡（县）上帕等地的阿侬与原碧江（县）匹河（今属福贡县）的怒苏，由于地理分布及语言差异等原因，往来并不密切，远不及各自与周边的傈僳族人的交往频繁。在缅甸克钦邦，北部葡萄一带的阿侬也与中部密支那周边的怒苏没有特别密切的往来，相反与共同的邻居傈僳族的关系更为密切。这两个素昧平生的人群却因着相似的处境和共同的需要，有着在中国属统一民族共同体的背景，以及偶然的接触走到一起，开始了全面的合作，以图成为一个民族共同体。

他们是怎样在密支那相识呢？阿侬 Jonathan 牧师说："大约 10 年前我一家，堂兄 Wang Phone 一家等从葡萄搬迁到密支那居住的时候密支那一带的阿侬人只有 3—4 户，现已有 1000 来人，当时就听说这里有怒苏人，但没有直接的和正式的交往。大约两年多前（2007 年——笔者注），新西兰人约瑟牧师在和我们（阿侬、傈僳等）一起举行参加教会活动的时候给我们看了阿波（沙拉波，缅甸怒苏头人，缅甸怒苏协会会长）他们正在搞的拼音字母表。约瑟一直在帮助怒苏人创制拼音文字（语言学专业咨询、印刷费等——笔者注），当时有付三益、怒苏马扒（传道员）约瑟、所提尼等几个人在搞，后来约瑟、所提尼去世，主要是付三益在负责。约瑟说他们搞得非常好，只是每个词所用的表示字母太多，太难记住，建议他们精简处理。我看了他们编写的怒苏拼音方案的小册子，也这么认为。约瑟同时建议我们与怒苏人合作，一起搞拼音方案，何况怒苏和阿侬本是一家人，在中国又是同一个民族……"随后，Jonathan、Wang Phone 等与怒苏沙拉波建立了联系。由于阿侬先民移居缅甸的时间较早，阿侬人作为一个民族群体总体上较怒苏人在经济、政治地位及受教育程度上的条件要好许多，创制文字的尝试也开始较早，因此能够在技术、经济、社会力量上支持怒苏人。目前，阿侬对怒苏人的支持有从经济上对创制文字的人员给予生活补贴，为培养怒苏人才（教牧人员）等方面。2008 年 4 月的怒苏语文首期培训班也邀请了 Jonathan 等阿侬人参加。同样，怒苏人在中国怒族中作为人口最多的部分拥有更多的资源：人口最多、受教育程度较高、在政府机关及企事业单位中任职或担任领导职务的人数和级别较高。因此在这样的背景下合作将可大大提高作为一个民族共同体的缅甸怒人的实力，在未来的民族重塑和政治权利的争取中拥有更多的能力。

目前，阿依与怒苏这两个语言不通的人群已经有了一定的合作基础，双方承认同属怒族（Nung），愿意通过合作，相互支持，为争取成为缅甸一个法定的民族共同体而努力。他们计划，在不久的将来，或10年至20年，通过使用相同的拼音文字系统表示/表达不通的语言，相互学习对方语言，使两个人群能够在语言、文化上实现融合（参见图4-21）。

图4-21　需真怒苏人与中国国内亲人联络

（二）中国的"怒文"及跨国合作

缅甸怒人与中国怒族的接触与合作，民间层次的交往与合作自始至终就一直没有中断。首先这些或早或晚迁徙至缅甸的怒人各部与家乡的联系从未中断，其次这些缅甸怒人的精英们，直接或间接地参与民族身份重塑、文字创制的人均为不同年代迁居该国的中国人，许多至今仍然是中国公民。而两边怒人的正式往来或合作是2003年12月24日云南省民族学会怒族学专业委员会成立后的2009年，其合作首先是从怒族语文或怒语拼音方案的创制开始的。

1986年6月27—29日，“怒江州怒族语言文字工作座谈会”根据窦桂生等怒族人关于创制怒族文字的提议在云南省怒江州州府六库召开。会议经州政府批准，州语委主持，地方政府有关部门、省语委、怒族各部代表、语言学专家（孙宏开等）参加了会议。会议确定了制定怒语拼音方案的指导思想、基本原则和框架。但由于诸多原因，拼音方案的制定工作进展缓慢，怒苏、若若语拼音方案主要由中国社会科学院孙宏开教授等负责，贡山阿怒语拼音方案由彭恩德、施文兴、彭义良等成立编委会，由县政府拨专款支持，1986年10月完成初稿。但此后的二十余年中，这一工作进展缓慢。直到怒族学会2003年成立后才又纳入活动日程。2007年以后，缅甸阿侬文字书写系统经过二十余年的不断修订、使用而将近成熟，而怒苏拼音方案也基本确定并积累了一些经验，阿侬与怒苏展开合作后通过怒苏的途径与中国怒族人口最多的群体建立了联系，并最终与怒族学会建立了联系。中国国内出于对怒族各部濒危语言及族群文化遗产保护的迫切需要，创制怒族文字的提议再一次由怒族精英们提出来，怒族学会成立后的工作重点也就是怒语拼音方案。共同的愿望和需要促成了合作。2009年8月7—8日在六库召开的云南民族学会怒族学专业委员会2008年年会以及2011年6月在泰国北部召开的怒族/怒人语言文字会议都使得怒族文字/拼音方案的创制在更高的平台上实现合作。

经上述会议，中国怒族各部与缅甸怒人精英，现就创制统一的怒语拼音方案达成一致意见。①在中国有关制定民族语言文字或拼音方案的规定、原则及框架下创制统一的怒语拼音方案；②这一拼音方案将最终在中国完成并以中国怒族（各部）为使用主体；③方案将参照中国社会科学院民族所孙宏开研究员等设计的“怒语语言拼音方案”（怒苏语、若若语）、贡山县彭恩德等试创的贡山怒族（阿怒）语拼音方案，吸收怒语民间版本，即缅甸阿侬文试用方案、怒苏语试用拼音方案的成果和经验形成一套适用怒族（怒人）各部的方案；④拼音方案制定完成后怒族（怒人）各部根据所在国家或地区的实际情况进行使用，如中国怒族主要用于记录、整理民间文化遗产（故事、歌谣、祭词、语言、历史等），提供教师了解学生的语言以便更好地教授汉语文的需要，而缅甸怒人可能用于翻译圣经等宗教经典在教会使用。在怒族学会及怒族各部同胞的努力下，怒语拼音方案将可在近期完成并开始进一步的工作，如编写怒语词典，出版怒语音像制品等。

怒族语言拼音方案（怒苏、若若语）①

（征求意见稿）

根据2009年8月7—8日在六库怒族学会2008年年会关于怒语拼音方案讨论会上多数代表和专家学者的意见，拟采用拉丁字母形式拼音拼写怒苏语和若若语。关于贡山阿侬语，根据1986年怒族文字会议纪要精神，可以考虑与独龙族拼音方案汇通解决。现将初步设计的怒族怒苏语、若若语拼音方案的声、韵、调及其字母系统列表如下（参见表4—5、表4—6、表4—7）：

表4—5　　声母系统

怒苏语	若若语	拟用字母（拉丁字母）	例句（怒苏语）	例句（若若语）
p	p	b	ba[31] 邀请	paen[33]（一）堆
ph	ph	p	pa[53] 租借	pa[53] 呕吐
b		bb	bbio[31] 断（绳子）	
m	m	m	ma[35] 不	ma[35] 毛
m̥		hm	hma[55] a[31] 莽撞	
f	f	f	fu[55] 倍（量词）	fae[55] 疟疾
v	v	v	va[55] 竹子	vae[53] 客人
ts	ts	ts	tsu[35] 沸、开	tsaa[33] 小米
tsh	ts	tsh	tsha[35] 头发	tshe[33] 十个
dz		dz	dza[55] 吃	

① 参见孙宏开等编《怒族语言拼音方案》（怒苏语、柔若语）。资料来源：云南省民族学会怒族学专业委员会。

续表

怒苏语	若若语	拟用字母（拉丁字母）	例句（怒苏语）	例句（若若语）
s	s	s	si^{35}吹（火）	saee^{53}树
z	z	z	za^{55}儿子	zao^{33}麦子
t	t	d	da^{55}a^{31}放置	daa^{53}毒
th	th	t	ta^{55}别	to^{33}柞
d		dd	dda^{53}个（量词）	
n	n	n	na^{35}病	naee^{53}二
n̥		hn	hna^{35}穗子	
l	l	l	la^{55}老虎	lla^{53}石头
ɬ		hl	hla^{31}月	
tʂ		zh	zhaar^{31}（向下）伸	
tʂh		ch	char^{31}牵引	
dʐ		dr	drar^{53}瞎	
ʂ		sh	sha^{53}阉	
ʐ		r	ri^{55}a^{31}大	jaee^{55}金子
tɕ	tɕ	j	ji^{35}斤	
tɕh	tɕh	q	qw^{35}甜的	qi^{31}屎
dʑ		jj	a^{31}jji^{31}都	
ȵ		ny	nyi^{35}住、坐	
ȵ̊		hny	hnya^{31}捏	
ɕ	ɕ	x	xa^{35}休息	xyi^{31}血
ʑ		xx	想 xi^{55}尿	
k	k	g	gw^{55}箍子	gaee^{33}汗
kh	kh	k	kua^{35}蹄	ka^{53}六

续表

怒苏语	若若语	拟用字母（拉丁字母）	例句（怒苏语）	例句（若若语）
g		gg	gga^{55}衣服	
ŋ	ŋ	ng	nga^{55}鱼	nga^{55}霜
ŋ		hnaen^{35}嗅		
x	x	h	he^{55}汉族	hu^{31}肌肉
ɣ	ɣ	hh	xxoa^{35}南瓜	hhae^{33}水
pɹ		br	bri^{35}搜	
pɹ		pr	pri^{35}kra^{31}解开扣	
bɹ		bbr	bbri^{35}a^{31}眼泪	
mɹ		mr	mri^{55}mri^{35}土	
mɹ̥		hmr	hmrar^{53}眨（眼）	
fɹ		fr	fra^{35}舌头	
vɹ		vr	vraa^{53}陡	
kɹ		gr	graa^{53}抓、梳	
khɹ		kr	a^{31}kra^{35}分开	
gɹ		ggr	ggra^{53}冷	
xɹ		hr	hra^{55}找	
ʔm			前后塞可不表示，个别处理	
ʔn				
ʔɳ				
ʔl				

表 4—6 **韵母系统**

怒苏语元音系统	若若语元音系统	拟用字母（拉丁）	例词（怒苏语）	例词（若若语）
i	i	i	bi^{55}盖	i^{55}酒
e	e	e	pe^{53}遍（量词）	ne^{33}红的
ɛ	ɛ	ae	pae^{55}劝告	ɡae^{55}苦胆
a	a	a	ba^{31}请	ba^{53}呕吐
ɔ		oa	broa^{55}茧子（手）	
o	o	o	bo^{53} nga^{35}伤口	nɡo^{31}五
u	u	u	pu^{53}翻	pu^{33}白的
ɯ	ɯ	w	bw^{35} a^{55}船	mw^{33}菌子
ə	ə	ea	mea^{55}表程度前加	mea^{35}太阳
y	y	yu	y^{55}hae^{31}雨鞋	yu^{55}bba^{31}口袋
ɿ	ɿ	w	sw^{55} a^{31}（鸟）窝	tsw^{31}（一）点儿
i̱	i̱	ii	bii^{53} a^{31}弹（指头）	nee^{33}七
ɛ̱	ɛ̱	aee	a^{31} maee^{53} ta^{35}小窟窿	laee^{33}青苗
a̱	a̱	aa	ɡaa^{35} ri^{55}烧酒	ɡaa^{53}害怕
ɔ̱		oaa	gaa^{53}苍蝇	
o̱	o̱	boo^{55} su^{35}保人	hhoo^{53}织（布）	
u̱	u̱	uu	bbuu^{53} a^{31}炸	buu^{13}凸的
	ɯ̱	ww		jww^{53}溺爱
ə̱	ə̱	eaa	seaa^{53} da^{55} a^{31}敷（药）	heaa^{13}涂、敷
ĩ	ĩ	in	bin^{55} ta^{31}冰糖	bin^{33}胀
ẽ	ẽ	en	ɕu^{31} sen^{35}学生	sen^{31}肝
ɛ̃		aen		saen^{31}三

续表

怒苏语元音系统	若若语元音系统	拟用字母（拉丁）	例词（怒苏语）	例词（若若语）
ã	ã	an	xxan^{35}青菜	an^{33}菜
ɔ̃		oan	poan^{31}铁锅	
	õ	on		lon^{33}两（量词）
ə̃	ə̃	ean	hnean^{31} bbean^{55}上唇	dean^{13}磕（头）
	ỹ	yn		yn^{31} nan^{31}云南
ie	ie	ie	pie^{53}变化	ie^{31} ia^{33}亲戚
iɛ	iɛ	iae	piae^{35}瓢	niae^{53}怀疑
ia	ia	ia	lia^{53}（一）夜	mia^{33}快
iɔ	ioa		mioa^{53}锯（动词）	
io	io	io	pio^{53}改变	io^{31}拖沓
iu	iu		piu^{55}泼（水）	
iɯ	iɯ	iw	a^{55} iw^{31}咱们	iw^{31}
ui	ui	ui	kui^{55}	sui^{31} fu^{31}水壶
ue	ue	ue	ue^{55}左面	ngue^{33}银子
uɛ	uɛ	uae	auae^{31} qi^{31}国旗	on^{55} uae^{31}猫头鹰
ua	ua	ua	rua^{35}下（雨）	bao^{55} ua^{33}青蛙
uɔ		uoa	uoa^{31}容易	
uo		uo		yi^{53} uo^{33}团结
uɯ		uw		tshuw^{53}坐
yi	yi	yi	yi^{35}鬼	yi^{55}脏
ye	ye	ye	ye^{53} naen^{31}越南	lye^{33}背（柴）
yẽ		yen		jyen^{55}千

续表

怒苏语元音系统	若若语元音系统	拟用字母（拉丁）	例词（怒苏语）	例词（若若语）
yɛ	yɛ	yae	mri^{31} yae^{53} lae^{53} 稀泥巴	$jyae^{31}$ 开始
yã		yã	mi^{31} $qyan^{53}$ 后妻	$çyan^{31}$ lou^{31}
ɯe	we		mwe^{55} 芋头	
	yo	yo		jyo^{13} 拳（量词）
	ei	ei		pei^{55} mu^{31} 贝母
	ai	ai		aai^{31} fan^{55} jyn^{31} 解放军
	ou	ou		ou^{31} 荞麦
	au	ao		sao^{33} 假的
	iou	iou		iou^{55} 百
	iau	iao		$miao^{35}$ ia^{33} 妻子
	uei	uei		$tsuei^{35}$ 称
	uau	uao		uau^{13} 凶恶
	yau	yao		$juao^{13}$ 草
	uai	uai		$luai^{55}$ 球形

表 4—7　　声调系统

编号	怒苏语声调调值	若若语声调调值	拟用字母（拉丁）	例句（怒苏语）	例句（若若语）
1	55	55	1 或不标	hla^{1} 裤子	naue 磨子
2	35	35	2 或 t	hla^{2} 矛	nauep 回水塘
3	53	53	3 或 q	hla^{3} 闪电	naueeq 瞥一眼
4	31	31	4 或 k	hla^{4} 月亮	nauek 蒸

续表

编号	怒苏语声调调值	若若语声调调值	拟用字母（拉丁）	例句（怒苏语）	例句（若若语）
5		33	5 或 p		nauet 银子
6		13	6 或 l		Naueel 钩、挂

说明：①鼻化元音用在元音后加［n］表示。

②卷舌音用在元音的后面加［r］表示。如果在声母位置，包括在复辅音里，则读摩擦不太重的［ʐ］。

③紧喉元音用双字母表示。

④声调符号用数字或字母表示，本方案两种语言各举一种例子，哪一种好，请再议。

⑤以词分写，有歧义时用隔音符号［—］。

⑥［y］符号有两用，一处表示国际音标的［y］，另一处与 n 拼写，表示国际音标的［ȵ］。

⑦本方案历词中的声调符号仍然标注的调值，待方案确定后再撰写称为拼音符号。

⑧拉丁字母系统在形式和读音上尽可能与汉语拼音方案取得一致，但也有创新。

⑨本方案尽在不影响意义表达的原则下，尽可能简化，使音节不宜太长。

⑩本方案使用规则不尽完善，可在实践中不断改进和补充。

⑪由于记录的词汇数量有限，两种语言的声韵母都有可能遗漏，尤其是紧喉、鼻化、卷舌等韵母。如有发现，请根据上述原则加以增补。

⑫关于若若语的名称有两种，一种叫柔若语（见孙宏开等的文章），另一种叫若柔语（见李绍恩等的文章），究竟本方案用什么名称，请再议。

贡山怒语拼音方案（草案）①

1986 年 10 月 10 日，贡山独龙族怒族自治县怒族语言文字编写组由怒族干部彭恩德（已故）、施文兴（已故）、彭义良三人完成起草、编制了贡山怒语拼音方案（草案），这是一套以汉语拼音字母为基础的怒语拼音方案（参见表 4—8、表 4—9、表 4—10、表 4—11、表 4—12、表 4—13）。

① 资料来源：云南省民族学会怒族学专业委员会。

表 4—8　Angme anggou 单母字（单声母）

g	k	m	w	f	d	t	x	zh	ny
b	p	s	jj	n	j	c	rr	z	ng
r	I	q	ch	h	y				

表 4—9　Angme　angzoum anggou 双母字（双声母）

By	py	my	gy	ky	hy
bi	pi	mi	gi	ki	hi
br	pr	mr	gr	kr	hr

表 4—10　Angcvi anggou 子字（韵母）

i	e	a	v	o	u	ou		
iq	eq	aq	vq	oq	uq	ouq		
ik	ek	ak	vk	ok	uk	ouk		
it	et	at	vt	ot	ut	out		
ip	ep	ap	vp	op	up	oup		
ing	eng	ang	vng	ong	ung	oung		
in	en	an	vn	on	un	oun		
im	em	am	vm	om	um	oum		
ir	er	ar	vr	or	ur	our		
ii	ei	ai	vi	oi	ui	oui		
ai	oi	ui	ua	ue	uai	oui		
uar	uan	uang	uaI	uin	uit	uap	uaq	uiq

表 4—11　Rrige anggou te ni coung anggou（怒语字母大小写对照表）

G	K	M	W	F	D	T	X
g	k	m	w	f	d	t	x

ZH	NY	B	P	S	JJ	N	J
zn	ny	b	p	s	jj	n	j

C	RR	Z	NG	R	L	Q	DH
c	rr	z	ng	r	l	q	dh

H	Y				
h	y				
BY	PY	MY	GY	KY	HY
by	py	my	gy	ky	hy

BL	PL	ML	GL	KL	HL
bl	pl	ml	gl	kl	hl

BR	PR	MR	GR	KR	HR
br	pr	mr	gr	kr	hr

I	E	A	V	O	U	OU
i	e	a	v	o	u	ou

表4—12 Rrige angme anggou ni AngcvI anggou svpIaq sa（**声母韵母拼写方法**）

- i	- e	- a	- v	- o	- u	- ou
gi	ge	ga	gv	go	gu	gou
ki	ke	ka	kv	ko	ku	kou
mi	me	ma	mv	mo	mu	ou
wi	we	wa	wv	wo	wu	wou
fi	fe	fa	fv	fo	fu	fou
di	de	da	dv	do	du	dou
ti	te	ta	tv	to	tu	tou
xi	xe	xa	xv	xo	xu	xou
zhi	zhe	zha	zhv	zho	zhu	hou
nyi	nye	nya	nyv	nyo	nyu	nyou
bi	be	ba	bv	bo	bu	bou
pi	pe	pa	pv	po	pu	pou
si	se	sa	sv	so	su	sou
jji	jje	jja	jjv	jjo	jju	jjou
ni	ne	na	nv	no	nu	nou
chi	che	cha	chv	cho	chu	chou
ci	ce	ca	cv	co	cu	cou
rri	rre	rra	rrv	rro	rru	rrou
zi	ze	za	zv	zo	zu	zou
ngi	nge	nga	ngv	ngo	ngu	ngou
ri	re	ra	rv	ro	ru	rou
Ii	Ie	Ia	Iv	Io	Iu	Iou
hi	he	ha	hv	ho	hu	hou

续表

－i	－e	－a	－v	－o	－u	－ou
yi	ye	ya	yv	yo	yu	you
byi	pye	mya	gyv	kyo	hyu	
bii	pie	mia	giv	gio	hiu	
bri	pre	mra	grv	kro	hru	

表 4—13 jjakvt ni nungkvt（**怒汉词汇对照表**）

G

ga（亮） gam（好） goup，hor（喊） gur（汗） gat，zu（发烫） Gvng，svmou（肿） grom（箱，棺木） gong（山梁） glanq（折断）glang（凉） gla（落） glu（芦苇） glouq（芋头芽） gle（丢失） glem（切片） gvlam（蕨菜） gouq（出汗） grouq（说） grouq（狗叫） ga me（长刀） gang（照） gal（味道好） gu nyet（星星） gui me wur（左手）

K

Ka（鸡） kaq（竹） ka loum（鸡蛋） ke（吃） kang（老虎） kvn（菜） kan（呼，叫） kou（偷） kua（蜂蜜） kvt（种） ka xa（鸡肉） kong dang（陡坡） kon gru（挖槽） kong kvn（孤儿）

M

Mup（天） mar（脸） mvt（忘） mai（没有） mvn（鬼） mrang（长） mv li（地方） me e（不是） mv gam（富裕） mv gvm（不好） mv lu（不拿） mv song（不会） mv ta（听不见） mv ke（不吃） mv coq（不够） mv dan（不满） mv long（路） mv cit（百合） mv doum mvrap（火塘） ma mou（部队） ma preq（不怕） mv zi（不给） mv yang（不看） mvn ke（吃药） mvn len（要药） mvng pe kvt（藏话） mv li ang cem（边疆）

W

Wa（做） weq（开） wu（头） wur（手） wvn（买） wa zong（锄头） wvn zung（霜） wu moq（帽子） war（斧头） wu dung（水桶）wal（分）

F

fa yen（发言） fa lui（法律） fa min（发明） fa you（发育） fa xen（发现） fa ting （法庭） fa koq（法国） fa taq（发达） fa zhang（发展） fa tan（发单） fa soun（发送） fa kuang（罚款） fa kung zhi（发工资） fa wvn jeng（发文件） fu yin mu（复韵母） fu xiq（复习） fun yen（复印） fanfa（犯法）

D

Dan（迷路） dvm（满） dang gaq（削箭刀） dem（补种） den dipa，doupa（罪） do（走） dung gua （黄瓜） duq（吐） dang（站） dvrou，mvra（骂） dv goq（弯） dv ra（藤桥） dung（中间） dung gli（舂棒） dv ri（田鸡） dv rit bor（推） dv gloq（推下） dvgou（九）

T

ti（短） te（大） ta（来） ton（分） tang zhang（床铺） tv mar（酥油） tv rung（独龙） tv req（肾） tv wvn（雪） tv mou（老鹰）dvmi，tvni（火） tv xa（困难） tvm bong（包谷） tem boq（上衣） tvn nila，tanila（今天） ta koq（锅盖） ta na（弩弓） tv ma（箭） ta cou（土锅） ta koq，ta gouq（锅盖） tvngka（乌鸦） tv rol（箭包） tvcou cvl（孤儿）

X

Xa（肉） xam（刀） xake（吃肉） xa raq（肉酒） xa

saq（烧肉）　xa kuan（打猎）　xa ang li（旧的肉）　xa angsar（新鲜肉）　xa ma（扫把）　xa ma xaq（扫地）　xang（湿）　xar（北）　xa sam（兽皮）　xa tot（割肉）xa ton（分肉）　xapu，xa bouq（腐烂的肉）　xe（是）　xer　ixer（剥麻）　xa rou（骨头）

ZH

Zhang（人）　zhu（湖）　zhung wa（做生意）　zhung ba（商人）　zhang ra（外人）　zhung（告）　zhung koq（中国）　zhung yang（中央）

NY

nya（嚼）　nyv（指甲）nya nyvng（嚼）　nyoung（我们）　ny nyong（你们）　nyev tei（女老大）　nyoui（烦）　nyoI（丰收）　nyem（平）　nyam（一样平）　nyon（添加）

B

Ba（父）　be（完）　ba sv roq（蚂蚁）　ba si（苍蝇）　ba ci（辣子）　ba ro（小虫）　brom（发抖）　bra（快）　brang（右）　brang mewur（右手）　breq（麻木）　breng（撕）　brom（爆烤）　broq（野胡椒）　bou（蛇）bour（胖）　boum（装满）　boq（炸）　bv doq（舀）　biuq（通了）　blaq（来了）　bong（白）

P

Pa（肚子）　pa koq（碗）　pv xin（肝）　pv wa（苦荞）　pv la（毒）　preq（怕）　pvre xi（肚子饿）　pv you（肠子）　pv sai（红）　pvloq（回去）　pv saq（痒）　pv couq（鸟）　pvlu（拿来）　pv ke（吃）　pv li（孙子）　pvlaq　（重孙）

S

sa（泥）　svt（打，杀）　sat（给你看）　saq（还）　ser（金）　se raq（穷人）　sv li（跳蚤）　sv rvt（要带）　sv la，hla

（月亮） sv loq，hloq（领回去） sv naq（全部） song（铜，知道） sv laq（教） sv raq（东西） soum（桃子） sv laq（食盐） sv ru（松明） svna（鼻子） svraq mvraq（害羞） sv tot（嫁接） sv reng（早上） su li（梨子） su laq（茶桶）

JJ

jja（汉族） jja kvt（汉话） jja rri ge（汉文） jja mv li（汉族地方） jjoq（快） jjit（烫） jjet（刺痛） jjuiz ang（重的，指小孩） jjong（累） jjung（冷得扎手） jjou za（腰痛）

N

na（你，耳朵） naq（黑） nam plaq（鱼） nam（你吃） nam ga（天亮） nam dou（天黑） nam doyq（天阴） nam lung（太阳） nam zaq（下雨） nam sa（巫师） nv ba，nvpe（你父亲） nv mai，nvme（你母亲） nv kang（你爷爷） nv zhi（你奶奶） nv ri（你背） nv ke（你吃） nv poq（你翻） nv pom（你背，指小孩） nv lu（你拿） nv groung（说过） nvngaq（你唱） nanggoq，nagoq（小孩） nam boung（风） namcoung（门） nam glom（太阳落） noup le，noupxog（西边） nam yang（白天） nam gar（太阳晒）

J

Ja（茶） joum（房子） jeng（墙） ju（口水） jong（土酒罐） jit（煮菜） jin（泡，男老二） jang（女老二） jiq（一） ji me（一个） ji gou（一头） ji loung（一个，指鸡蛋等） ji xa（一百） ji yoq（一个人） ji kuang（机关） ji kua（南瓜） ji gro（指一种瓜） joq（垂） jia guar（饼茶） ja loq（坨茶） ji（山药）

C

Cong（等） cang（等） cam ra（小孩） ca lung（圈） ci

kong dam（赤科当）　can（盖）　ci loum（小土蜂）　cir ri（解小便）　ceq（衣服烂）　coq（够）　cug（乳房）　cit（山羊）　coung（小）　cam lam（水沟）　cam（跳舞）　ci ma（水田）

RR

rri ge（书本）　rroq（削）　rru（挤奶）　rrouq（咬）　rreq（掐）　rrin（泡）　rrouq（蝉）　rrou（甜）　rreq（踏）　rroum（病愈）　rrar（男老六）

Z

za（病）　zoung（冷）　zung（麦子）　zu guiq（镰刀）　zaq xin（打扮）　zvq（花椒）　zam brouq（菖蒲）　za wa（粮食）　zong（口袋）

NG

ngaq（喝）　ngang ngaq（喝水）　ngang loum（温水）　ngang su（开水）　ngang jjit（很烫的水）　ngang kaq（过河）　ngang ri（背水）　ngv（鼓）　ngou（哭）　ngui（银、钱）　ngaq（火链）　ngan（臭、脾气怪）　ngam（味道）　ngom（吃炒面）　nguam（饿死）　nguam am（饿死了）　nguar（烧红）　ngur ngur wa ioum（暖和和的）　ngoi（撬）

R

ri（背）re（二）　raq（织）　ra（同意）　ru（咬，专指蛇咬）　rou（骨头、怪人）　roq wa（帮忙）　ruq（收）　rat（煮扒了）　roq xin（被打了）　rang，nyoung（我们）　rong（在）　roum ja（感冒）　ru waI（外面）

L

la（找）　loq（回来）　lu（拿）　lit（肥料）　long（清沟）　long（暖和，下蛋）　lung（拿了）　lam（跳舞）　lvwang（外

面） lon（找到） lok（回来）

CH

chouq choum

H

ha ha（哈哈，笑声） hla（月亮） he li，sv li（跳蚤） hloq（领回） hlaq（教） haq（咬，指狗咬） hang（腥味） hrouq（瘦） hroq hraq hrai（磨） hevi（开玩笑） hrat（馋）hra（锯木） hret（摩擦） hreq hreq hrai hrui（木炭）hiaq（食盐）

Y

Yaya（是） yoq（衣服） young（口袋） youq（搓） yak（倒掉） yet（笑） yam（一排） y youq（睡觉） yang（绵羊、看见）

第四节 怒语神学

在缅甸北部的克钦邦，教会组织一般以教派和民族（语言、文字）两个维度构成，前者包括浸礼会、基督会、神召会、O. M. F 以及天主教（RC）等，后者如景颇、载瓦、傈僳、浪峨、喇期、日旺等，一个教会组织又是一个完整的神学系统和教会系统，如景颇浸礼会、傈僳浸礼会、傈僳神召会、傈僳 O. M. F、日旺基督会、日旺浸礼会等，其系统包括该民族语文的神学经典、教会组织结构、神学院或圣经学校三大部分。不同的教会组织一方面因教派不同而信仰传统有异，另一方面宗教经典则是以民族语言及文字为基础的，即是说，同一个民族的不同教派组织使用基本一致的神学经典甚至神学系统。例如，傈僳族教会不论属于 O. M. F、基督会、浸礼会还是神召会，均使用相同的傈僳文圣经、赞美诗歌，以傈僳语（主要包括“花”傈僳方言和“黑”傈僳方言，文字相同）为教会通用语言，但在组织机构、宗教庆典方式、教堂建筑样式、对于饮酒等方面的规定有所不同。中国20世纪50年代开始为没有文字的少数民族创制文字（拼音方案），其目的主要在于体现民族平等和民族团结，改变民族地区落后面貌，发展民族教育等方面，而西方基督教传教士20世纪初以来在缅甸北部与中国滇西为一些少数民族创制了文字，则主要是出于传教目的和需要，即建立基于这些语言和文字的神学系统。由于基督教已成为地区主体信仰，缅北克钦民族各“支系”社会文化生活的诸多方面均以基督教信仰为基础被重新整合，基于其语言文字的神学系统已成为这些族群社会文化运行的核心结构，因而是一个族群拥有独立族群性的基础。在缅甸北部克钦各族中，本族语文的神学系统与其文字或书写系统一样是一个族群的必需品。从缅北克钦族系各“支系”的情况看，一个族群基于其语言文字的神学系统包括神学经典（圣经文本、赞美诗歌、学习材料等）、各级教会系统（组织机构及机制）、神学院或圣经培训中心。由于在缅北有非常成熟的神学系统，如景颇系统（以浸信会系统为基础）、傈僳系统（包括浸信会、内地会、神召会、基督教会等系统），一些新兴的系统，如日旺、载瓦、喇期、浪峨等，为“怒人”神学系统的建构提供了重要参照（参见图4－22）。

一 神学经典的翻译、使用及培训

在一个族群的神学系统中，圣经、赞美诗歌等经典的翻译是首要的而且是核心的部分，而神学系统的建构与文字的创制几乎同步。根据阿侬牧师 Johnathan Khopang 和怒苏牧师付三益，文字创制方案基本成型后首先编写一本供本族人学习用的初级识字本，内容包括拼音字母表、语音、语调、词汇对照表等。为便于使用，习字本一般配以插图，怒—傈、怒—英或阿侬—怒苏语对照说明。由于习字本主要是针对本族人学习之用，因此不需要标注国际音标，培训首先由创制小组成员对某一教堂负责人、传道员及部分平信徒进行培训，再延伸至其他本族人，培训

图 4-22　阿侬教堂（克钦邦葡萄县）

方式简单，首先教授字母表的读音，再通过词汇表的例词进行校验，举一反三，培训结束后各学员将在未来的圣经学习中逐渐熟练本族的拼音文字。在习字本的基础上，这些拼音文字的创制者，即牧师团队将首先翻译《圣经》福音书部分章节，如《约翰福音》、《马太福音》或《马可福音》单章小册子，在小范围内进行试用，同时不断进行文字方案和译文的修订，基本成熟后开始翻译《新约》全本及《赞美诗选》并在教会内部推广使用（参见图 4-23）。

目前阿依、怒苏人主要使用傈僳语神学系统，信徒主要使用傈僳语和傈僳文经典，阿侬或怒苏教牧人员也多毕业于傈僳基督教神学院/学校或缅甸国内或国外的其他圣经学院，他们翻译的母本主要采用傈僳文版《圣经》新旧约全书和《赞美诗歌选编》，同时以英文版多个版本为参考。几经修订之后正式出版供各个教堂会使用。整个修订过程可持续数年甚至数十年，傈僳文圣经文本的修订工作至今仍在进行。在经典翻译工作完成某个阶段，如完成《马可福音》后即可开展一些小范围的神学培训班，同时在以阿侬、怒苏为主要信徒的教堂（教会）中辅助

图 4-23 阿侬文圣经（新约）

性地使用阿侬、怒苏语进行布道讲解。阿侬语初步创制完成后，尤恩等首先编写完整的阿侬语字母表和初级识字手册供培训用，同时着手翻译有关《圣经》章节。1988 年，尤恩和他的叔父阿拉姆·孔旁（Aram Khopang）着手翻译阿侬语的《圣经·新约》。翻译工作花费了两年时间，内容包括圣经串珠、圣地地图及使徒保罗的传教路线图等。新约翻译完成并录入后又经数次校审，地图多次查验，最终得以完成。阿侬文《圣经·新约》的出版得到了迦太基、密苏里等地的教会资助。这是以阿侬语（文）印刷的第一本书。此后不久，由于信徒要求翻译阿侬语赞美诗歌集。尤恩和阿拉姆又开始了此项工作。几年以后，700 多首赞美诗歌被翻译成阿侬语，还有 554 首新诗歌被创作出来，2003 年印刷出版并在缅甸阿侬人中流传使用，少量在怒江木古甲一带的阿侬人中流传。2004 年，尤恩和他的叔父阿拉姆、堂弟乔纳生（Jonathan Khopang）、鲁本（Rueben）等又开始了旧约的翻译工作，目前已基本完成初稿，待筹集到经费后即可印刷出版。怒苏语版的翻译也将经历同样的过程。1995 年完成第一版怒苏语拼音的制定，1996 年由怒苏马扒约瑟和所提尼主要负责翻译圣经文本，付三益协助完成了路加福音的翻译。2006 年、2007 年所提尼和约瑟相继去世后，拼音方案的修订及《圣经》、《赞美诗歌》的翻译工作主要由付三益负责。付三益 2007 年 7 月 14 日全面接手上述工作，由于怒苏和阿侬已达成合作协议，阿侬对怒苏拼音的修订和神学经典的翻译给予了经济上和专业技术上的帮助。怒苏人很快确定了使用与阿侬相同的英文字母系统作为怒苏拼音的基本拼音表，由于怒苏语与阿侬语差距较大（前者属彝/缅语支，后者属景颇语支），怒苏语拼音系统在具体的词汇拼写上又不同于阿侬拼音。2007 年，基于 26 个英语字母的怒苏语拼音方案及初级习字本完成编写，从样本看大多借鉴了阿侬习字本的基本内容，包括字母表、拼写方法、语音、语调、例词表，有些内容甚至与阿侬习字本相同。至 2008 年 7 月，怒苏人已完成了《圣经·新约》的六个章节的翻译。付三益说，怒苏习字本中将增加编写关于圣经故事（如《创世记》)、民族思想道德等内容。根据付三益的说法，怒苏人现已经完成了习字本上下两册的编写，其中上册为拼音部分，下册为看图识字，另已翻译了 71 首赞美诗歌，以及《圣经·新约》九个章节。由于与傈僳、日旺等族杂居，阿侬、怒苏主要参加上述民族系列的基督教会。在本族神学及教会系统形成前，阿侬、怒苏主要参加傈僳等族的教会系统。在傈僳教会中，一般都只使用傈僳语和傈僳族文，只是在阿侬和怒苏信徒较多的情况下或小组学习中，阿侬或怒苏马扒使用阿侬或怒苏语进行讲解，这已经形成阿侬、怒苏教会的一个传统。在葡萄地区的孔旁村，居民均为阿侬，村教堂一方面按传统使用傈僳文经典并用傈僳语进行讲道，另一方面逐步开始对照使用阿侬文经书及阿侬语讲道。阿侬神学系统的软硬件已基本形成，具有一定基础，但完全从傈僳系教会和神学系统中脱离还需要相当长的时间。或者说，阿侬语神学系统将在傈僳系统内继续成长，待完全成熟并已拥有稳固的信教群体后方能离开傈僳族系统母体而独立。怒苏人于 2008 年 4 月 25 日在密支那需真村怒苏人在怒—傈僳基督教堂完成第一期怒苏文试培训，但由于圣经文本的翻译还没有完成，因而距离形成完整的怒苏系统还很遥远。由于怒苏还未建立完全属于自己的教堂，怒苏人新老两派争夺“怒—傈僳基督教教堂”教产的官司还在进行，因此怒苏人的路还很漫长。由于怒苏拼音形成的时间较晚，已基本完成翻译的新约福音书的章节的试用范围十分有限，目前主要在需真区八村、昔董坝等地的几十户怒苏人中试用。较大范围的试用或使用可能在中国怒语拼音方案最终形成并发布后展开（参见图 4 - 24）。

图 4 - 24　阿依文赞美诗歌本

二　教会（教堂）

缅甸的基督教会以教堂为基础形成，一个教堂就是一个基层教会组织。作为一个民间组织，一个新建的教堂或教会无须向某一政府机关申报，但新成立的教堂（会）大多会选择参加某一本土教派组织，如浸礼会、神召会、基督会、O. M. F 等，并与其地方机构进行接洽，提交入会申请书，获得批准后再报送更高或该教派的全缅中央机构。由于上述教派组织大多是全缅基督教联合会（MCC）成员，或作为具有合法资格的影响力较大的基督教教派组织，如缅甸浸礼会等，加入这些教派就意味着获得合法教会资格并接受其主管教会的监督和管理。由于阿依或怒苏在缅甸并不是法定民族，因此如果直接申请MCC会员资格，如以“缅甸阿依基督教会”或“缅甸怒苏基督教会”的名义申请会员资格一般不会被受理，但可首先申请加入缅甸基督会或O. M. F之下的缅甸傈僳基督教会，进而通过这些教派组织（母会）申请MCC集体会员资格。

（一）怒人教会

阿依教会的建立将首先来自于在傈僳族教会系统内部的发展，即在原傈僳教会系统内，在阿依人较为集中的教会通过阿依语及阿依文资料的使用，使阿依语文逐步替换傈僳语文资料，最终实现在阿依人中主要使用阿依语及阿依语神学经典举行基督教宗教活动的目标；在阿依人口相对较集中的村落中首先在傈僳教会系统下建立阿依教会，待时机成熟后建立独立的与傈僳教会平行的教会组织，取代或在一个村落中与傈僳教会共存；在阿依人占优势的数量不多的村落（如孔旁村等）中建立中心阿依教会。阿依人目前只有在孔旁村有一个真正意义上的阿依教堂（教会），阿依文及阿依文圣经还在推广中。怒苏教会的状况与阿依有许多相似之处，首先作为普通信徒或教牧人员参与傈僳基督教会，以傈僳语为村落社会活动及宗教活动的媒介，所使用的神学经典、宗教生活、习俗乃至日常生活均与傈僳无二，甚至也被称为傈僳族或“怒苏—傈僳”；其次，在怒苏人较为集中的傈僳教会中逐渐形成一些怒苏人团契（fellowship）小组，在小组学习或教堂布道中，为了使对傈僳语经文理解存在困难的信徒更好理解圣经，毕业于傈僳圣经学校或神学院的怒苏牧师或马扒（传道人）偶尔会对某些章节使用怒苏语进行讲解；最后，部分怒苏精英寻求在怒苏人口较为集中且条件较好的地区寻求建立以怒苏人信教群体为主的教堂，如在需真八村成立“怒苏基督教堂”。不论何种情况，均在傈僳教会系统内进行，将来是否能够成为独立的与傈僳等教会系统平行的教会，视未来的发展情况而定。目前，怒苏人在缅甸建立或正在建立的教堂主要有两处，一是位于密支那需真区卡仑诺的“怒—傈僳基督教堂”，二是位于距离中缅边境约 60 公里昔董坝的“怒苏基督教堂”（NU - SU KHEUX QHAK TSON GWI KHEUX YAO）。前者由于怒苏人的内部争端悬而未决，后者已获缅甸傈僳基督教会的批准，目前处于筹建阶段。

1950 年以前，怒江地区福贡上帕一带的阿依人主要属马道民主持的基督教神召会，但缅甸北部和后来迁居缅甸北部的阿侬加入了莫尔斯家族主持的缅甸基督会，因此葡萄及密支那一带的阿侬一般属于基督会（Church of Christ）系统，而怒苏人在中国怒江地区主要属于中国内地会（China Inland Mission，CIM），1950 年以后迁居缅甸北部的怒苏人大多延续了这一传统而加入中国于内地会（1964 年以后中国内地会更名为海外基督使团，the Overseas Missionary Fellowship 或 OMF International）。需真八村的怒苏人 1990 年离开谷莫教堂（当时已改宗浸礼会）后修建一座基督教堂（属 O. M. F），取名为“怒—傈僳基督教堂”（Nu - Lisu Christian Church）（仍属缅甸傈僳基督教会，但在字面上消除了怒苏人于傈僳族的“从属关系”），从而引发了怒苏人内部及“怒—傈僳基督教堂（会）”的分裂，教会争端至今尚未完结。同时在昔董坝，怒苏牧师付三益等 19 人于 2004 年 9 月 27 日联名向缅甸傈僳基督教会（LLY）[①] 申请成立缅甸怒族（怒苏）基督教会并于 2007 年 2 月 27 日获准成立。后在阿侬人的支持下，2010 年 9 月 27 日在昔董（向东距离密支那约 60 公里）西北部花费缅币 600 万元（时价约相当于 6000 美元，约合人民币 40000 元）购买了 52 亩土地，他计划在此建立一座怒族（怒苏）教堂和圣经学校（需要时再按上述途径进行申报），再以教堂为中心建一个以怒苏人为主的村落，为所有愿意加入的怒苏或其他民族提供居住地。至此，位于昔董坝的怒苏基督教堂已具备了基本教会机构：获准成立并建立教堂的文件、教牧人员（付三益夫妇等）、建盖教堂所需土地等。作为一个民间组织，怒苏基督教会（堂）已拥有一些社会职权，即可以颁发出生证、结婚证、受洗证，举行宗教活动。位于昔董坝的怒族基督教会目前尚未正式运行，其组织结构将按照缅甸傈僳

① 克钦邦基督教会属于海外基督使团（the Overseas Missionary Fellowship 或 OMF International），1964 年以前称中华内地会（China Inland Mission，CIM）。

基督教会（LLꓘ）的模式来建构：

教会组织从上到下设：会长（总监督人）、人事部（负责人）、头人、办公室（事务管理）、财务管理（含三个职务：出纳、会计、总监）。

教会组织开展的活动包括：

①青年活动；

②学习活动：（1）安息日教唱诗歌；（2）马扒、妈妈准备所需饮食；

③妇女组；

④卫生与健康：（1）传统医药；（2）传染病防治；（3）艾滋病防治；（4）传染病人护理；

⑤体育活动；

⑥发展事业部：（1）种植；（2）经营；（3）水池水沟修建与修复；

⑦解释经文及写作；

⑧服务：讲授圣经、临终关怀、互助、病人服侍、宣教；

⑨圣经学校；

⑩基础知识教育部：幼儿园、学生食宿。

至于怒苏基督教会在缅甸傈僳基督教会中的位置，根据缅甸傈僳基督教会的批复文件可以看出，缅甸怒苏基督教会已经缅甸傈僳基督教会（LLꓘ）批准成立，成为与克钦邦傈僳基督教会（ꓛLꓘ）、掸邦傈僳基督教会（BLꓘ）、抹谷傈僳基督教会（MLꓘ）、茂名傈僳基督教会（MM LꓘK）等在行政上同级的一个独立的教会组织，拥有很高的自主权，自己管理教会和选聘教牧人员，与上述各地方傈僳基督教会不存在依附关系。由于缅甸傈僳基督教会是缅甸基督教联合会（MCC）的成员，缅甸傈僳基督教会在批准接纳怒苏基督教会的同时向 MCC 提出吸收怒苏基督教会为成员的申请并获批准，因此怒苏基督教会也间接地成为缅甸基督教联合会的成员，具有合法资格。从行政管理的角度上来看，怒苏基督教会一方面仍然存在于傈僳系教会的组织结构中，但另一方面却有着较大的自由度，即创制文字，翻译本族语文的圣经等工作不受限制，甚至得到支持，因为为怒苏人创制书写文字是原内地会美籍牧师杨思慧的计划之一，当然在教堂显眼处悬挂“怒苏基督教堂”的铭牌是合法的。缅甸怒苏基督教会与缅甸傈僳基督教会的关系结构如下（参见图 4 - 25—图 4 - 33）：

图 4 - 25　木古甲洛得门基督教堂（中国）

图 4 - 26　木古甲阿依基督教堂

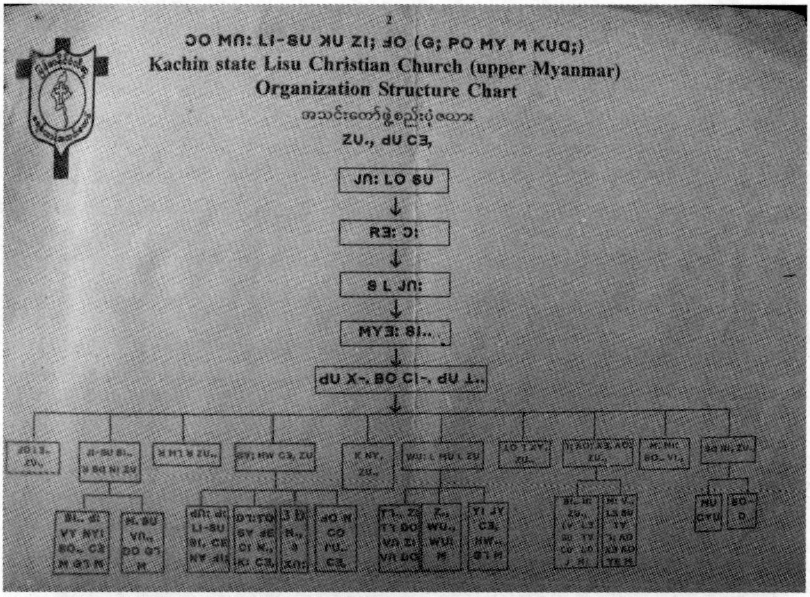

图 4－27　克钦邦傈僳基督教会组织结构图

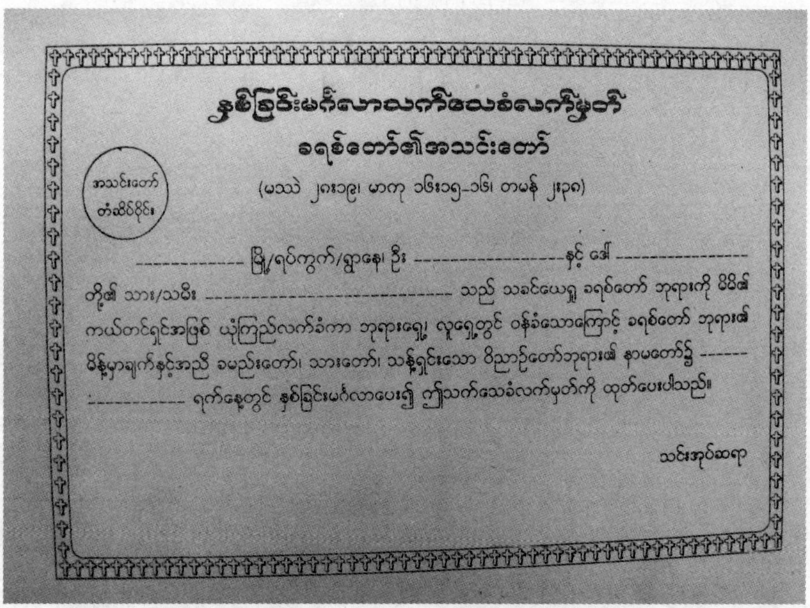

图 4－28　出生证（昔董怒苏基督教会）

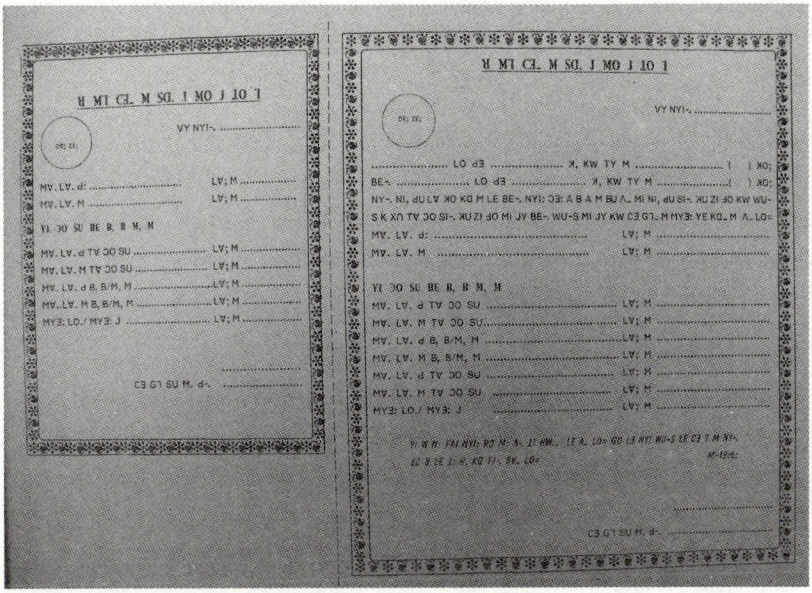

图 4-29　结婚证（傈僳文）

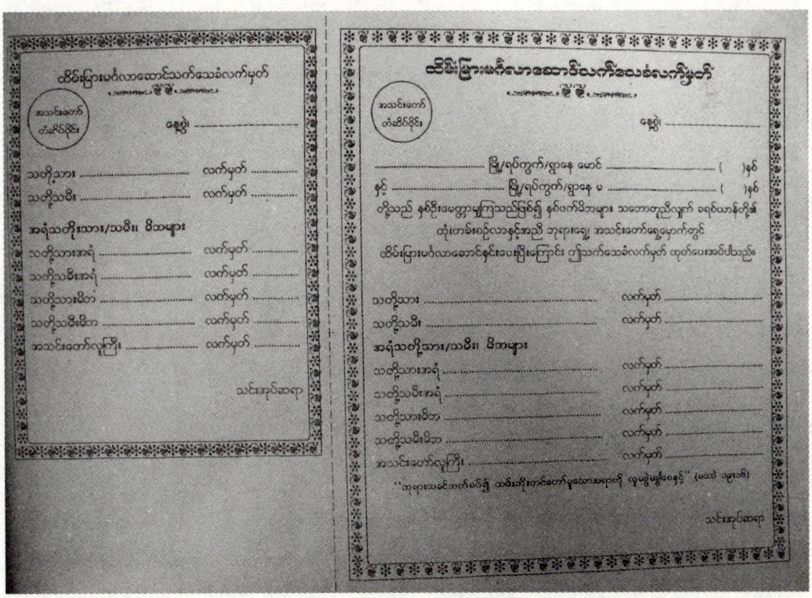

图 4-30　结婚证（缅文）

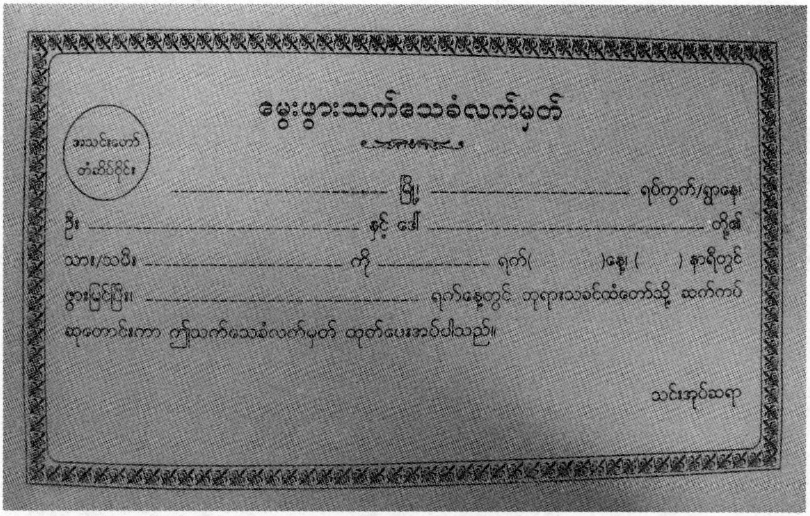

图 4-31　受洗证

（二）教会之争

据上述，密支那需真（Shwe Zet）区怒苏人聚居的村落（八村）周边有 4 座教堂，包括规模较大的傈僳浸礼会以马内利教堂（Li Su Baptist Immanuel Church）①，在北部江边平地上有建堂时间最早的中国内地会教会堂谷莫基督教堂（老教堂）（CE Kuo Moo Christian Church）②，建于 1994 年，主要服务怒苏人和部分傈僳人的“怒—傈僳基督教会（教堂）”，位于需真三村内神召会（AG）傈僳教堂“密支那需真区缅甸神召会福音堂”（Evangel Church，Assembly of God of Myanmar，Shwe Zet，Myitkyina）。其中，“怒—傈僳基督教堂”分裂自谷莫教堂。谷莫基督教堂最初于 1932 年由中国内地会传教士英国籍加拿大人杨志英（John Khun）创办于位于曲普韦区（Chipwe District）附近的一个傈僳族小村庄，1948 年搬迁到密支那一带，1950 年在需真区现址修建教堂。后随着教堂人数的增加，谷莫教堂也和其他教堂一起联合举行敬拜活

① 该教堂纪念碑碑文显示，浸礼会 1932 年即在此开始传教活动，1948 年称密支那需真区谷莫傈僳浸礼会教堂（Khu Moo Li Su Baptist Church，Shwe Zet，Myitkyina），1978 年命名为密支那谷莫傈僳浸礼会以马内利教堂（Li Su Baptist Immanuel Church，Khu Moo，Myitkyina）。

② 现教堂铭牌写作“CE Kuo Moo Hkristan Church”。

图 4－32　缅甸傈僳基督教会分会（图例）

图例：1. 妇女　　　　6. 宣教—教会—服务求助
　　　2. 青年　　　　7. 安息日学习
　　　3. 发展　　　　8. 幼儿园
　　　4. 圣经学校　　9. 代祷
　　　5. 儿童发展学校　10. 接触—联系沟通

动，后来获悉并加入了缅甸基督教会联合会（Burma/Myanmar Council of Churches，MCC）和缅甸浸礼会联合会（Burma Baptist Council）。由于一些教会领导人不同意加入浸礼会，教堂（会）逐渐出现了分化，甚至因此发生了罢会活动，教堂最终走向分裂。后来有的信徒选择离开

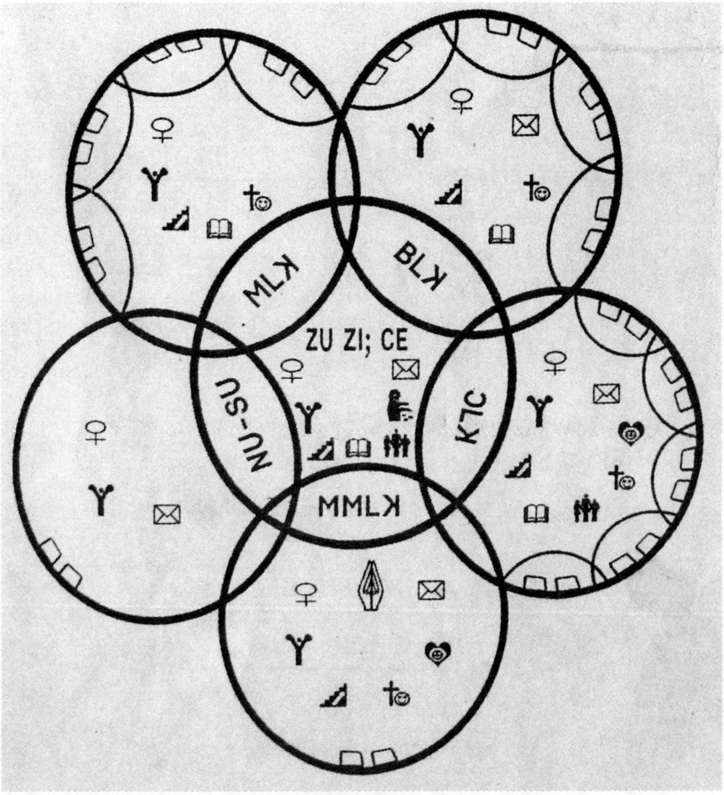

图 4－33 缅甸傈僳基督教会分会示意图

MLꓘ：抹谷傈僳基督教会

BLꓘ：掸邦傈僳基督教会

ƆLꓘ：克钦邦傈僳基督教会

MMLꓘ：茂名傈僳基督教会

Nu－Su：怒苏基督教会

注：以上教会均属缅甸傈僳基督教会（LLꓘ）

并加入了基督会，而门纳西村人、路德派马扒（传道员）哈里发等人1975 年离开谷莫教堂后在门纳西村修建了教堂（属路德派），1978 年竣工并成为独立堂点，与谷莫不存在任何的隶属关系。教堂最大的一次分裂发生在 1980 年。当时的三位领导人，有两位加入了神召会（Assembly of God，缩写为 AG），只有一位留下，因此教堂的领导团队已非原谷莫教堂（会）的班底了。分裂后的谷莫教堂，现在参加的信徒主要是勒墨人和部分傈僳。一些年长的领导希望保持谷莫的教堂名称，但遭到另一些领导人坚决反对，因此他们将谷莫教堂改名为 CE 谷莫，即“原谷莫教堂”之意。怒苏人大多是 1958 年以后陆续从中国的怒江流域迁徙而来，其中以 20 世纪 80 年代末 90 年代初最多，这些初来乍到的怒苏首先选择到距离较近的谷莫教堂做礼拜。由于一些年长的傈僳、怒苏人教会领导人来自怒江地区的路德派，如怒苏老牧师犹大（JUDE）和以西结（EZEKIEL）（1958 年从中国迁移到缅甸），而较年轻的怒苏人，如沙拉波、斯大宝等人数较多的部分传统上属于中国内地会，事实上这两个派别 1950 年以前在怒江地区的关系非常紧密，他们和勒墨人一起在 CE（原）谷莫教堂聚会感觉不舒服，因为勒墨人经常表现出一些偏好和歧视，犹大和以西结感觉情况尤其糟糕。根据怒苏牧师付三益的说法，许多怒苏人到来以后逐渐发现，CE 谷莫教堂（已属浸礼会）马扒的讲道和原来怒江傈僳、怒苏马扒们讲的有不相一致的地方，令他们这些深受阿益大（A – YI – T，A. B. Cooke，杨思慧，美籍中国内地会牧师）严格教导的信徒难以接受的是，谷莫教堂在限制信徒饮酒、抽烟等问题上并不严格。于是，1990 年，CE 谷莫教堂（会）被解散，犹大、以西结、沙拉波、斯大宝等 25 户怒苏人离开谷莫教堂，现谷莫教堂信众主要是勒墨人和部分傈僳。在新教堂建立前，从谷莫教堂分出的怒苏人暂时在需真七村的斯大宝家聚会和做礼拜。根据需真八村的沙拉波说，1991—1993 年，克钦邦傈僳基督教会（属 O. M. F）出资 3 万元缅币，怒苏人自筹 1 万元缅币，共 4 万元缅币购得草房一所，在此地基上修建教堂，即“克钦邦怒—傈僳耶稣基督教会教堂”（傈僳文：NO. LISU Ɔ O U：JI SU SꓤI ：ꓘ U ZꓲꓲO W ꓘ U VI）。1995 年，来自东枝（Taunggyi）的怒苏马扒余约翰（John Fish）向教堂捐献了用于替换茅草屋顶的铁皮；同年 10 月，怒苏人大卫出钱 10 万元缅币，用于修建教堂厨房。至此，以怒苏人为主要信教群体的基督教会（堂）已经成立，但同时也为怒苏人内部的争端埋下了伏笔（参见图 4 – 34、图 4 – 35）。

2009 年 12 月 23 日至 26 日，即当年圣诞节期间，怒—傈僳基督教

图 4－34　争议中的怒—傈僳基督堂

图 4－35　谷莫基督教堂（密支那需真区）

堂的铭牌被沙拉波、斯大宝为代表的“少壮派”怒苏人取下并更换为“怒苏基督教堂”，铭牌采用新近完成的怒苏拼音文字书写：MYANMAR NUSU KHEUXQHAKTSON（缅甸怒苏基督教堂），MIV XZIVZ NAG-WICKHEUXYAO！（神所设立的教堂，向神祷告的教堂）。从当时的录影来看，由于该教堂（会）得到了缅甸傈僳基督教会（Myanmar Lisu Christian Church，LLꓘ）的批准，教会的领导都出席了挂牌仪式，出席者有：缅甸基督教联合会的 Bya Mi、Aw da、Barage（音译）等，克钦邦傈僳基督教会的里西亚、雅各（音译），缅甸傈僳基督教会（LLꓘ）的亚蒙、沙拉提、和积若、阿瓦大利亚等（音译），另外怒苏“老资格派”的犹大、以西结等也出席了仪式。但到了 2010 年 1 月 5 日，以西结的儿子福宁（长子）、以撒克（次子），在需真区长官的陪同下将刚刚换上的“怒苏基督教堂”的铭牌摘下，换回原来的“怒—傈僳基督教堂”的铭牌。究其原因，怒苏“少壮派”领导人沙拉波等认为，这是一个民族问题：首先，犹大、以西结等在中国的时候就属路德派，他们不支持怒苏脱离傈僳成为一个独立的民族，他们从小接受的是傈僳神学教育，他们认为自己作为傈僳人没有什么不好；“老资格派”的背后支持者是路德派傈僳族[①]，如哈里发及其儿子斯约翰，他们并不希望怒苏人独立，因而支持犹大、以西结他们，不准搞怒苏基督教堂，只能搞傈僳教堂，这也与傈僳、怒苏历史上的关系有关；此外，现教堂附近还有 9 棵沉香树，价值很高，因此他们要继续控制教堂。考察发现，怒—傈僳基督教堂的创始人以西结、老牧师犹大等人不同意更改教堂名称，他们说，如果更改名称，同一个教堂（会）将出现两个教派并存的局面。因为“老资格派”原来在怒江属路德派，1990 年离开 CE 谷莫教堂后与那些来自怒江的“内地会”怒苏信徒一起活动。此教会在以沙拉波为首的年轻领导们却推动下于 1993 年加入了缅甸傈僳基督教会，进而成为缅甸傈僳基督教会（属 O. M. F）成员，该教会批准使用“怒—傈僳基督教会”的名称和铭牌。他们甚至想要成为缅甸基督教联会（MCC）的直接会员但没有成功，故退而求其次，加入

---

① 在密支那需真区一带，路得派傈僳教会主要有门纳西等三个村，他们是一个独立的基督教会组织。

了傈僳基督教会以间接成为 MCC 成员。此后十六年相安无事，但到 2009 年沙拉波等“少壮派”获得缅甸傈僳基督教会批准更名为“怒苏基督教会（教堂）”后开始出现教派的纷争，路德派与要求怒苏成为一个独立的民族的怒苏人之间爆发了冲突。由此看来，这首先是一个教派之争，其次是一个民族之争，争夺的焦点在于教产。2009 年 4 月，瑞士基督教牧师 Ulfich Matter 到访，在与各派教会进行交流的同时充当了调解人的角色。Ulfich Matter 说他将处于公正的立场，不偏向哪一方，鼓励他们双方团结，相互原谅。同时他强调了怒苏文是全体怒苏人的事而非哪一派的问题。在 Ulfich Matter 的调解下，双方同意协商解决此事，但当 Ulfich Matter 离开以后，争端又重新开始，时至今日，争夺教产仍然在进行，没有人预料未来的情况将会怎样。“老资格派”不想离开路德派，作为此教堂的创始人及领导人，他们也不可能放弃教产，他们宣称，如果有人想要加入缅甸傈僳基督教会乃至直接加入缅甸基督教联合会，就必须体面地离开现在的老教堂，在新的地方修建教堂。而“少壮派”领导人也不可能和路德派一起共享一个教堂，而此教堂是克钦傈僳基督教会和全体怒苏人捐建成的，理当属于全体怒苏人，而愿意随沙拉波、斯大宝等加入缅甸傈僳基督教会的人占大多数，因此教堂应归属“少壮派”。两派的冲突到 2010 年年初达到高峰。2010 年 2 月第一次安息日圣餐后，斯约翰、和西亚宣布说，“那些不想尊重哈里发牧师、老牧师犹大，要闹独立搞怒苏教堂的人请出去，自己搞去”。在其他怒苏人眼里，这句话就变成了“那些不想加入路德派的，要加入 O. M. F 的人请出去”。当时有 14 户共 100 余人离开了怒—傈僳教堂，其中包括教堂（会）除了主理牧师外的大部分神职人员：密鲁扒（长老）斯大宝、格约 2 人；密执扒（执事）李明生、沙拉波、拉格 3 人；瓦胡扒（礼拜长）怒苏阿五 1 人；妈妈（妇女主任）1 人。只有瓦胡扒以西结留下。与“老资格派”一同留下的怒苏人有十余户，还有 4—5 户尚在摇摆中。沙拉波等离开怒—傈僳基督教堂后，由于没有教堂，暂时在斯大宝家聚会，而留下的人则重新改选教堂神职人员。2010 年 1 月 19 日沙拉波妻子去世的时候的“老资格派”的人没有来参加葬礼，当然他们也没有受到邀请。后来斯大宝的父亲（福宁、以撒克的堂兄）去世的时候他们也没有来慰问。如此看来，两派的关系十分紧张。

随着争夺的升级，情况越来越糟糕，两派开始了旷日持久的官司。首先是“老资格派”向区政府机关告发沙拉波，说他从中国来，非法居留。官司在9个月完结，沙拉波胜诉。之后的2010年10月，沙拉波等起诉福宁、以撒克（以西结的儿子）侵占教产。在案件正式开庭审理前，原被告双方必须每月两次到地方法庭申诉。沙拉波说，他们拥有充足的证据和理由，不论是从证据的掌握还是从缅甸怒苏人未来的福祉来看都可以重新获得教产。但如果在争端中失利，怒苏人将考虑重新选地建一个教堂——卡伦诺（Karing Naw）怒苏中心基督教堂。由于怒苏人已获得了 O. M. F 克钦傈僳基督教会和缅甸傈僳基督教会的批准，建立教会已不存在问题，而且已经拥有整个教会的教牧班底，怒苏人已推选了两位年轻的牧师担任未来怒苏基督教堂的主理牧师。现在的主要问题是缺少教堂的固定资产。

与此同时，由于需真的情况比较复杂，怒苏人现计划同时在昔董坝建立一座怒苏基督教堂，由付三益负责，同时创办怒苏基督教圣经学校（全缅甸怒苏培训中心），以怒苏文为主，兼顾缅文、傈僳文、汉文、英文等。此外，还计划在索罗、Awpaka、lawulo、xixiluku、lacelo、ditozi（上述为缅甸克钦邦索罗县），密支那的 Omika、shwezet、八英里等村，甚至在抹谷等地建立怒苏基督教会（教堂）。怒苏精英认为，现在在缅甸的怒苏人应该不少，只是许多还被淹没在其他民族中，以后随着教会中心在需真（卡仑诺）的怒苏教堂，昔董坝的怒苏教堂和培训中心建成，还会有更多的怒苏人站出来承认自己是怒苏人，因此怒苏人口还会增加。付三益认为，昔董坝地处 密支那和中缅边境的中间，方便中国国内的怒苏与密支那一带怒苏的往来。

三 神学教育（培训、神学院）与人才培养

（一）缅北神学概况

缅甸的基督教神学教育与缅甸国家国民教育属于两个平行的系统和范畴，其中前者的适用范围主要是本国基督教教会，即通过神学教育系统的培养获得各级学位并可按需要和要求在各民族、各教派的教堂（教会）任职，如传道员、牧师等。由于缅甸国内基督教教派林立，其

适用范围在某些地区和教派教会内是有区别的，但改宗在缅甸整个基督教教会系统内也基本属于正常的行为。

缅甸的基督教神学文凭主要分为如下几个级别：

（1）CTH（Certificate of theology），神学培训证（受训 2 周至 3 个月）

（2）LTH（Licentiate of Theology），指神学传道员证，即无牧师资格而准许传道的证书（受训 1 年）

（3）ITH（Institute of theology），神学院结业证（3 年学业）

（4）BTH，神学学士学位（4 年学业）

（5）MD（Master of Divinity），神学专业硕士（传教硕士）（6 年学业）

（6）MTH（Master of Theology），神学硕士（8 年学业）

（7）DM（Doctor of Ministry），专业博士学位（传教博士）（16 年学业）

（8）Phd. 哲学博士学位（12 年学业）

在缅甸北部的克钦邦，一些历史悠久人口较多民族的教会均拥有完善的神学教育系统，一些创制文字较晚的民族也在兴建自己的神学教育，此外还有许多较小的各具特色的圣经学院/学校正在兴起。例如：（1）位于克钦邦密支那南弄（Nawng Nang）区的最为著名的克钦神学院（Kachin Theological College，KTC），1932 年始建于八莫，1966 年迁至现地址，目前最高可授予神学硕士学位（Master of Divinity，MD），属克钦浸礼公会（Kachin Baptist Convention，KBC）；（2）位于密支那需真区的浸礼会傈僳圣经学院，1969 年建立于需真区，现有学生 40 人，10 人 CTH 其他在读 LTH，固定老师 4 人（2 男 2 女），兼职教师 4 人（3 男 1 女，其中有 3 个还在仰光学习），学生均有其所在教会（教堂）支持，或家庭支持，每年交学费住宿费等缅币 270000/年，此外学校为附近的教堂服事，每个教堂均有捐赠。（3）Berea Bible School（属基督会）等，用英语、缅甸语授课，具有颁发神学学士学位（BTH）的资格，计划将来可招收来自泰国，甚至中国的学生，将是一所包括多语种的国际学校；（4）浪峨浸礼会圣经学院（Lhaovo Baptist Bible Seminary，LBBS），2011 年成立于需真区，是浪峨人唯一的一所圣经学校，其主要工作是翻译圣经文本，浪峨语言文字及圣经培训，自 1970 年开始成立翻译会以后，浪峨人以罗马字为基础创制了浪峨文字，翻译圣经及赞美诗歌，1989 年开始建立 2 所浪峨教堂（会），学校现有 8 名老师，32 名学生，学生来自全国各地，均为浪峨人，教师中有 4 人毕业于本校，学生课程包括浪峨文字和文化、语言课程如英语、缅甸语等，现任校长 Rev. Dr. Leim Khao。

（二）怒人神学机构与人才培养

随着阿侬文字的创制、培训与推广，阿侬人也开始建构自己的神学培训机构。到目前为止，阿侬的神学教育仍然集中在阿侬文的推广使用方面，由于用于培训的阿侬文载体主要是圣经内容，因此阿侬文的推广与圣经培训可视为同步进行。这类培训主要是定期或不定期的培训班，不属神学学历教育，参加培训并合格者都发给培训证书，但无学位等级之分。阿侬文化与文字委员会每年举办定期的培训，学员涉及各个年龄层次，培训结束后都发给参加培训的证书，但此证书仅仅作为一个接受过培训并考察合格的凭证，不是学历证明。换句话说，阿侬的培训机构还不具备颁发神学学历证书的资格。怒苏人在 2008 年年初拼音文字基本成型后举办过为期一周的培训班，每个学员在结业的时候都获得了培训证书。阿侬，或是怒苏，目前都还没有建立完善的神学教育系统，其本族神学人才培养仍然依赖于缅甸国内乃至境外的神学教育系统。阿侬、怒苏教牧人员大多毕业于地方傈僳神学院，或位于曼德勒、仰光等地的级别更高的神学院并受聘于各类教会或/神学院（圣经学校）担任专职牧师或教师。例如尤恩、乔那森（Jonathan）、Wanne Phone 等。尤恩·阿兹·孔旁首先在葡萄圣经学校学习两年，19 岁到泰国清迈学习圣经，1973 年完成学业并加入缅北基督教传教会，担任福音传道人，尤恩和妻子玛丽琳 1979 年秋在（密西西比州）奥扎克基督教神学院学习，一年后返回泰国工作，1984 年重返该学院完成学位；乔奈生牧师毕业于曼德勒大学历史专业，后学神学，在上述尤恩的资助下到美国学习神学，毕业后回到葡萄，后迁至密支那并在那里服事，现担任阿侬圣经学校的负责人；Wanne Phone 曾与堂弟乔那森一起受尤恩资助到美国学习神学，回国后在密支那一傈傈族教堂（RADA ［A］ Church of

Christ）服事。大部分怒苏人由于迁居缅甸的时间较晚，受教育程度较低，一些头人，如沙拉波、斯大宝、付三益等虽在新兴的怒苏基督教会（教堂）中担任要职，但所受神学教育及所获的神学文凭较低，昔董坝怒苏教会负责人付三益于 2005 年与妻子一起获得神学学士学位（BTH），目前正在准备神学硕士学位（MD）论文，其他几位在傈僳族教堂服事的马扒多毕业于曼德勒、密支那的傈僳圣经学校。因此培养本族神学人才成为了怒人两个部分的当务之急。自阿侬与怒苏合作以后，在尤恩·阿此以及约瑟牧师的支持下，目前已有六位怒苏青年在印度学习神学：①怒么四，沙拉波的女儿；②若推，斯大宝的女儿，密支那需真七村人；③拉达普，犹大的孙子，已经毕业，现在新加坡深造；④瑟克（男）；⑤拉帕勒（男）；⑥拉帕付等。上述怒么四 2007 年开始学习至 2011 年中结束，回国后主要参加怒苏文输入的工作，以后将主要从事怒苏文字及怒语神学方面的工作。

另根据怒苏牧师付三益，在阿侬牧师尤恩·阿兹的帮助下，他已在昔董坝西北部购得土地 52 亩，将用于建立一个小村落，以吸收昔董坝及其他地方的怒苏人，当然包含愿意加入的其他民族人组成，同时修建一座怒苏基督教堂并创办怒苏基督教圣经学校（全缅甸怒苏培训中心），培训内容首先以怒苏文字为主，再扩至缅文、傈僳文、汉文、英文等语言培训，条件适合的情况下开展全缅甸怒苏神学教育。由于昔董坝位于从密支那至中国腾冲后桥口岸的要道上，目前也是中缅怒苏人往返的重要途径，此培训中心有利于来自中国的怒苏教师往来以及缅甸怒苏学院的往返。此外，此怒苏圣经学校还将覆盖全缅甸，包括索罗县的奥帕卡、拉乌罗、西西六库、腊册罗、迪托兹，密支那奥米卡、需真、八公里，以及抹谷等地的怒苏人。但沙拉波认为，将来的怒苏教会及圣经学校要建在密支那的需真区，这里怒苏人口集中，靠近大城市，具有较好的基础，在昔董坝建立一个教堂，建学校的可能性不大（参见图 4－36、图 4－37）。

就神学系统本身而言，“怒人”不在于建立一个封闭式的仅仅容纳阿侬、怒苏以及可能的阿怒、若若人参加的组织，而是一个开放的具有较强包容力的系统，即在一个统一的“怒人”教会内使用怒语，辅以其他语言，如傈僳族语，最终形成一个多元性的系统。用怒苏精英怒阿

图 4 -36　Berea 傈僳圣经学校

图 4 -37　阿依文培训（克钦邦葡萄县）

波（沙拉波）的话说，讲不同语言的人都参加怒族的教会，不同的人同时使用怒语、傈僳语以及其他语言歌唱同一首赞美诗歌，以不同的方式，不同的语言赞美同一位上帝。尤恩·阿兹·孔旁是阿侬精英中最杰出的一位，他通晓包括阿侬语在内的九门语言，承袭了莫尔斯家族的基督会、缅北基督教传教会的传统，他的工作并不局限于阿侬的教会事业。与此同时，他在泰国清迈的机构还肩负在泰国北部拉祜人中传教，同时在傈僳等族中传教的使命。Jonathan 等阿侬精英毕业于曼德勒大学历史专业，后学神学，现担任葡萄地区阿侬圣经学校的负责人。在从事阿侬圣经学校培训工作的同时，他还在几个傈僳圣经学校任教，这些学校并不限于使用某一种语言，同时使用傈僳语、阿侬语、英语等进行培训。

第五章

文化传统的重塑

如上所述，缅北怒人（阿依、怒苏）在族群迁徙及近代的社会文化变迁中逐渐形成了族群身份的认同，同时保有其独立的族称（或民族名）和语言，但在缅甸国家民族认定中没有获得或“失去了”作为全缅百余个民族之一的身份，与此同时，由于长期的杂居状态使得其独特的语言（或方言）正在快速消失，而作为一个族群的传统文化特征也几乎散失殆尽，这使得怒人精英们十分痛心，同时对自身族群的前途感到十分担忧。因此阿依、怒苏精英们开始了族群重构的努力，首先通过为其独特的语言创制书写文字并构建基督教神学系统以具备作为一个克钦“支系”民族的基本要求，同时也为了本民族在信仰上的福祉，以此为基础将来适时地向当局申诉成并期获得缅甸法定民族资格。同时，怒人将重塑其已经失去的作为一个族群独有的文化传统，一方面在于支持其成为一个单独的民族的申诉和存在，另一方面出于保存族群特征本身的需要。这些需要重塑的传统文化特征目前主要包括：族群标识或符号（Logo）、民族来源传说、服饰、歌舞、社会组织及结构（参见图 5－1）。

第一节　为何要重塑?

一　怒人文化传统的失落

在中国怒江的福贡县木古甲、古泉等阿依人聚居的村落，除居于

图 5－1　缅北“怒人”的标识（初稿）

高山地带的少数人口（共约 400 人）能够使用阿侬语之外，几乎看不到与该地区人口最多的民族傈僳族的差别，而在鹿马登、利沙底等怒族人口较多的乡镇，几乎没有一个人会讲怒话（阿侬语）。这些自称阿侬或民族身份为怒族的人群，日常语言以傈僳语为主，“民族服饰”的穿着与怒江傈僳族相同，居住房屋样式、生活习俗、社会生活及婚姻模式也与傈僳族无异，参加由“两会”领导下的基督教会（教堂），所属基督教会（教堂）均使用傈僳语及傈僳族文神学经典，遵循原内地会及神召会的一些礼仪传统（如禁食烟酒、动物血，不参加传统歌舞活动等）……总之，除了完全具有怒族的民族身份外，原属于其自身的文化传统特征已多不存在了。这也就是让来访的境外阿侬同胞尤恩·阿兹失声痛哭的表层诱因。而在缅甸北部的葡萄一带，这些祖籍木古甲、古泉等村的阿侬人，由于与人口较多的族群日旺各部（日旺、达鲁等）、傈僳杂居，许多人已经对其“阿侬”或“侬”的自称十分模糊了，加之与傈僳或日旺的频繁通婚，族群认同多存在傈僳或日旺倾向，除了在一些阿侬人较为集中的聚落还在内部交往中使用阿侬语，知晓自己的先祖之地及自己的族名或家族（氏族）名称外，也不再保有其他可以区别于傈僳族和日旺的特征了。而且与中国怒族不同，缅甸阿侬完全不拥有作为一个国家法定民族的身份和地位，这是阿侬精英们无法愈合之痛。对于此种状况，阿侬精英们充满了忧虑，他们当心，作为一个人群归属的实体，阿侬将最终消失（族群身份、语言、文化传统），乃至成为其他的民族，而这一进程从某种意义来说已经开始，因为他们已经散失了几乎所有的文化传统，语言正面临严重的威胁。阿侬牧师 Wann Phone 说，“我们阿侬，没有文化，没有文字，没有自己的服饰，没有自己的歌舞和礼仪，总之没有区别于其他民族的东西，也没有身份，我们是一个失落的民族（the lost people）……为了避免民族的消失，维持一个民族的特征，我们需要做一些事情。书写文字已经取得了一些成果，文化方面已经开展了一些考察，争取重造和重新恢复我们的传统文化，有族源传说、服饰、歌舞、礼仪等”。

是什么使得阿侬的文化传统乃至语言如此快速的散失呢？这可追溯到清代的木古甲、古泉（Khopang）。如前所述，在傈僳族大批进入怒江后，在福贡一带的人口天平逐渐向傈僳族倾斜，在近 300 年的时间里，阿侬几乎完全失去了其文化传统和语言。在缅甸北部的葡萄一带，阿侬人的境况也与其在怒江故土的同胞极其相似。翻越高黎贡山进入缅甸以后，阿侬大多选择与傈僳、日旺各氏族杂居，与怒江的阿侬一样，缅北阿侬人参加傈僳基督教会（部分参加日旺基督教会），在以基督教为中心的社会文化整合进程中，以傈僳或日旺语文为主要载体的宗教经典和宗教实践活动，以及具有傈僳或日旺特点的基督教社会文化习俗逐渐替代了阿侬原有的内容，因而加速了其文化传统的消失，在那些还能够清晰地认同于阿侬的人群中保留了阿侬语和他们的家族/氏族迁移传说。由于近代 Nung 一直是缅甸北部包括阿侬、日旺、达鲁等人群的统称，阿侬人并未意识到这一问题，直到 20 世纪 60 年代日旺成为缅甸的法定民族，而 Nung 散失了原有含义，自称 Nung（侬）的人群散失了其原有族群身份。

怒苏人的情况有所不同。在怒江四河一带，怒苏是怒族人口最多的部分，怒苏语在几乎所有怒苏村落中仍然充当了主要的社交语言，文化传统得到一定程度的保存。虽然约占怒苏总人口80%的基督教徒参加具有傈僳特点的基督教会（教堂），在基督教信仰活动中也多使用傈僳语和傈僳文经典，遵从傈僳基督教习俗传统，但以村落为单位聚居的怒苏人在村落内部交流使用怒苏语，怒苏文化传统也得到一定程度的保留，尤其在民间传说、歌舞文艺、社会制度等方面较为完整。在架究等距离江边公路较远、基督教信徒比例较低的高山村落，怒苏文化传统（如“如密期”节等）保存更为完好。在缅北密支那一带，怒苏人迁移至缅甸的历史较短，主要是1958年以后迁入，到20世纪90年代迎来高峰。因而对于怒江尚存的本族文化传统的记忆更为完整一些。第一代移民都能够使用怒苏语，第二代及第三代移民都不同程度地使用怒苏语。但同样由于人口较少，没有形成单独的聚落而与傈僳、傈僳化的勒墨人杂居，在生活上几乎都遵从傈僳基督教习俗，而对于其原有文化传统的保持正在减退。年轻的怒苏精英们一直自豪地认为，怒族是怒江的古老民族，怒江也以之得名，虽然傈僳族人口最多，但从未有人将怒江称作“傈僳江”的，怒族是一个单独的民族（在中国），怒苏是怒族人口最多的部分，因而缅甸也应该有一个怒族，缅甸的“怒族”不仅有自己的语言文字，自己的神学，还要保留和发扬自己的文化传统。在密支那需真区一带，勒墨人的处境给他们触动很大。根据勒墨人自己的手书记载，他们的祖先800年前从今怒江泸水县洛本卓金满（村）一带迁居缅甸，现已为傈僳族完全同化了：完全失去了勒墨语以及所有的文化传统，他们的精英们还在苦苦地为创制勒墨文、恢复勒墨语和文化传统而挣扎……

二 克钦式的文化整合

“克钦”多数情况下指一个族群统称，在缅语中泛指缅甸东北部边境的野蛮人，包括使用景颇语、高日语、木如（也写作“玛如”）

语、阿几（Atsi）、勒期语（Lashi）和傈僳语等的人群。[①] 当前，“克钦”有时仅指景颇人，但“克钦民族”多泛指景颇、载瓦、喇期、浪峨、傈僳、日旺六个“支系”族群。在基督教为克钦民族的主体宗教信仰的背景下，其民族或社会组织又按照民族教会组织进行划分，即以族别为主，教派为辅形成构成各类教会团体，如景颇系教会（主要是浸礼会）、傈僳系教会（含浸礼会、基督会、神召会、O. M. F 等）、载瓦教会（以浸礼会为主）、喇期教会（以浸礼会为主）、浪峨教会（以浸礼会为主）、日旺教会（以浸礼会、基督会为主）等，以各族语言文字及这些语言文字书写的神学经典为标识。从文化整合的角度来看，则形成以克钦民族的“老大”（人口数最大、在克钦地区的历史最悠久），景颇文化为中心的各“支系”民族统一体。首先，景颇在基督教（新教、天主教）信仰的基础上对传统文化进行了重新整合，即在以上帝、耶稣、圣灵三位一体的唯一神信仰的前提下剔除了原文化体系中的“迷信”色彩的内容并使之与基督教有机结合在一起；其次，克钦民族六个“支系”及其文化以景颇基督教文化为基础整合为一个系统，各支系的文化表达（如歌舞、服饰等）均有向这一共同的中心靠拢的倾向。在 2009 年 1 月第九届木脑节（Manau）上，密支那木脑广场设有六根象征克钦六个“支系”民族团结的六棵木脑柱（原木脑柱为四根），背景图案不变，前景图案已以日、月、星、锣、鼓、鸟替代了原木脑柱（原木脑柱模型见于克钦邦博物馆）的龙、蛇、象、鳄鱼等动物形象，整个庆典活动的信仰根基是基督教的，因而具有浓厚的基督教色彩：分别由克钦浸礼总会负责人和木脑教堂负责人主持的祷告包括庆典开始前的祷告——凡事开头须祷告、欢迎仪式的祷告、开幕祷告、给代表赠送饮食后的祝福祷告；迎宾曲与原景颇欢迎曲一致，但歌词使用赞美诗歌填词；欢迎词——国家的领导、省的领导，欢迎你们，感谢你们的到来，感谢上帝让我们在这样的时刻欢迎你们；将庆典活动的成功归于上帝的荣耀——这样的成功，都是各位的代祷、交托的蒙福；木脑活动的领头人仍然穿着传统服饰，但都是基督教会的领袖；歌

① 埃德蒙·R. 利奇著，杨春宇、周韵红译：《缅甸高地诸政治体系——对克钦社会结构的一项研究》，商务印书馆 2010 年 6 月版，第 50、51 页。

舞活动由景颇歌星和民间乐队演唱/演奏，形式与传统木脑相同，但内容及意义则是基督教的……在整个盛大的木脑活动中，包括景颇在内的六个克钦“支系”、其他民族（如掸族、缅族等）以及地方武装军人各150人的方队一同进场共舞。从六个克钦“支系”最新发布的各族代表服饰设计式样来看，除傈僳（分花傈僳、黑傈僳两种）服饰风格较独立外，其余均与景颇近似。其整合模式用一句景颇歌曲来概括，就是：我们共同的祖先来自喜马拉雅山脚下……。在克钦民族、基督教以及文化的整合模式背景下，怒人在对自己的文化进行重新塑造中将会采取怎样的模式呢？有一点是肯定的，即以基督教信仰为根基进行重塑。至于是否会参照或倾向于景颇的样式，由于历史渊源的关系及原因，怒苏人将延续使用中国怒江怒苏人的男女服饰——一种总体上近似于怒江傈僳族但有细微差别的服饰，而阿依人由于其怒江阿依同胞目前已无独立于傈僳族的传统服饰，可能重新设计自己的传统服饰，一种既不同于傈僳族服饰又不反映与景颇族渊源关系的民族服饰（参见图5-2、图5-3）。

图5-2　克钦“木脑”（密支那）

图5－3　传统景颇“木脑”柱（密支那克钦邦博物馆）

三　重塑的方式

怒人文化传统的重塑将是一项艰巨而漫长的工作。根据阿侬牧师Wann Phone，阿侬将重新创造自己的服饰、歌舞、礼仪；而怒苏人则将返回家乡匹河各村，将有关内容整理带回缅甸，再结合缅甸的实情进行复制和使用；而牧师付三益则要重塑怒苏的“创世史”和编写怒苏人道德的小册子；尤恩·阿兹则已为缅甸怒人（包括阿侬和怒苏）设计了民族标识的初稿图案，等待各部的反馈意见修改后开始使用，他已为阿侬编写并录制了一些阿侬语VCD，在泰国、缅甸和中国阿侬人中流传（参见图5－4）。

对于阿侬人来说，许多工作要从头开始。由于许多文化传统内容在其怒江祖地早已经荡然无存，因此传统文化重新创造首先需要做许多的文献收集和整理工作，同时需要有一批人到中国怒江的阿侬民间收集民间传说，翻译中国关于阿侬的研究成果，内容将涉及民间传说、历史事

图5-4 “木脑”节（密支那）

实、文化传统（生计、社会制度、民间宗教信仰等、歌舞、饮食、服饰、建筑等等）。由于许多内容（如服饰、传说等）在现有文献中难觅踪迹，可能还需要到其“近亲”贡山阿怒人甚至独龙族中区找寻。当然，出于刻意区别于日旺或独龙文化特征的考虑，阿依精英们也可能摒弃与之太过密切的内容而在基督教信仰的基础上进行新的开发。在拥有素材的同时进行加工整理，形成某一文化事项的初稿，在怒人两个群体中征集意见，并进行修订，最终定稿。在克钦邦及克钦系民族建构的背景下，怒人的文化传统重塑还将参照景颇及其他各“支系”的文化特点，其目的在于（1）使其基本符合克钦民族文化建构的基本模式及特点，以为将来成为又一克钦“支系”民族做准备；（2）避免文化雷同——要区别于日旺、傈僳两个与之关系既密切而又微妙的民族群体。

第二节　文化传统的重塑

一　族源传说

在阿怒、阿侬和独龙族共有的“创世记”中说，“洪荒”之后，“兄妹婚配”生下九男九女，他们又互为夫妻，分别到全地九条大江去生活，他们后来成为了天下九条大江的主人，即天下的九个民族，如汉族、藏族、傈僳族、白族、纳西族、僜人、怒族、独龙族等的祖先。[①]这一传说在贡山阿怒人中已有些模糊，在居住于贡山独龙江的独龙族中最为清晰，而不论是在缅甸北部的阿侬人还是在其祖先之地怒江木古甲、古泉的同胞中已无人传讲。（原）碧江县匹河乡（今属福贡县）普乐、果科怒苏人的“创世记”中说，洪荒之后，幸存的阿铁夫妇漂流到了澜沧江边，后生下四男四女，他们互为夫妻，天上一对、地下一对、俅江（独龙河）一对、内地一对，从此人口便日益繁衍开来……有“麂子”、“黄蜂”两个氏族居住在怒江，后来“麂子”氏族迁往俅江（独龙江），“黄蜂”氏族流在怒江。[②]而在景颇的族源传说中说，景颇的发源地是青藏高原的“木拽省牙崩”（Majoi shingra bum），与部分日旺的说法一致。而在近期克钦邦木脑节的宣传资料上说，克钦民族（含六“支系”）共同来源于喜马拉雅山脚下。缅甸怒苏人则认为，天下所有民族的祖先，包括阿侬与怒苏均来自蒙古高原，他们一起向南方迁徙，在此过程中不断有人停留下来并形成不同的民族，例如澜沧江兰坪一带的若若。怒苏人认为，阿侬和怒苏原是一个民族，他们到达怒江的时候还在一起，后来阿侬去了缅甸，学会了“俅”语，与“俅”人有些相同却又与怒苏有了一些区别。笔者推断，这一说法可能是近期出

---

① 参见洪俊《独龙族传说与族源》，载于《民族学》1992 年第 2 期；《独龙族简史》编写组：《独龙族简史》，云南人民出版社 1986 年版，第 7 页。

② 见《怒族简史》编写组、《怒族简史》修订本编写组《怒族简史》（修订本），民族出版社 2008 年 4 月版，第 10 页。

现的，也可能是20世纪50年代以后在中国民族识别中受怒族建构模式和“同源异流”或“异源同流”思想的影响而形成的。

在上述背景下，缅甸怒人的族源传说将以一种什么样的方式建构呢？根据现有资料和缅甸阿依、怒苏精英们的说法，可能基于基督教《圣经·创世记》进行建构，阿依和怒苏在“创世”的初期内容相同，但在最后的部分开始分化。根据怒苏牧师付三益目前已经梳理的内容，人类的起源，第一世纪为亚当、夏娃，第二世纪为亚伯，第三世纪为诺亚，第四世纪为亚伯拉罕，第五世纪为摩西，第六世纪为耶稣基督。传说中提及巴别塔：那时，天下人的口音言语都是一样……（人们要）建造一座城和一座塔，塔顶通天……于是，耶和华使他们从那里分散在全地上，他们就停工不造那城了。因为耶和华在那里变乱天下人的言语，使众人分散在全地上，所以那城名叫巴别……。[①] 此后，天下形成了各种民族，如老缅（缅族）、掸人、汉族、老美（美国人）、普米、纳西、傈僳等的祖先。这些人从蒙古高原开始向各地迁徙，其中一支在往南迁徙的过程中一路不断有人留下，成为当地民族，在丽江有纳西，兰坪有若若，最后有一部分抵达怒江，他们在（原）碧江四河的普乐、果科、知子罗（汝为）、拖克、日勒、觉车（土锅的地方）、瓦娃（以上地名均为怒苏现在的聚居村落）都有分布，他们最先到达怒江也因此得名……还有一些人继续向西，成了“俅”（独龙或日旺）。据说，缅甸的一些日旺人的迁徙路线中还包含许多在（原）碧江的地名。对于人类（怒人）起源的传说，阿依也完全认同于“创世记”和“源于蒙古利亚”及迁徙的说法：阿依曾居于蒙古利亚，后迁徙至西藏，再至云南、缅甸北部和泰国。他们迁徙到了已经有日旺人、傈僳人、藏族人居住的村落居住。

二　服饰与标识

传统服饰作为一个族群文化的大众表现形式或符号，在木古甲、古泉以及缅甸北部的阿依人中已不复存在。至于散失的原因，缅甸阿怒人

---

① 参《圣经·创世记》新译本第11章。

认为，怒江傈僳族现在所使用的服饰就是他们是原来拥有传统服饰。傈僳族几百年前从维西一带迁入怒江流域时的服饰不是这样的，他们后来按照阿侬服饰的样式缝制服装，由于傈僳族人口（迁入和增殖）不断增多，原来阿侬的服饰也就逐渐演变成为傈僳族的“传统”服饰，而人口较少的阿侬也就失去了对这一服饰的专有，因而成为了“穿着傈僳族服饰的怒族”或“没有服饰的怒族”。“我们的（传统）服饰就是傈僳族现在穿着的，男女都是，就是说傈僳族穿了我们的衣服。以前傈僳族从丽江一带来到怒江的时候没有衣服，他们穿树皮衣的，学了我们的样子穿衣服，后来他们人多了，就成了他们的了，抢不回来了”，木古甲村民阿娜支说，“解放后，大跃进以前，怒江州派代表到北京参加民族会议（会议名称未知），当时的怒江州州长霜耐东（傈僳族）说，怒族也应该去一个代表，穿着民族服装去。但我们的人（阿侬）胆子小，不敢去，于是有人骗我们说，去了就回不来，我们的人一个也不敢去。后来上帕的和四益代表我们去了。在北京，人家问他是不是怒族，他说是的，人家叫他把怒族穿的衣服拿来看看，他说没有，我们怒族（阿侬）的衣服于是就丢了。”现在为了区别于傈僳族，缅甸阿侬需要重新设计自己的服饰。客居泰国的尤恩·阿兹首先设计了一款阿侬男式衬衣，为横条纹布料缝制的长袖衬衣，前胸绣有阿侬的民族标识（LOGO）：两山（碧落雪山、高黎贡山）三江（伊洛瓦底江、怒江、澜沧江）及砍刀、弩弓等图案，在缅甸何怒江阿侬人中有部分人士穿着。女装还未完成设计。怒苏人的服饰在怒江也与傈僳族非常接近，区别仅仅在于傈僳族女装从右肩向左襟挂有一串白色贝壳的带子，而怒苏女装则无此带子，只在胸前佩戴一枚较大的白色贝壳。由于国内怒苏男女服饰已基本定格，大幅改动的可能性不大。在密支那的怒苏人也多使用与傈僳相同的民族礼服，而较晚迁居缅甸的怒苏人穿着与怒江匹河一带怒苏人相同的“怒族服饰”。但阿侬人可能会设计一套较新的女式服装，男式服装主要以单件式衬衫为主。根据目前的设计，阿侬服饰上均绣上怒人的标识。

中国的许多民族，包括现居于中国怒江的怒族均无特别的民族标识，但在缅甸北部，许多族群为了凸显自己民族的特征，几乎都设计了唯一的标识。阿侬人尤恩·阿兹已为缅甸怒人设计了怒人标识初稿，已用于其同期设计的阿侬男装，前目前正在征集意见中（参见图 5－5—

图 5 - 8）。

三 歌舞

怒江地区怒苏歌舞内容十分丰富，乐器有达比亚等，而在缅甸北部则主要由于宗教信仰等原因，这些文艺内容很少得到表现，因此在文化传统重塑中将可能从怒江地区进行选择性的再引进。而阿依由于已经完全散失，则需要完全重新创造。目前缅甸阿依、怒苏所使用的歌舞内容几乎都是傈僳特点的教堂歌舞乐曲，一为宗教活动中的赞美诗歌和敬拜舞蹈，二为傈僳流行歌舞。阿依的重新创造则将主要基于这些内容进行：①使用阿依语或阿依文的赞美诗歌固定曲目；②新编阿依语赞美诗歌及基于教堂敬拜的舞蹈；③一批具有文艺天赋的阿依青年创造和展示的阿依语流行歌曲和舞蹈（参见图 5 - 9—图 5 - 11）。

图 5 - 5 阿依 T 恤衫的怒江图案及阿依文

图 5－6　怒苏女装

图 5－7　新款阿侬男装

图 5－8　阿侬服饰上的标识

图 5－9　阿侬语歌曲卡拉 OK（封面）

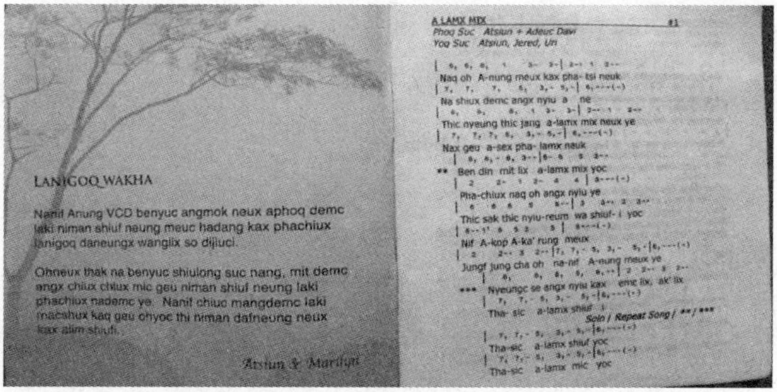

图 5 - 10　阿依歌曲（正文）

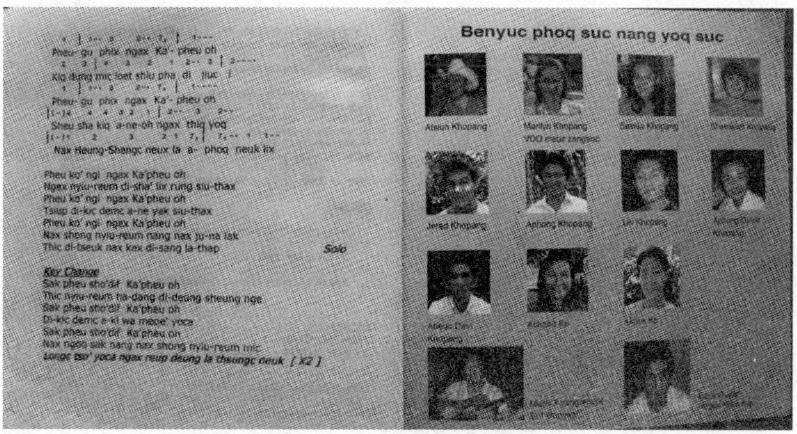

图 5 - 11　阿依歌曲（封底）

参考文献

1. 傅爱兰：《怒语（怒苏）系属研究》，载于《语言研究》1989 年第 1 期。

2. 贺圣达、李晨阳：《缅甸民族的种类和各民族现有人口》，载于《广西民族大学学报（哲学社会科学版）》。

3. 施帝恩·格罗斯著，周云水译：《族名政治：云南西北部独龙族的识别》，载于《世界民族》2010 年第 4 期。

4. 杨将领、李金明：《中缅跨界独龙族：自称与他称释义》，载于《世界民族》2010 年第 4 期。

5. 解鲁云：《近年来国内怒族研究综述》，载于《云南民族学院学报》（哲学社会科学版）1999 年（7 月）第 4 期。

6. 洪俊：《独龙族族源与传说》，《民族学》1992 年第 2 期。

7. 弗里德里克·巴斯著，高崇译：《族群与边界》（序言），载于《广西民族学院学报（哲学社会科学版）》，1999 年 1 月。

8. 何林：《多元统一的民族观与民族关系——一个丙中洛阿怒人的实例》，载于《西南边疆少数民族研究》第 5 辑，云南大学出版社 2007 年 8 月版。

9. 陈真波：《基督教在缅甸的传播及其对缅甸民族关系的影响》，载于《世界民族》2009 年第 3 期。

10. 张兴洪、张慧星：《云南怒江傈僳族基督教信仰调查》，载于《西南民族学院学报》（哲学社会科学版）1989 年第 3 期。

11. 罗常培、傅懋勣：《中国少数民族语言文学》，载于《中国语文》1959 年第 3 期。

12. 李方桂:《中国的语言和方言》，载于《民族译丛》1980 年第 1 期。

13. 孙宏开:《怒族柔若语概况》，载于《民族语文》1985 年第 4 期。

14. 段伶、李绍恩:《怒族柔若语概况》，载于《民族语文工作通讯》，怒江州语委编，1985 年第 1 期。

15. 高志英:《唐至清代傈僳族、怒族流变历史研究》，载于《学术探索》2004 年第 8 期。

16. 陈荣祥、李根祥:《怒族没有文字的传说》，载于《华夏地理》1987 年第 5 期。

17. 何林:《国家介入与村落视野中的国家——清末至 1949 年前夕的丙中洛》，载于《西南边疆民族研究》第 7 辑，云南大学出版社 2010 年 6 月版。

18. 孙宏开:《汉语拼音方案与少数民族文字的创制与改革》，载于《语言文字应用》2008 年第 3 期。

19. 孙宏开:《关于怒族语言拼音方案问题——在 2008 年怒族学专业委员会年会上的讲话》，载于《怒族研究》2009 年（总第 5 期），云南民族学会怒族学专业委员会，2010 年 1 月，云南六库。

20. 邓章应:《传教士所创民族文字概说》，载于《内江师范学院学报》2007 年第 3 期。

21. 秦钦峙、赵维扬:《中南半岛民族》，云南人民出版社 1989 年版。

22. 《怒族简史》编写组、《怒族简史》修订本编写组:《怒族简史》（修订本），民族出版社 2008 年 4 月版。

23. 《怒族简史》编写组:《怒族简史》，云南人民出版社 1987 年 2 月版。

24. 尤中著:《云南民族史》（修订本）上下册，云南大学西南边疆民族历史研究所编印，1985 年 10 月。

25. 刘达成主编:《怒族文化大观》，云南民族出版社 1999 年 9 月版。

26. 《民族问题五种丛书》云南省编辑委员会编：《怒族社会历史调查》，云南人民出版社 1981 年 10 月版。

27. 政协怒江州委员会文史资料委员会编：《怒江文史资料选辑》第一至二十辑摘编（上卷），德宏民族出版社 1994 年 8 月版。

28. 德宏州民族语文指导工作委员会编：《景颇族阿昌族社会历史调查文集》，2007 年 6 月。

29. 《独龙族简史》编写组：《独龙族简史》，云南人民出版社 1986 年版。

30. 何林著：《阿怒人　同一屋檐下的不同宗教信仰》，云南大学出版社 2008 年 9 月版。

31. ［美］本尼迪克特·安德森著，吴叡人译：《想象的共同体：民族主义的起源与散布》，上海人民出版社 2003 年 1 月版。

32. ［美］埃德蒙·R. 利奇著，杨春宇、周韵红译：《缅甸高地诸政治体系——对克钦社会结构的一项研究》，商务印书馆 2010 年 6 月版。

33. T. H. 埃里克森著，王亚文译：《族群性与民族主义：人类学透视》，敦煌文艺出版社 2002 年 12 月版。

34. 云南民族识别综合调查组：《云南民族识别综合调查报告》（1960 年），云南民族学院民族研究所印，1979 年 10 月。

35. 《傈僳族简史》编写组：《傈僳族简史》，云南人民出版社 1983 年 10 月版。

36. 肖耀辉、刘鼎寅著：《云南基督教史》，云南大学出版社 2007 年 11 月版。

37. 《云南少数民族社会历史调查资料汇编》（一），云南人民出版社 1986 年版。

38. 国家民委民族问题五种丛书编辑委员会云南省编辑组：《云南少数民族社会历史调查资料汇编》（第三辑），云南人民出版社 1987 年版。

39. Rawang Literature and Cultural Central Committee: The Definition of Word Rawang, Putao, Kachin State, Myanmar, December 7, 2002.

40. Ka Ru La Ring: A Short History of the Mission to the Rawangs, My-

anmar Institute of Theology（日旺基督教传教简史）（神学学士学位部分成果），Seminary Hill，Insein，March of 1993.

41. J. T. O Burnard：History of Putao，1934 年。

42. Herman G. Tegenfeldt：A Century of Growth：The Kachin Baptist Church（一个世纪的成长：克钦浸礼会），Published by the William Carey Library，533 Hermosa Street，South Pasadena，Calif. 91030，1974.

43. 国家民委民族问题五种丛书编辑委员会云南省编辑组：《云南少数民族社会历史调查资料汇编》（第三辑），云南人民出版社 1987 年版。

44. 肖耀辉、刘鼎寅著：《云南基督教史》，云南大学出版社 2007 年 11 月版。

45. 杨长源等著：《缅甸概览》，中国社会科学出版社 1990 年版。

46. 德宏州民族语文指导工作委员会编：《景颇族阿昌族社会历史调查文集》，2007 年 6 月版。

47. 贺圣达、李晨阳编著：《列国志：缅甸），社会科学文献出版社 2009 年 7 月版。

48. 西田龙雄：《藏缅语群藏语族概况》，载于《汉藏语系语言学论文选译》，中国社会科学院民族研究所语言研究室、中国民族语言学术讨论会总秘书处编，1980 年。

49. 孙宏开、刘璐编著：《怒语简志》，民族出版社 1986 年 3 月版。

50. P. K. 本尼迪克特（白保罗）：《汉藏语言概论》，中国社会科学院民族研究所语言室，1984 年 7 月。

51. 谢飞：《汉藏语系语言的分类》，载于《汉藏语言语言学论文选译》，中国社会科学院民族研究所语言研究室、中国民族语言学术讨论会秘书处编，1980 年。

52. 云南民族识别综合综合调查组：《云南民族识别综合调查报告》，云南民族学院 1979 年版。

53. 张建章：《景颇寻根》，德宏民族出版社 2006 年 5 月版。

54. 肖家成：《景颇族的亲属称谓与婚姻制度》，载于《民族学研究》第五辑，1983 年。

55. 赵学先著：《景颇族文化大观》，云南民族出版社 1999 年 9

月版。

56. 宋濂等撰：《元史》，中华书局 1976 年版。

57. 方国瑜：《中国西南历史地理考释》（下册），中华书局 1987 年版。

58. 何林：《多元统一的民族观与民族关系——一个丙中洛阿怒人的实例》，载于《西南边疆少数民族研究》第 5 辑，云南大学出版社 2007 年 8 月版。

59. 怒江州语委办公室整理：《怒江州怒族语言文字工作座谈会纪要》，1986 年 7 月 2 日。

60. 于可：《当代基督新教》，东方出版社 1993 年 7 月版。

61. 韩军学：《基督教与云南少数民族》，云南人民出版社 2000 年版，第 57 页。

62. 《圣经》中文新译本。

后　记

还是在2003年年初，我在云南省腾冲县进行关于和顺汉族人格与信仰的民族学田野调查的时候，“腾越布衣”李正建议说，要做和顺的研究，还需到可称之为“和顺人另一半家”的缅甸去考察。但由于诸多原因未能前往，有关50多年前和顺人在缅甸的生活状况只能根据和顺人的口述进行模糊的描写。后来完成的一篇论文曾两次在有关东南亚族群问题的学术会议中宣读，每次总有同行问我何时能够完成“另一半”。因此到缅甸调查一直成了个缺憾。2004年以后我又在怒江开始了怒族的研究，期间总能听到“跑”缅甸的故事。由于条件所限，我仍没能够翻越高黎贡山，关于（缅甸）“那边”的事情，不是回避就是沉浸在历史的“遥想”中。随着怒江调查的推进，去缅甸调查的愿望越发强烈。直到2009年，云南大学“211工程”三期项目“中国西南民族及其与东南亚的族群关系”使我的愿望成为可能。2010年1月，调查终于成行。虽然此次破冰之旅从昆明到曼德勒再辗转至密支那的行程颇为耗费，却使我在进入目标田野点前真正感受了缅甸，从中心渐往边缘的氛围，也使我感到了我们对于这个自以为很懂的国家，特别是对于其国民的无知。如此，随后的田野调查开始于适当的“大背景”之下。

在缅甸的行程以及随后的调查实属不易，幸得众多友人的热心相助，一切十分顺利。还在2009年初项目申报初期，在怒江文史委亚莎主任和福贡县兰宝先生的帮助下，我得以联系了远在缅甸密支那需真区的怒族怒苏头人沙拉波，并根据其提供的资料进行申报并成功获得了项目的资助，同时确定了第一个田野点——需真区；出发前夕，在云南省侨办陈贵平先生的帮助下顺利办理了商务签证；1 月 9 日抵达曼德勒即受到了福庆学校（孔子课堂）李祖清校长及夫人杨老师的热情接待，他们为我安排了往返密支那和回国的行程，以及诸多便利，并邀请我参观福庆孔子课堂精彩的“包饺子比赛”活动；在曼德勒期间得到了福庆孔子课堂中方主任，云南大学史芳教授的建议和忠告，“快速地”对缅甸的情况有所解；从曼德勒到密支那的行程得到了仰光彭翠兰老师的指引，现居密支那的金光明先生为我预定了住宿并同夫人一起将我从机场接到酒店；金先生全家还陪我参加了 2010 年度的克钦“木脑”节，为我提供了一辆自行车——在缅甸第一次田野的近一个月里，我经常骑车往返于位于市区的 YMCA 旅社和需真区八村之间（距离十余公里），因为按规定我每天必须回到指定的旅馆住宿；怒苏头人沙拉波是个非常关键的报告人，在其繁忙的工作及其夫人去世的变故中，仍然花费大量的时间帮助我，不仅直接接受我频繁的访谈，还积极地将我介绍给了密支那多个民间团体及机构的负责人，包括来自葡萄的阿依精英们；由于条件限制，我未能抵达克钦邦北部的葡萄县，但通过阿依牧师 Jonathan 和 Wanne Phone 获得了许多珍贵的关于葡萄阿依的资料和图片，还与密支那浸礼会克钦神学院院长和日旺族教堂的负责人等会面并建立了联系；我的报告人，傈僳马扒 Samuel Bya 给我的研究提出了一些中肯的建议并带我访问了克钦邦傈僳基督教会（属 O. M. F）等重要的机构……此外，仰光的 Dr. Ahdee Wayeze 牧师、克钦神学院院长 Hkyen Naw、克钦神学院图书馆员 Sabaw Gum Ja Awng、日旺族牧师 Redang Khin、日旺族 Snowland 旅行社经理 Yungngai Yin（Ahyin）、日旺族社会活动家 Jonny B. Ponesar、克钦邦傈僳基督教会会长 Rev. David Fish、浪峨神学院院长 Rev. Dr. Leim' Khao、浸礼会傈僳基督教神学院（需真）院长 Rev. Dr. Simon Fish、密支那 YMCA 旅社的雇员以及泰国清迈的尤恩·阿此牧师在本次田野调查及后续的研究中给予了帮助，在此一并感谢。这一次田野，我不仅收获了所需的资料，更收获了良善和友爱，使我对这国的人民充满敬意并为这国的魅力所吸引。

回到昆明不久，我又计划重访缅北田野。2011 年 1 月的第二次田野是从腾冲出境，得到了怒苏人付三益一家的盛情接待，在昔董坝小住，等待再入密支那。由于一些变故，和密支那的朋友们失去了联系，故没能到达密支那。在与付先生长谈了五天之后，密支那需真怒苏人斯大波等三人从密支那骑摩托车六十余公里到达昔董与我会面并解答了我积累了近一年的问题。

缅北的田野调查之后，我又两次带学生回到怒江考察，感到自己的研究视野得到了大大的延展。作为关于缅北怒人研究的一部分，我再次访问福贡县上帕木镇古甲村，与部分阿侬精英们一起讨论缅甸“怒人”和中国怒族，与以往的调查相比感觉又多了些共鸣。在木古甲的考察得到了傈僳马扒阿开付、怒族阿侬马扒开来布、曲记友、王记此等的帮助。至此，关于“怒人”理解和想象在时空和内容上显得更为完整了。

本书在近两年的写作中，同样得到了国内专家和民族精英们的指点。其中，云南大学民族研究院何明院长在听取了研究的报告后为本书的主题提出了更高的要求，并帮助确定了主标题；高志英教授也在关于怒—傈僳族群历史与关系等方面提供了许多帮助；云南省民族学会怒族学委员会会长亚娜女士为本书的写作提供了许多重要的资料和便利，一并在此表达谢意。

一个简短的调查要完成一本相关专著实为勉强，愿以此书作为一个起点，继续迈向那个释放着无穷魅力的国度，愿将此研究中的一点收获及心得在此分享，期待更多的批评和指教。

何林

于昆明黑龙潭

2012 年 3 月